国家自然科学基金地区科学基金项目资助：项目批准号 71764034

低丘缓坡开发生态功能变化与模式研究

张 洪 等著

科学出版社

北 京

内 容 简 介

本书从低丘缓坡山地开发生态系统服务功能价值变化及其驱动因子研究入手，通过拓展低丘缓坡山地区域小尺度地理空间的生态系统服务功能价值精细计算理论和模型方法，对云南省批准实施的 80 余个低丘缓坡山地开发项目区以及典型样本区——大理市低丘缓坡开发区，进行深入的实证研究和实验模拟，研究设计提升低丘缓坡山地开发生态系统服务功能的开发模式和管理机制，为构建云南省低丘缓坡山地开发与生态保护协调发展的土地利用和建设开发管理新格局提供理论支撑和政策依据，为我国低丘缓坡土地综合开发利用提供理论参考。

本书可以作为相关专业高等院校师生、科研机构和设计单位人员，以及自然资源、住房与城乡建设、生态环境等相关政府部门工作人员的参考用书。

图书在版编目(CIP)数据

低丘缓坡开发生态功能变化与模式研究 / 张洪等著. —北京：科学出版社，2025.3

ISBN 978-7-03-072566-0

Ⅰ.①低… Ⅱ.①张… Ⅲ.①丘陵地-生态-开发-研究

Ⅳ.①F323.212

中国版本图书馆 CIP 数据核字(2022)第 107593 号

责任编辑：莫永国 / 责任校对：彭 映
责任印制：罗 科 / 封面设计：墨创文化

科 学 出 版 社 出版

北京东黄城根北街16号
邮政编码：100717
http://www.sciencep.com

成都锦瑞印刷有限责任公司 印刷

科学出版社发行 各地新华书店经销

*

2025 年 3 月第 一 版 开本：787×1092 1/16
2025 年 3 月第一次印刷 印张：13 1/4
字数：326 000

定价：148.00 元

(如有印装质量问题，我社负责调换)

前　言

我国是一个多山的国家，低丘缓坡山地开发是山区城镇化、工业化的重要用地方式之一。对于低丘缓坡山地开发是否会带来严重的生态问题，学术界和政府有关部门均存在不同意见。如何科学地进行低丘缓坡山地开发，规避生态风险，提升生态系统功能，是当前我国城镇化、工业化面临的紧迫任务之一，也是本书研究的重要科学问题。本书以云南省批准实施的 80 余个低丘缓坡山地开发项目区以及典型样本区——大理市低丘缓坡开发区为案例样本，通过理论研究和实证实验研究结合，对现有生态系统服务功能相关理论、方法进行拓展，探索构建适合云南省及我国低丘缓坡山地开发的生态系统服务功能测度理论与模型、方法，通过生态系统服务功能各项价值开发前后变化的精细计算来分析评价低丘缓坡山地开发活动的利弊，研究导致生态系统服务功能变化的因子和作用机制，探索提升低丘缓坡山地开发生态系统功能价值的途径、开发模式、管理机制及政策措施。从土地生态的新视角探讨我国是否应该进行低丘缓坡山地开发，以及如何科学地进行低丘缓坡山地开发等问题，提出生态优先的低丘缓坡山地开发模式及其管理机制，为我国低丘缓坡山地开发试点工作提供科学决策的依据，其成果对我国 23 个低丘缓坡土地综合开发试点省份有重要的实践指导意义，同时对我国山地土地利用理论以及山地生态经济理论也有积极的学术贡献。

本书包括 7 章，第 1 章主要由张洪撰写；第 2 章由张洪和研究生石雅馨、阚欣玥、王宁、郭润展撰写；第 3 章由张洪和研究生袁之煜撰写；第 4 章主要由金贵、张洪和研究生王思明撰写；第 5 章由张洪和研究生郭润展撰写；第 6 章主要由张洪撰写，研究生郭润展协助撰写；第 7 章由张洪、李彦和研究生郭润展撰写，研究生王思明、曾冷纯参与了部分数据计算分析和文稿校对工作。

本书得以出版，首先感谢国家自然科学基金地区科学基金项目(编号：71764034)的资助。其次，感谢作者所在学校——云南财经大学的大力支持；感谢参加本书研究的同事和研究生，没有他们的辛勤劳动，不可能得到本书研究的成果。最后，衷心感谢我的妻子，没有她的理解和默默奉献，我将很难有今天的成绩。

低丘缓坡山地开发的生态问题是一个复杂的社会-生态系统问题。本书只是一个初步探索，许多机理性问题需要在低丘缓坡开发建设项目区设立长期生态监测点，通过长周期监测分析才能得到更加科学的结论。因此，本书难免存在疏漏和不足，需要在今后的研究中解决和完善，也欢迎读者给予斧正。

目　　录

第1章 绪 论

1.1 研 究 意 义

我国是一个多山国家,平原占比相对较少。随着我国人口增长、社会经济与城市化快速发展,对土地的需求不断增加,人地矛盾与空间发展问题日益凸显。国务院发布的《全国国土规划纲要(2016—2030 年)》中指出,我国土地资源开发面临着资源约束不断加剧、生态环境压力加大等挑战。尤其是我国山区的发展受粮食安全、生态健康和建设用地后备资源紧缺的影响,大多数山地城镇扩张呈现出侵占平坝山谷耕地的格局特征。优化国土空间开发格局、提高国土开发质量等重大问题亟须解决。在生态文明建设和基本农田保护的背景下,开发城市周边荒山、荒丘成为地方政府土地优化利用和大规模布局建设用地的主要选择。向低丘缓坡山地拓展,发展山地城镇(组团)和工业(园区),是山区省份和市县缓解经济发展、城镇化与耕地保护矛盾的必然选择,也是我国城镇化用地模式的重要方向之一。2012 年国土资源部(现自然资源部)下发了《关于低丘缓坡荒滩等未利用地开发利用试点工作的指导意见》,提倡不同地区因地制宜,转变城镇发展方式,支持云南、浙江、贵州等 23 个低丘缓坡资源丰富的省份开展山地城镇、工业建设土地综合开发的试点工作,低丘缓坡山地开发在全国范围内展开。

虽然"拓区上山"战略可解决城市化、工业化用地空间的问题,但山地开发作为一种特殊的土地利用形式存在不确定性,若开发模式不合理将会诱发地质灾害、增大生态风险、降低生态系统服务功能等,严重不合理开发甚至会带来灾难性后果。因此,围绕低丘缓坡山地开发的生态问题,相关部门和学术界都存在不同意见,就此开展了积极的探索。

自然资源部认为,在控制地质灾害和生态风险的基础上,低丘缓坡山地开发可以很大程度缓解用地矛盾,保障山区城镇化发展;环保部门和林业部门则对低丘缓坡山地开发的可行性持保守态度,认为低丘缓坡山地开发会对生态系统产生影响,这种影响目前仍然缺乏科学的解释和量化。学术界一些学者认为,多数低丘缓坡山地开发案例缺少对开发区域地形地貌条件及相关生态条件必要的分析和研究,在山地进行粗放的"大填大挖""削峰填谷",致使一些区域性水体、支流遭到破坏,相邻地域生境也受到严重影响。这种人为改造自然地貌的行为,将会对自然生态、地形结构及地质构造等产生一定的破坏性影响,势必要付出一定的环境成本(Li et al., 2014)。另外一种观点则认为,中国在进行精确管控和科学化评估基础上开展低丘缓坡山地开发工程是非常安全的,并不会带来生态风险和大规模水土流失(Liu and Li, 2014)。从可持续发展观点出发,低丘缓坡山地开发及山地土地整治的首要任务是研究如何保护、保持自然生态环境,减少人为及自然灾害,进而培育好自然与人工相结合的生态系统(黄光宇，2002)。鉴于此，忽视对敏感自然生态环境的保育和补偿的简约化低丘缓坡山地开发模式亟须转变。为缓解建设用地扩张与耕地保护矛盾，根据自身资源环境条件，走新型城镇化道路，因地制宜地开展低丘缓坡山地开发与利用是合理的。低丘缓坡山地开发应进行精细化管理，杜绝粗放式开发对国土空间资源的浪费。对开发过程中涉及的地形、地质、水文、植被、土壤等生态环境因子的改造进行最大限度的补偿，并强调对自然生态系统进行积极的改造、改良，形成新型的复合生态系统。可见，学术界和管理部门都将低丘缓坡山地开发的利弊聚焦在生态系统的稳定性方面，低丘缓坡开发工程的实施不能回避生态系统服务功能评估、生态资产变化和影响机制等问题。

受山地地形限制，低丘缓坡山地开发项目区一般只有十平方公里至几十平方公里，是一个空间尺度较小的生态系统，其生态过程和景观类型复杂，生态系统受地形地貌、海拔、植被覆被等的影响较大。低丘缓坡山地建设开发必然会打破原有山地生态系统的完整性、关联性和生态系统的平衡，改变生态系统功能状况，若开发不当甚至会出现滑坡、泥石流、缺水、污染等威胁山地城镇工业安全的生态问题。如何开展低丘缓坡山地开发生态系统服务功能价值评估和价值变化研究，理清低丘缓坡山地开发模式究竟怎样影响山地生态系统服务功能价值，构建既满足低丘缓坡山地开发社会经济需求，又能规避生态风险、提升生态系统服务功能的开发模式和管理机制等，是我国山区新型城镇化和生态文明建设亟须解决的问题，也是当前全国低丘缓坡山地开发试点工作的现实需求。

云南省是全国最早大规模开展低丘缓坡山地开发试点工作的省份之一。本书以云南省为案例样本，通过理论研究和实证研究结合，对现有生态系统服务功能相关理论、方法进行拓展，探索构建适合我国低丘缓坡山地开发的生态系统服务功能测度理论与模型及方法，通过生态系统服务功能各项价值开发前后变化的精细计算来分析评价低丘缓坡山地开发活动的利弊，研究导致生态系统服务功能变化的因子和作用机制，探索提升低丘缓坡山地开发生态系统功能价值的途径、开发模式、管理机制和政策措施。本书希望能从新的视角为我国是否应该进行低丘缓坡山地开发以及如何科学开发提供科学决策的依据，相关成果对我国 23 个低丘缓坡土地综合开发试点省份能有指导意义，同时对我国山地土地利用理论以及山地生态经济理论的研究有积极的学术贡献。

国外生态系统服务功能价值研究始于 20 世纪 70 年代，联合国大学(United Nations University)发表了《人类对全球环境的影响》报告，首次提出生态系统服务功能的概念。20 世纪 90 年代以后，关于生态系统服务功能价值的研究开始逐渐增多，研究方法与研究理论推陈出新(Serafy，1998)。Costanza 等于 1999 年在 Science 上发表文章，使用全球静态部分平衡模型，估算全球生态系统服务功能价值为 33 万亿美元，相当于全球国民生产总值的 1.8 倍，这一研究成果在环境科学和生态经济学领域引起了热烈讨论，也使其成为生态系统服务功能价值评估的一个分水岭。此后很多相关研究都是参考此文献，根据生态系统服务分类方案和单位面积生态价值，开展对生态系统服务功能价值的评估。21 世纪，国外学者从各个尺度和单位对生态系统服务功能价值进行了深入的研究，如 Sutton 和 Costanza (2002)对全球生态系统的市场价值和非市场价值及其与世界各国国民生产总值的关系进行了分析，Pattanayak(2004)开展了印度尼西亚相关流域减轻旱灾的价值研究。2005 年以后，更多的研究是关注生态系统服务价值的空间异质性，以及服务价值与经济、社会等的联系。如千年生态系统评估(millennium ecosystem assessment，MA)项目首次在全球范围内对生态系统及其对人类福利的影响进行了多尺度综合评价。MA 项目的报告在全球尺度上系统、全面地揭示了各类生态系统的现状和变化趋势、未来变化的情景和应采取的对策，其评价结果为履行有关国际公约、制定生态系统管理相关政策提供了充分的科学依据。随着人们对生态系统的重视，近年来有关生态系统服务价值的研究呈指数递增。

国内生态系统服务功能价值研究主要体现在：随着对生态系统服务功能重要性认识的日益加深，我国相关学者以及研究人员对生态学领域做出了许多积极的探索和研究(李文华等，2009)。①1998 年以前是我国生态系统服务功能价值研究的萌芽阶段，该阶段有关生态系统服务功能价值的研究尚未引起大家的广泛关注，研究成果稀缺。②1998~2002 年是国内生态系统服务功能价值研究的初级阶段，生态系统服务功能价值的有关理论和研究方法逐渐引起我国学者的关注，在我国正式开始引入相关概念与方法，并探索性地开始研究中国生态系统服务功能价值。该阶段研究的重点主要集中在采用各种方法对自然资本的边际服务价值进行估计(谢高地等，2001a)。③2003 年以后是国内生态系统服务功能价值深入研究与多元化发展的阶段，此阶段生态系统服务功能的理论和方法得到广泛的认识与应用，主要是探索性研究，从不同尺度和不同类型开展了生态系统服务功能价值的研究，与此相对应的一些评价模型也开始应用到该研究领域。马世骏和王如松(1984)研究认为国内生态系统服务功能价值的评估逐步涉足经济学领域，并用生态系统服务的概念对我国陆地生态系统的服务功能价值进行了初步评估，将国内的生态系统服务功能及其价值的实证探讨逐步推向快速发展时期。国内常用生态系统服务功能的定量评估方法主要有能值分析法、物质量评价法和价值量评价法。以此为基础，基于扩展的劳动价值论原理，主要采用单位面积生态系统价值当量因子的方法，在国内生态服务类型价值核算研究中应用广泛(谢高地等，2015)。

国内外生态系统服务功能价值测算已经积累了丰富的理论和实践经验，为本书研究提供了重要参考和依据。但是，目前国内外生态系统服务功能价值研究多是大尺度(如全球尺度、国家尺度、省域尺度和市域尺度)，针对特定地区、特定环境的生态系统服务功能价值测算理论和方法尚不完善，尤其是基于地理空间中小尺度的生态系统服务功能价值精细计算和变化驱动机制研究还比较缺乏。如何根据低丘缓坡山地开发的特点，对现有国内外生态系统服务功能价值相关理论、方法进行拓展，构建适用于低丘缓坡山地开发的生态系统功能测度理论与方法，是本书的第一个重点研究内容。

在国内外生态系统服务功能价值的现有研究中，鲜有针对低丘缓坡山地建设开发的生态机理和过程研究。正如国家环保和林业部门所指出的，低丘缓坡山地建设开发究竟怎样影响山地生态系统服务功能价值，目前仍然缺乏科学的解释和量化。这是本书的第二个重点研究内容。

针对山地立体景观格局，科学地设计低丘缓坡山地开发模式，使之既满足低丘缓坡山地开发的社会经济需求，又能规避生态风险、提升生态系统服务功能。国内多数研究是从山地建筑物单体布局角度探讨低丘缓坡山地开发模式，缺乏山地生态系统功能整体提升研究。本书研究基于对低丘缓坡山地开发生态系统服务功能变化及作用机制的深入分析，从生态学和生态经济学角度开展这方面的实验模拟和理论研究，并提出相应的管理策略，这是本书的第三个重点研究内容。

1.2　研究目标与主要内容

（1）研究目标。本书希望通过对云南省批准实施的典型低丘缓坡山地开发项目区案例深入分析，研究低丘缓坡山地开发生态系统服务功能价值测度理论与方法；实证测算评价云南低丘缓坡山地开发前后生态系统服务功能变化及其驱动因子和作用机制，研究设计提升低丘缓坡山地开发生态系统服务功能的开发模式和管理机制与政策体系，为构建云南低丘缓坡山地开发与生态保护协调发展的土地利用和建设开发管理新格局提供理论支撑和政策依据，为我国 23 个省份低丘缓坡土地综合开发利用试点工作提供理论参考。

（2）研究内容。概括地说，本书研究包括以下六个部分。

①低丘缓坡山地开发生态过程作用机理，以及生态系统服务功能价值测算理论和方法研究。以现有生态系统服务功能价值评估理论为基础，通过对云南省批准实施的典型低丘缓坡山地开发项目区基于遥感、地理信息系统（geographic information system，GIS）和实地踏勘调查的大量土地利用、地质环境、生态监测、低丘缓坡山地开发，以及社会经济等数据的深入分析，研究中小地理尺度下山地土地利用格局与山地立体景观格局的生态功能关系和生态过程作用机理；以此为基础，针对低丘缓坡山地开发的特点，拓展现有生态系统服务功能评价理论和方法，研究构建地理空间中小尺度的低丘缓坡山地开发生态系统服务功能价值精细测算指标和模型方法，为低丘缓坡山地开发前后生态系统服务功能变化的测算评价提供依据。

②低丘缓坡山地开发前后生态系统服务功能变化和驱动因子的实证研究。以生态学和生态系统服务功能价值评估理论为指导，以上一阶段研究构建的低丘缓坡山地开发生态系统服务功能价值精细测算指标和模型方法为手段，以地块为评价单元，运用多源、多尺度异构数据融合技术，对云南省已批准的典型低丘缓坡山地开发项目区开发前后的生态系统服务功能价值进行实证评价测算，考察生态系统服务功能价值变化状况。在此基础上，本部分依据生态经济学和山地土地可持续利用理论，以各项目区开发前后生态系统服务功能价值变化为因变量，影响生态系统服务功能各主要因素为自变量（包括低丘缓坡山地开发类型、开发方式等人为因素），研究设计生态经济计量模型，定量研究导致低丘缓坡山地开发生态系统服务功能价值变化的驱动因子，深入分析这些驱动因子对低丘缓坡山地开发生态系统服务功能变化的作用机制，为设计构建低丘缓坡山地开发生态功能提升模式提供科学依据。

③低丘缓坡山地开发与生态功能提升的区域优化研究——以大理市为例。本部分以生态学和生态经济学理论为指导，在上一阶段对云南低丘缓坡山地开发前后生态系统服务功能变化，以及驱动因子、作用机制研究的基础上，通过实证方法研究大理市低丘缓坡山地开发与生态功能提升的区域优化问题；运用课题组研究开发的低丘缓坡山地开发土地系统动态模拟系统（dynamics of land system，DLS）、马尔可夫链模型及 GIS 等技术，实验模拟低丘缓坡山地开发与耕地保护的权衡、低丘缓坡山地开发与区域"三生"（生产、生活、生态）空间的优化、低丘缓坡山地开发与区域土地利用变化对生态系统服务功能变化的情景仿真。本部分优化设计既能满足低丘缓坡山地开发的社会经济需求，又能最大限度

地提升低丘缓坡山地开发生态系统服务功能价值的开发模式和管理策略，探寻其特点和规律性，为构建具有一般指导意义的云南低丘缓坡山地开发生态功能提升理论模式和管理策略提供科学依据。

④低丘缓坡项目区生态系统服务功能格局和权衡与协同关系演变研究。在前面研究基础上，本部分按照云南地貌类型区划分，从全省158个低丘缓坡山地开发项目区中筛选出一批典型样本区，深入实地进行调查研究、模型测算和理论分析，研究低丘缓坡项目区建设开发前后的生态系统服务功能格局演变，权衡低丘缓坡项目区建设开发与生态保护的协同关系，为设计低丘缓坡山地开发生态功能提升理论模式提供科学客观的依据。

⑤云南低丘缓坡山地开发生态功能提升理论模式研究。在现行制度框架内，本部分探索具有一般指导意义的云南低丘缓坡山地开发生态功能提升理论模式，为构建云南低丘缓坡山地开发及生态保护协调发展的土地利用与建设开发管理政策体系提供理论支撑。

⑥云南低丘缓坡山地开发生态功能提升的土地利用及建设开发管理机制及政策体系研究。在前面研究成果的基础上，本部分通过对典型样本区进行实地调查和案例分析，以我国现行土地和建设开发管理法规体系为依据，参考国外山地城镇土地生态化利用和管理的经验，探索创新云南低丘缓坡山地开发生态功能提升的土地利用与建设开发管理机制及政策体系，为研究适合云南以及我国23个低丘缓坡土地综合开发试点省份生态可持续的低丘缓坡山地开发新型土地利用与建设开发管理机制及政策体系提供支撑。

(3) 技术路线。本书研究的技术路线如图1-1所示。

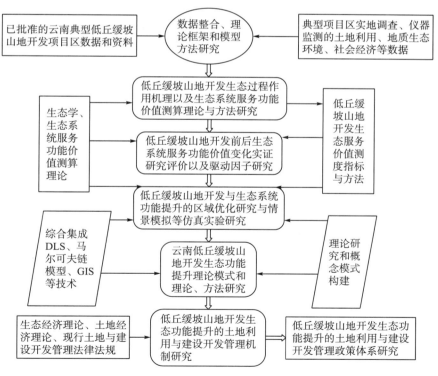

图 1-1　技术路线图

第2章 低丘缓坡山地开发对生态系统服务功能的影响研究

2.1 低丘缓坡山地开发对水源涵养生态功能的影响研究

低丘缓坡土地开发建设是否会加剧水土流失是当前我国城镇化土地利用方式改革争论的问题。本书运用生态系统服务和权衡的综合评估(integrated valuation of ecosystem services and trade-offs, InVEST)模型并结合实地调研结果,对云南省10个典型低丘缓坡建设项目区开发前后生态系统水源涵养功能进行定量测算,比较分析不同类型项目区水源涵养功能的差异,得出主要结论如下。

(1)开发后项目区平均产水量和平均产水深度均低于开发前,城市建设区的产水总量高于工业区,但下降程度高于工业区。

(2)大部分项目区水源涵养总量均低于开发前,仅光华项目区的水源涵养总量高于开发前,城市建设区的水源涵养总量高于工业区,工业区水源涵养量下降程度高于城市建设区。

(3)研究表明,导致项目区开发前后水源涵养量变化的有土地利用类型、植被、地形、径流、降水、土壤等人为因素和自然因素,其中土地利用类型因素影响较大。

(4)低丘缓坡开发导致区域生态环境受到干扰和破坏,但不同的开发模式和功能定位对其影响程度存在差异,因此在低丘缓坡开发过程中,应采取工程、监管、法律和经济等综合措施,实现低丘缓坡开发建设与生态保护的协调发展。

生态系统的水源涵养功能主要体现在改善水文状况、调节区域水分循环等方面。生态系统中的植被如森林、灌丛、草地在水源涵养方面发挥着巨大的作用,其通过林冠层截留、枯枝落叶层持水和土壤层蓄水来调节地表径流,并补充地下水,在防治旱涝灾害、净化水质等方面起到至关重要的作用。InVEST模型从水文角度,以中小尺度流域单元为对象,反映不同气候状况、土地利用类型、地形起伏、土壤性质情况下的产水量大小,该模型以地图形式表达了流域的产水能力,间接对区域的自然价值赋予适当的衡量标准,而数据与参数的适宜性成为模型结果是否可信的关键。近年来,国内学者将InVEST模型广泛应用于北京山区、陕北黄土高原、秦岭地区、横断山区、若尔盖高原等地的研究,均取得较好的应用效果。

国内关于生态系统服务的研究不胜枚举,但对整个云南低丘缓坡生态系统服务的研究不多且时序较早。陈武强等(2019)估算昆明西华湿地公园水分调节量和价值,赵元藩等(2011)估算玉溪市森林生态系统涵养水源量和调节水量价值,傅斌等(2013)估算都江堰市生态系统水源涵养,都是从宏观角度估算区域的水源涵养量以及为保护环境创造的价值。云南省山地面积占全省总面积的 90% 以上，地质环境复杂，生态环境多样。山地环境具有空间异质性和垂直分异性，海拔、地形起伏和土地覆被在一定的空间尺度上镶嵌复合。水循环受土地利用类型、气候、地形、土壤、植被等人为因素和自然因素的复杂影响，如何量化这种水源涵养量，仍是一个问题。鉴于上述原因，本书针对气候、地形、土壤、土地利用类型对山地水循环的影响，采用 InVEST 模型与地形指数、土壤饱和导水率、流速系数结合的方法，估算研究区水源涵养量，旨在揭示低丘缓坡综合开发前后水源涵养功能的时空变化与影响因素，为低丘缓坡合理开发和水资源保护提供科学依据。

2.1.1　研究区概况

本书在选取研究区(表 2-1)时，主要考虑的是功能定位、地理位置、气候类型和开发情况四个因素。

(1)功能定位。依据功能定位项目区大致可分为两种类型：一类是以加工、能源、仓储物流、高新技术为主的工业区，且具有特色产业；另一类是集旅游、康养、居住为一体的多功能城市建设区。

(2)地理位置。本书根据地理区位划分，从滇中选择 6 个项目区，从滇西选择 2 个项目区，从滇南选择 2 个项目区。

(3)气候类型。云南省大部分地区属于亚热带季风气候，滇南部分地区属于热带季风气候。为了避免气候类型对结果产生较大影响，本书所选项目区中有 8 个属于亚热带季风气候，而景洪市的光华项目区和景大项目区属于热带季风气候。

(4)开发情况。对项目区进行实地调研，选择开发程度较高的项目区进行研究。

表 2-1　研究区概况

研究区名称	面积/hm^2	功能定位
昆明市西山区长坡项目区	583.81	汽配城、商贸物流园
昆明市宜良北古城项目区	1209.58	水泥建材、饲料加工和制造加工业生产基地
曲靖市麒麟区高家屯-窦家冲项目区	649.62	电铅、粗铅等工业生产基地及发展光电子产业等新能源产业基地和仓储物流中心
曲靖市富源县中安-后所项目区	597.30	以冶金及机械加工制造、煤化工及其延伸产业为支撑的综合性产业区
玉溪市红塔区观音山项目区	1281.61	新能源、生物制药业、仓储物流业、机械工业、卷烟配套、高档石材加工、冶金、铸造业等现代化科技工业区
昆明市五华区沙朗项目区	550.98	以会议会展为依托，以旅游居住用地为支撑，以旅游、休闲度假产业为先导，辅以商业、养老等产业的山地新城
大理白族自治州大理市下和-上登项目区	2158.40	以休闲度假、滨海旅游、生态观光、生态工业、仓储物流和文化体育开发建设为主的现代山地新城区
大理白族自治州大理市塔宝山-大湖西项目区	619.76	集环保型养生居住、运动康复、抗衰老理疗、度假休闲娱乐等为一体的运动康复及抗衰老理疗国家级示范基地，商贸物流城市综合体
西双版纳傣族自治州景洪市景大项目区	1069.55	休闲度假养生区
西双版纳傣族自治州景洪市光华项目区	1274.48	集高端商务、休闲度假、山地居住于一体的综合性项目区

本书对应研究区位于云南省昆明市、曲靖市、玉溪市、大理白族自治州和西双版纳傣族自治州；研究区面积为 $550.98\sim2158.40\text{hm}^2$，研究区内土壤类型多样，主要为水稻土、暗黄棕壤、黄棕壤、红壤、山原红壤、赤红壤、砖红壤、褐红土；研究区内植被类型丰富，主要为阔叶林、针叶林、针阔混交林、阔叶灌丛、灌草丛和山地草甸。

2.1.2　研究方法和数据

1. InVEST 模型

InVEST 模型基于水量平衡原理，通过研究区的降水、地表蒸发、植物蒸腾、土壤深度、根系深度、地形等数据计算每个栅格的产水量；充分考虑不同土地利用类型下土壤渗透的空间差异和地形等因素对径流的影响，定量估算不同土地利用类型的产水量，结果更为科学；同时，对北京山区、黄土高原和横断山区等山区产水和水源涵养进行评估，也体现出该模型具备参数调整灵活、空间表达性强等优点。

$$Y_{jx} = \left(1 - \frac{\text{AET}_{xj}}{P_x}\right) \times P_x \tag{2-1}$$

式中，Y_{jx} 为第 j 类土地利用/覆被类型上栅格单元 x 的年产水量，mm；P_x 为栅格单元 x 的年平均降水量，mm；AET_{xj} 为第 j 类土地利用/覆被类型上栅格单元 x 的实际年平均蒸散量，mm，通过式(2-2)计算。

$$\frac{\text{AET}_{xj}}{P_x} = \frac{1 + \omega_x R_{xj}}{1 + \omega_x R_{xj} + 1/R_{xj}} \tag{2-2}$$

式中，R_{xj} 为土地利用类型 j 上栅格单元 x 的干燥指数，量纲一，表示潜在蒸发量与降水量的比值，由式(2-3)计算；ω_x 为修正植被年可利用水量与降水量的比值，量纲一。

$$R_{xj} = \frac{k \times \text{ET}_\text{o}}{P_x} \tag{2-3}$$

其中，

$$k = \min\left(1, \frac{\text{LAI}}{3}\right) \tag{2-4}$$

式中，k 为蒸散系数，由植被叶面积指数(leaf area index，LAI)计算获得；ET_o 为潜在蒸散量，mm/d，计算公式为

$$\text{ET}_\text{o} = 0.0013 \times 0.408 \times \text{RA} \times (T_\text{avg} + 17) \times (\text{TD} - 0.0123P)^{0.76} \tag{2-5}$$

式中，RA 为太阳大气顶层辐射，用气象站太阳平均总辐射除以 50% 计算获得，$\text{MJ} \cdot \text{m}^{-2} \cdot \text{d}^{-1}$；$T_\text{avg}$ 为日最高温均值和日最低温均值差值，℃；TD 为日最高温均值和日最低温均值的差值，℃。

$$\omega_x = Z \frac{\text{AWC}_x}{P_x} \tag{2-6}$$

式中，Z 为相关系数；AWC_x 为植被有效可利用水量，mm，由土壤深度和理化性质决定，计算公式为

$$AWC_x = \min(\max \text{Soil Depth}_x, \text{Root Depth}_x) \times PAWC_x \tag{2-7}$$

式中，max Soil Depth$_x$ 为最大土壤深度，mm；Root Depth$_x$ 为根系深度，mm；PAWC$_x$ 为植被可利用水含量，%，计算公式如下：

$$PAWC_x = 54.509 - 0.132\text{Sand} - 0.003(\text{Sand})^2 - 0.055\text{Silt} - 0.006(\text{Silt})^2 - 0.738\text{Clay}$$
$$+ 0.007(\text{Clay})^2 - 2.688\text{OM} + 0.501(\text{OM})^2 \tag{2-8}$$

式中，Sand 为土壤砂粒含量，%；Silt 为土壤粉粒含量，%；Clay 为土壤黏粒含量，%；OM 为土壤有机质含量，%。

2. 水源涵养模型

本书所选取的研究区均为山地，必须考虑地形对水源涵养功能的影响，因此在产水量的基础上，再利用地形指数、土壤饱和导水率和流速系数对产水量进行修正，得到研究区的水源涵养量。

$$\text{Retention} = \min\left(1, \frac{249}{\text{Velocity}}\right) \times \min\left(1, \frac{0.9 \times \text{TI}}{3}\right) \times \min\left(1, \frac{K_s}{300}\right) \times \text{Yield} \tag{2-9}$$

式中，Retention 为水源涵养量，mm；TI 为地形指数，量纲一，可根据式(2-10)计算得到；K_s 为土壤饱和导水率，cm·d^{-1}，本书选用土壤传递函数间接计算得出；Velocity 为流速系数，量纲一；Yield 为产水量，mm，通过式(2-1)计算。

$$\text{TI} = \lg\left(\frac{\text{Drainage\_Area}}{\text{Soil\_Depth} \times \text{Percent\_Slope}}\right) \tag{2-10}$$

式中，Drainage_Area 为集水区栅格数量，量纲一；Soil_Depth 为土壤深度，mm；Percent_Slope 为百分比坡度。

$$\ln K_s = 20.62 - 0.96 \times \ln C - 0.66 \times \ln S - 0.46 \times \ln \text{OC} - 8.43 \times \text{BD} \tag{2-11}$$

式中，K_s 为土壤饱和导水率，cm·d^{-1}；C 为土壤黏粒含量，%；S 为土壤砂粒含量，%；OC 为土壤有机碳含量，%；BD 为土壤容重，g·cm^{-3}。

3. 数据来源及处理

1) 产水量数据

水源涵养功能受到多种因素的影响和制约，其计算过程必然关系到多种因素的信息提取与集成利用。本节利用 InVEST 模型进行产水量评估需要的输入数据主要包括以下方面。

(1)年平均降水量。降水数据来源于国家气象科学数据中心的中国地面降水月值 0.5°×0.5°格点数据集，为对应研究区开发时段，也为了避免单年数据的低代表性，本书选取 2000～2020 年的降水数据，分别用 2000～2009 年年平均降水量代表 2012 年的年平均降水量，用 2010～2020 年年平均降水量代表 2020 年的年平均降水量，运用 Python 3.8.3 提取项目区周围格点的月降水量，在 ArcGIS 中以地形作为协变量进行空间插值获得研究区多年平均降水量栅格图层。

(2)年平均潜在蒸散量。太阳辐射数据来源于 WorldClim[①]，气温数据来源于国家气象

---

① WorldClim 为一个提供全球气候的数据库。

科学数据中心的中国地面累年值日值数据集(1981～2010 年)的累年平均日最高气温和日最低气温。估算潜在蒸散量的方法有很多，本书使用 InVEST 模型推荐的 Modified-Hargreaves。在 ArcGIS 中进行克里金插值、重采样和裁剪等处理，并运用栅格计算器对太阳辐射、平均日最高气温和平均日最低气温计算得到多年平均潜在蒸散量栅格图。

(3)土地利用类型。土地利用类型由资源三号卫星遥感影像解译得到。根据数据分析要求，本书将土地利用/覆被划分为 7 个一级地类 14 个二级地类，分别是耕地(水田、旱地)、园地、林地(有林地、灌木林地、其他林地)、草地、水域(水库坑塘、滩涂)、建设用地(农村居民点用地、城镇用地、其他建设用地)、未利用地(裸地、荒草地)；同时，利用 Google Earth 高分辨率影像(2020 年)，对土地利用解译结果和植被覆盖情况进行野外选点验证并访谈当地居民和工作人员，对土地利用数据进行现场复核。

(4)土壤根系深度。土壤数据来源于北京大学城市与环境学院地理数据平台的中国土壤数据集。本书对全国土壤数据进行空间插值后得到云南省土壤根深图，再运用项目区范围数据对云南省土壤根深图进行裁剪得到研究区的土壤根深栅格数据。

(5)植被可利用水含量。本书结合中国土壤数据集中土壤质地的划分，将砂粒、粉粒、黏粒、有机质等质量分数导入土壤有效含水量的经验公式中，在 ArcGIS 中利用字段计算器求出植被可利用水含量，由空间分析和转换工具处理，得到植被可利用含水量图。

(6)Z 系数。Z 系数是表征降水季节性特征的一个常数，其值为 1～30，降水主要集中在冬季时，其值较大；降水主要集中在夏季或季节分布较均匀时，其值较小。但在降水量相等的地区，降水事件越频繁，Z 值越大。产水量的大小受到 Z 系数影响，研究表明，在热带地区，Z 值取 4；在季风气候区，Z 值取 1；在温带海洋性气候区，Z 值取 9。本书研究区均属于季风气候，故 Z 值取 1。

(7)InVEST 模型参数表。蒸散系数和流速系数数据是参考相关文献并结合 InVEST 用户指南推荐使用的参考数据以及根据研究区地表植被覆盖实际情况确定的。LULC_veg 表示采用何种实际蒸散量公式的信息，具有植被土地利用/覆被赋值为 1，其他赋值为 0(表 2-2)。

表 2-2 InVEST 模型参数表

一级地类	二级地类	蒸散系数(K_c)	根系深度(root_depth)/mm	流速系数(vel_coef)	LULC_veg
耕地	水田	0.8	700	2012	1
	旱地	0.2	100	900	1
园地	园地	0.8	700	500	1
林地	有林地	0.8	7000	200	1
	灌木林地	0.4	5000	249	1
	其他林地	1	2500	300	1
草地	草地	0.7	250	500	1
水域	水库坑塘	1	1000	2012	0
	滩涂	0.7	1000	2012	0

续表

一级地类	二级地类	蒸散系数(K_c)	根系深度(root_depth)/mm	流速系数(vel_coef)	LULC_veg
建设用地	农村居民点用地	0.4	500	2012	0
	城镇用地	0.3	500	2012	0
	其他建设用地	0.3	500	2012	0
未利用地	裸地	0.5	10	1500	0
	荒草地	0.65	500	400	1

2)水源涵养数据来源及处理

(1)地形指数。本书通过项目区资料获得 2012 年等高线、高程点、项目区范围,通过 ArcGIS 10.2 创建 TIN 后转为栅格,得到开发前的数字高程模型(digital elevation model, DEM);运用 2020 年资源三号卫星影像立体像对,采用 ENVI5.3 提取 DEM。通过 ArcGIS 10.2 的水文分析工具进行填洼、流向、流量等计算步骤,获得流量栅格,根据项目区情况确定阈值,利用 Con 条件函数筛选主要径流,经过盆域分析得到流域图;采用面转栅格工具得到流域单元集水区栅格的数量,通过 ArcGIS 10.2 中 3D 分析提取 DEM 中的百分比坡度,此时会得到坡度为 0 的栅格,为了不影响后面的计算,将百分比坡度为 0 的点替换成 0.00001,由于该值远小于地形指数的计算位数,误差可忽略不计。最后综合百分比坡度、流域单元集水区栅格数量以及土壤深度可得到流域的地形指数。

(2)土壤饱和导水率。本书基于土壤黏粒含量、砂粒含量、有机碳含量、土壤容重,运用土壤传递函数间接测算出土壤饱和导水率。

(3)流速系数。本书根据美国农业部自然资源保护署(USDA-NRCS)提供的国家工程手册上的流速-坡度-景观表格,乘以 1000 得到。

2.1.3　结果与分析

1. 产水量时空变化

总体来看,开发后项目区平均产水量和平均产水深度均低于开发前,城市建设区的产水总量高于工业区,城市建设区的产水量下降程度高于工业区(图 2-1)。①从平均产水量来看,工业区的平均产水量由高到低排序为:中安-后所项目区＞北古城项目区＞观音山项目区＞高家屯-窦家冲项目区＞长坡项目区。②城市建设区的平均产水量由高到低排序为:光华项目区＞景大项目区＞塔宝山-大湖西项目区＞沙朗项目区＞下和-上登项目区。这表明平均产水量主要受土地利用类型影响。③从产水深度的变化来看,工业区减少量从高到低排序为:观音山项目区＞北古城项目区＞高家屯-窦家冲项目区＞长坡项目区＞中安-后所项目区。④城市建设区减少量从高到低排序为:塔宝山-大湖西项目区＞沙朗项目区＞下和-上登项目区＞光华项目区＞景大项目区。从空间上看(图 2-2、图 2-3),研究区产水深度变化受土地利用类型影响较大,耕地、园地、林地、草地、未利用地转变为建设用地后产水量下降,水域、荒草地转变为其他地类后产水深度增加;产水量大小与项目区面积具有较强的相关性,产水量变化与降水量变化具有一致性。

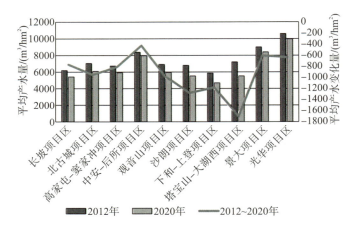

图 2-1   2012 年和 2020 年平均产水量及其变化

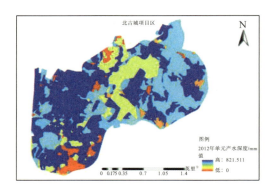
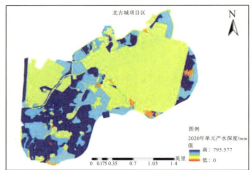

图 2-2   2012 年和 2020 年北古城项目区单元产水深度①

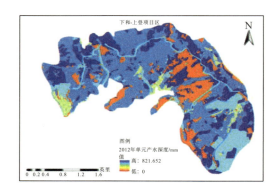
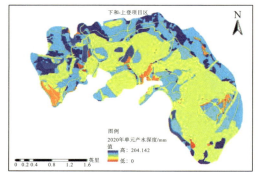

图 2-3   2012 年和 2020 年下和-上登项目区单元产水深度

---

① 1 英里=1.609344 千米。

2. 水源涵养功能时空变化

总体来看，大部分项目区水源涵养总量均低于开发前，仅光华项目区水源涵养总量高于开发前，城市建设区的水源涵养总量高于工业区，工业区水源涵养量下降程度高于城市建设区(图 2-4)。①从水源涵养量变化来看，在工业区中，变化量从大到小依次是：高家屯-窦家冲项目区＞中安-后所项目区＞北古城项目区＞观音山项目区＞长坡项目区。②在城市建设区中，变化量从大到小依次是：下和-上登项目区＞沙朗项目区＞塔宝山-大湖西项目区＞景大项目区＞光华项目区。③从平均水源涵养量变化来看，工业区减少量从高到低依次是：高家屯-窦家冲项目区＞中安-后所项目区＞北古城项目区＞观音山项目区＞长坡项目区。④城市建设区减少量从高到低依次是：下和-上登项目区＞沙朗项目区＞塔宝山-大湖西项目区＞景大项目区＞光华项目区。研究区空间趋势表明，水源涵养量变化与土地利用类型变化具有一致性(图 2-5、图 2-6)。

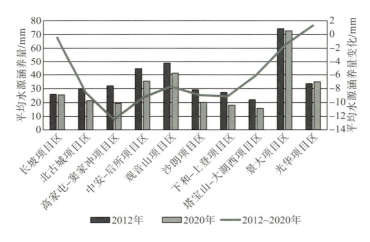

图 2-4　2012 年和 2020 年研究区平均水源涵养量及其变化

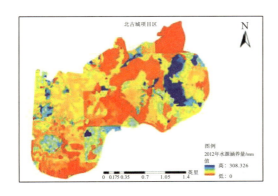
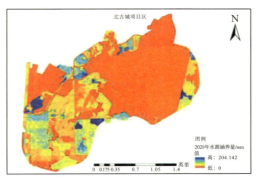

图 2-5　2012 年和 2020 年北古城项目区水源涵养量

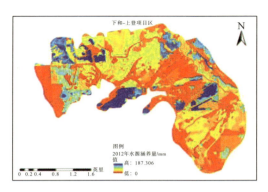 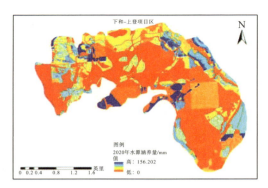

图 2-6　2012 年和 2020 年下和-上登项目区水源涵养量

3. 影响因素分析

为定量分析影响因素与不同水源涵养功能等级之间的关系，本节利用地图代数原理，采用公式(2-12)对研究区的土地利用类型、坡度与水源涵养功能之间的相关变化信息进行提取。

$$C_{ij} = R_{ij} \times 100 + S_{ij} \qquad (2\text{-}12)$$

式中，C_{ij} 为各个影响因素图层与水源涵养功能图层进行空间叠加的综合图层；R_{ij} 为各个影响因素图层；S_{ij} 为水源涵养功能图层。对两个不同的专题图层进行空间叠加运算，运算结果既能在空间上反映不同专题图层的等级变化，又能得到不同图层之间的相互转换关系。

1）土地利用类型

从土地利用类型来看(表 2-3、图 2-7、图 2-8)，开发后各项目区的耕地减少，大部分项目区园地减少，建设用地面积均有不同程度的扩大，其增长量从大到小依次为下和-上登项目区＞北古城项目区＞高家屯-窦家冲项目区＞观音山项目区＞塔宝山-大湖西项目区＞中安-后所项目区＞光华项目区＞沙朗项目区＞景大项目区＞长坡项目区。

如表 2-3 所示，不同土地利用类型的水源涵养能力存在差异。从时间上看，无论开发前还是开发后，林地的水源涵养能力最高，耕地、园地、草地的水源涵养能力在不同的项目区有差异。2012～2020 年，项目区耕地的水源涵养能力均呈下降趋势，70%的研究区园地和林地的水源涵养能力呈下降趋势，50%的研究区草地的水源涵养能力呈下降趋势。

表 2-3　2012 年和 2020 年土地利用类型水源涵养能力占比变化趋势(%)

项目区名称	耕地	园地	林地	草地	水域	建设用地	未利用地
长坡项目区	−57.62	−2.85	11.14	17.89	−0.43	31.86	0.00
北古城项目区	−389.16	−45.37	14.16	10.40	−3.74	462.43	−48.72
高家屯-窦家冲项目区	−118.57	−79.57	−27.16	−1.52	−2.90	235.46	−5.74
中安-后所项目区	−22.23	4.44	2.29	−68.10	0.00	138.52	−54.93
观音山项目区	−51.80	−25.32	−93.86	34.13	−6.52	189.47	−46.10
沙朗项目区	−22.23	−6.31	−7.48	−14.69	0.43	51.56	−1.26

项目区名称	耕地	园地	林地	草地	水域	建设用地	未利用地
下和-上登项目区	−319.48	−205.72	−30.88	13.74	−10.43	843.80	−291.02
塔宝山-大湖西项目区	−97.18	−34.69	13.93	−65.05	−0.96	183.18	0.77
景大项目区	−0.67	−48.10	0.00	0.00	−0.87	49.62	0.00
光华项目区	−2.20	−61.64	0.04	−0.03	−1.73	65.55	0.00

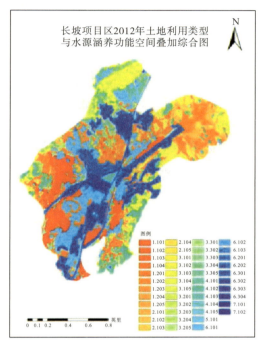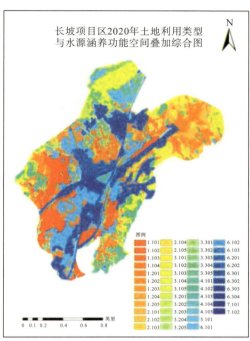

图 2-7　2012 年和 2020 年长坡项目区土地利用类型

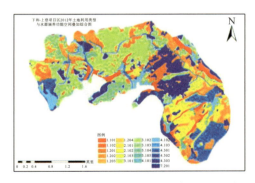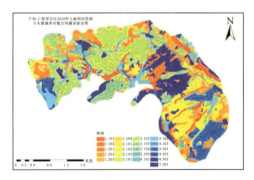

图 2-8　2012 年和 2020 年下和-上登项目区土地利用类型

2) 植被类型

本节发现，在未受人为因素影响的区域，存在植被的自然演替。由表 2-3 中可以看到，长坡项目区、北古城项目区、中安-后所项目区、塔宝山-大湖西项目区的林地面积均有不同程度的增加。从土地利用类型图(图 2-9、图 2-10)中可以看出:长坡项目区的部分旱地转为其他林地;北古城项目区中部分裸地转变为草地和其他林地,部分草地转变为有林地;中安-后所项目区中区块二中部的裸地转变成草地或其他林地,灌木林地转变为有林地或其他林地;塔宝山-大湖西项目区中大湖西区块的草地转变成其他林地。

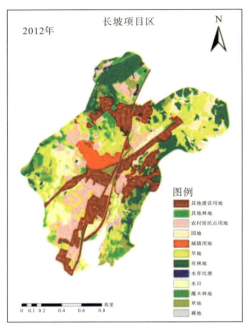
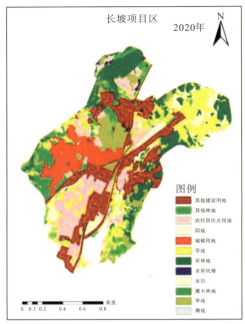

图 2-9　2012 年和 2020 年长坡项目区土地利用类型

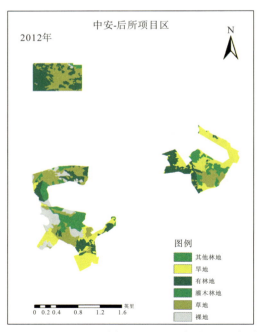
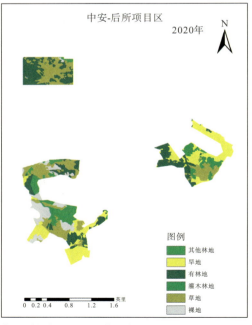

图 2-10　2012 年和 2020 年中安-后所项目区土地利用类型

3) 地形

时间趋势(图 2-11~图 2-13)表明，2012~2020 年各项目区的平均高程均呈现下降趋势。①在工业区中，减少量从大到小依次是：中安-后所项目区＞长坡项目区＞北古城项目区＞高家屯-窦家冲项目区＞观音山项目区。②城市建设区减少量从高到低排序是：塔宝山-大湖西项目区＞下和-上登项目区＞沙朗项目区＞景大项目区＞光华项目区。城市建设区高程变化与水源涵养总量变化排序基本一致。

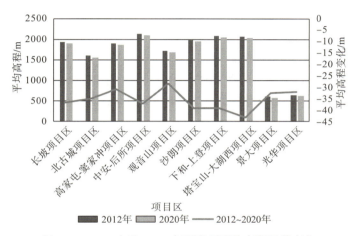

图 2-11 2012 年和 2020 年研究区平均高程及其变化

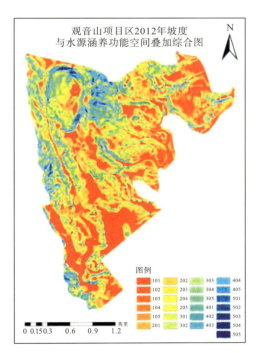
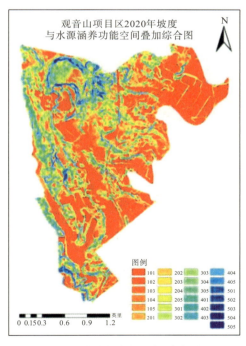

图 2-12 2012 年和 2020 年观音山项目区坡度与水源涵养功能空间叠加综合图

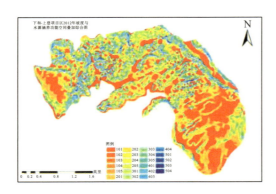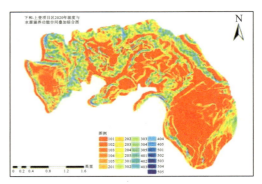

图 2-13　2012 年和 2020 年下和-上登项目区坡度与水源涵养功能空间叠加综合图

在工业区中，中安-后所项目区的高程变化最大，经实地调研得知该项目区入驻产业为煤矿、金属加工等重工业，需要大范围平整土地，因此采用"削峰填谷"的开发方式，对地形的改造程度较高。在城市建设区中，塔宝山-大湖西项目区的高程变化最大，经实地调研得知入驻产业为仓储物流、汽配厂等，同样需要大范围平整土地，且塔宝山-大湖西项目区建设用地面积增加了 183.18hm^2，为满足土地利用布局的需要，对地形地貌的改造程度较高。

4）降水量

从空间上看，位于滇中的长坡项目区、北古城项目区、观音山项目区、沙朗项目区降水量较为接近，2020 年年平均降水量为 810.80～904.17mm；位于滇西北的下和-上登项目区、塔宝山-大湖西项目区，2020 年年平均降水量分别为 792.48mm、824.13mm；位于滇东北的高家屯-窦家冲项目区、中安-后所项目区，2020 年年平均降水量分别为 900.77mm、1043.31mm；位于滇南的景大项目区、光华项目区，2020 年年平均降水量分别为 1307.84mm、1447.18mm，这体现了云南省降水空间分布不均的特点。

降水量是影响水源涵养功能的重要气候因子，时间趋势（图 2-14）表明，2012 年和 2020 年各项目区的降水量均呈减少状态。下降量从大到小依次是：下和-上登项目区＞沙朗项

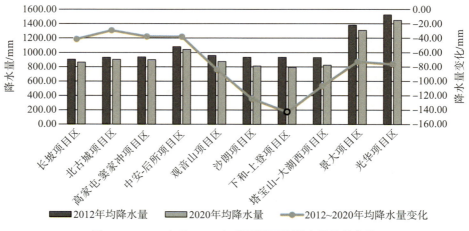

图 2-14　2012 年和 2020 年项目区平均降水量及其变化

目区＞塔宝山-大湖西项目区＞观音山项目区＞光华项目区＞景大项目区＞长坡项目区＞中安-后所项目区＞高家屯-窦家冲项目区＞北古城项目区。降水量与产水量的变化趋势有一致性。

2.1.4　结论与讨论

1. 结论

基于 InVEST 模型对云南省 2012 年和 2020 年 10 个典型项目区水源涵养情况进行测算,本节得到以下结论。①建设开发后项目区平均产水量均低于开发前;除光华项目区外,建设开发后项目区水源涵养总量均低于开发前。②开发后平均水源涵养量从低到高依次是:塔宝山-大湖西项目区＞下和-上登项目区＞沙朗项目区＞高家屯-窦家冲项目区＞北古城项目区＞长坡项目区＞中安-后所项目区＞光华项目区＞观音山项目区＞景大项目区。

本书发现,造成低丘缓坡项目区建设开发前后水源涵养量变化的原因主要是土地利用类型、植被类型、地形、降水量等因素。①土地利用类型变化显示,不同地类的水源涵养能力有差异,其中林地的水源涵养能力最高,耕地、园地、草地的水源涵养能力在不同项目区有差异。②植被类型表明,在未受人为因素影响的区域,存在植被的自然演替。裸地转变为草地,草地转变为其他林地,灌木林地转变为乔木林地等,其水源涵养能力也得到一定程度的提升。植被类型、地形、降水量等因素共同影响地表径流的流速和流量,从而影响水源涵养功能。

2. 讨论

本节结合实地调研案例,从积极和消极方面分析低丘缓坡建设开发对生态环境产生的影响。①低丘缓坡开发改变原来的土地利用类型,扰动和破坏原有的地表环境,导致生物多样性的减少。②基础设施建设过程中需要大量地挖方填方工作,破坏原地表植被,扰动土体,使土壤松动、裸露和堆填,若未及时采取水土保持措施,容易导致地质灾害的发生。③人类活动必然会产生污染物排放,如未能恰当处理,会对周边区域的水源、耕地等生态敏感区产生不良影响,造成生态破坏、环境污染等问题。

本节根据低丘缓坡建设开发可能造成的生态破坏,基于水源涵养功能提出相应的对策建议。目前低丘缓坡建设开发模式主要有以下三种:削峰填谷式、分台式、分台式与缓坡式相结合。本书依据保护生态优先、因地制宜的原则,提出以下优化措施。首先,科学选址和土地规划,根据山地立体特征,依据山体不同位置和坡度,布局不同的土地利用类型,宜建则建,宜林则林,减少对原地表的干扰和破坏。其次,调整土地利用类型,保留具有较强生态源的生态用地,加强绿化工程设施建设,提升土地生态功能。最后,落实水源涵养规划,完善水源涵养生态补偿机制,推进低丘缓坡开发利用可持续发展。

2.2　低丘缓坡山地开发对土壤保持生态功能的影响研究

低丘缓坡建设开发是否导致水土流失以及导致多大程度的水土流失,是学术界一直争论的问题。本书以最早在全省开展低丘缓坡建设开发的云南省为例,选择具有代表性的滇中地区 62 个低丘缓坡建设开发项目区为研究对象,对项目区进行实地踏勘,采用修正的通用土壤流失方程(revised universal soil loss equation,RUSLE),对滇中地区低丘缓坡项目区 2010 年和 2018 年(即建设开发前后)土壤侵蚀状况及其时空变化特征进行定量分析,探讨低丘缓坡建设开发所造成的地形、土地利用类型及植被覆盖百分率的变化对土壤侵蚀的影响,结果如下。

(1)整体上,滇中地区 62 个项目区在开发后土壤侵蚀状况趋向好转,具体表现为微度侵蚀等级面积净增加。

(2)低覆盖草地、灌木及坡度大于等于 15°的耕地,水土保持能力较弱。其中,草地和灌木的水土流失面积较大,占总水土流失面积的 76.57%。

(3)水土流失高发区主要集中在坡度大于等于 8°的区域,若仅考虑水土流失面积大小,坡度为 8°~25°区域内的水土流失情况最为严重,占总水土流失面积的 68.54%;而若从引起水土流失难易程度考虑,坡度大于等于 25°区域内发生水土流失的概率最高,平均水土流失面积占该坡度总水土流失面积的 62.05%。

综上,本书揭示低丘缓坡建设开发对项目区土壤侵蚀的影响,为项目区水土流失防治和危害评估提供数据支撑,并为区域生态修复和综合治理提供参考和依据。

土壤侵蚀对区域内生态安全具有负向效应,如导致土壤肥力下降,引起土质恶化,严重时会引发泥石流和山洪等自然灾害。对土壤侵蚀状况进行评估和测算,并根据分析结果采取相应的生物和物理防护措施是有效缓解区域土壤侵蚀的重要途径。1954 年美国农业部联合印第安纳州普渡大学对土壤侵蚀的机理和成因进行深入研究。1961 年 Wischmeier 和 Smith(1978)提出通用土壤流失方程(universal soil loss equation,USLE),该模型应用广泛,具有较强的普适性,在土壤流失量的测算方面做出重大贡献。后期的研究发现此模型仍存在不足和局限,美国农业部于 1975~1980 年根据细沟间侵蚀和细沟侵蚀的原理及泥沙输移的动力机制建立修正的通用土壤流失方程(RUSLE),并在 1992 年末首次提出此方程,引起国内外学者的广泛关注。此模型能较好地预测由降水产生地表径流所引起的水力侵蚀,并考虑管理措施对土壤侵蚀的影响,具有较强的灵活性,以至于该模型在当时乃至现在都是土壤侵蚀研究中十分重要的基础模型。

RUSLE 已广泛应用于不同区域,且越来越多的学者借助遥感影像(remote sensing image,RS)和 GIS 技术结合 RUSLE,利用多源数据探究行政区等大尺度区域土壤侵蚀规律及空间分布特征。这是由于以行政区作为研究单元,在数据上可获取性高,且有利于决策者针对不同行政区的土壤侵蚀问题制定针对性政策,以获得相应的财政支持。但土壤侵蚀和水土流失在空间上具有一定的流动性,其不完全受行政区的限制,因此需重视特定区域小尺度的土壤侵蚀的研究。在低丘缓坡山地开发过程中,原有的下垫面性质遭到破坏，导致坡度改变、植被覆盖百分率和生物多样性降低等问题，从而可能增加项目区的行洪压力，威胁项目区的生态系统稳定。但限于低丘缓坡项目区面积较小、空间分布较为分散以及高精度数据难以获取的情况，研究成本较高，所以鲜有以低丘缓坡项目区为研究对象，研究建设开发对土壤侵蚀的影响。事实上，低丘缓坡项目区作为人类活动密集和地表干扰强烈的区域单元，是研究人为扰动对土壤侵蚀影响极佳的实验样本，具有较高的研究价值。

　　云南省是最早在全省范围内开展低丘缓坡开发试点的省份。其中，滇中地区自然资源优越，具备丰富的山地资源，低丘缓坡项目区数量占云南省总量的 60% 以上，并且滇中地区内降水、气温等气候条件较为相似，能有效避免气候差异对土壤侵蚀的干扰，从而为研究开发建设是否会加剧低丘缓坡区域土壤侵蚀这一热点问题提供了较为丰富的数据样本。修正的通用土壤流失方程(RUSLE)与第一代通用土壤流失方程(USLE)相比，考虑了地形与气候条件的交互作用，反映地貌景观的空间分异特征，使其结果的可靠性得到提升。虽然 RUSLE 仍存在缺陷，但仍是目前较为系统且实用性强的预测土壤侵蚀状况的方程。因此，本书选取具有代表性的滇中地区(昆明市、曲靖市、玉溪市、楚雄州)中已经开发建设的低丘缓坡项目区，通过到项目区现场踏勘和测度，运用遥感和 GIS 技术等手段，利用修正的通用土壤流失方程(RUSLE)，对项目区 2010 年和 2018 年(即建设开发前后)的土壤侵蚀状况进行评估，探讨土壤侵蚀的时空变化特征以及地形因子、土地利用类型、植被覆盖百分率与土壤侵蚀之间的内在关系，探究项目区建设开发采取的水土保持措施对抑制或缓解项目区的土壤侵蚀的成效，从而为研究区水土流失防治以及构建土壤侵蚀敏感性和危害评估模型提供数据支撑，为区域生态修复和综合治理提供参考和依据。

2.2.1　材料与方法

1. 研究区概况

　　滇中地区位于云南省中东部，处于滇东高原盆地之中(100°43′E～104°50′E，23°19′N～27°03′N)，土地总面积为 93 477.43km^2，占云南全省总面积的 24.4%，包括昆明、曲靖、楚雄彝族自治州、玉溪四个市(州)，覆盖县(市、区)共计 42 个。该研究区地形主要为山地及山间盆地，西北地势高、西南地势低。滇中地区属中亚热带季风气候，年平均气温为15～23℃，年均降水量为 684.31～1777.03mm，植被类型多样，主要包括云南松林、华山松林、针阔混交林和阔叶林等次生林，土壤类型以山原红壤、紫色土为主。

　　本书选取处于滇中地区中开发状况较好的 62 个项目区，其中昆明有 26 个，曲靖有20 个，玉溪有 11 个，楚雄彝族自治州有 5 个，总数量超滇中项目区的 80%，具有较好的代表性，能够反映低丘缓坡开发建设的土壤侵蚀规律特征。

2. 数据来源及预处理

　　通过对滇中地区 62 个项目区的建设开发时间进行统计后发现，多数项目区为 2011年动工，2017 年完工，所以本书用 2010 年表示项目区建设开发前，2018 年表示建设开发完成。在土壤侵蚀模数计算过程中，由于低丘缓坡项目区具有面积较小（5～21km²）、空间分布零散的特点，为保证土地利用信息的有效提取，所以采用空间分辨率优于 3m 的多光谱影像结合实地勘察来实现，但计算中部分参数所需的数据精度较高，而获取小尺度详细数据难度较大，故本书中的部分参数借鉴前人的研究成果或相应的替代方法。数据来源及处理过程如表 2-4 所示。

表 2-4　数据来源及处理过程

数据名称	数据类型	数据来源及处理过程
地类数据	Vector	全国第二次土地调查统一时点变更数据，土地利用规划数据源于土地利用总体规划数据（2010～2020 年）
土壤数据	Vector	全国土壤数据集 1∶100 万的土壤类型图，通过掩膜的方式，提取出项目区范围内的土壤类型，并根据项目区实施方案中提供的土壤数据资料进行精度修正
降雨数据	Txt	国家气象科学数据中心（http://data.cma.cn/site/index.html）的月降雨点数据。通过 ArcGIS 中的转换工具箱，转为栅格数据，再利用掩膜的方式提取项目区月均降雨栅格
地形数据	Grid	国家课题所提供的低丘缓坡项目区开发前的矢量图件，包括 1∶10000 的地形图以及等高线等矢量数据。通过 ArcGIS 的 3D 分析工具箱，生成 DEM 栅格数据
遥感数据	Grid	2010 年采用美国的 Quick-bird 和 Worldview-2 卫星影像，2018 年则采用美国的 Geoeye-1 和法国的 Pleiades-1A 卫星影像，所采用的卫星影像的空间分辨率均优于 3m。在 ENVI 软件中对影像进行辐射定标、大气校正、正射校正、融合、镶嵌等预处理。后期用于地物识别和植被覆盖百分率计算

本书中像元大小设为 5m×5m，通过矢栅转换和重采样方法对表 2-4 中基础数据的类型和像元大小进行统一，投影坐标统一为 Xian_1980_3_Degree_GK_Zone_34，基准面为 D_Xian_1980；结合对低丘缓坡项目区进行的现场踏勘，对上述评价单元栅格尺寸进行细化和校对，以提高精度。

3. 研究方法

云南省处于西南土石山区，侵蚀类型属于水力侵蚀。因此，本书土壤侵蚀研究模型采用美国农业部及其研究机构于 1997 年正式实施的 RUSLE，并根据目前研究成果和项目区实际情况对 RUSLE 中部分因子取值进行调整。计算公式如下：

$$A_r = R \times K \times L \times S \times C \times P \tag{2-13}$$

式中，A_r 为单位面积年均土壤侵蚀模数，$t \cdot (hm^2 \cdot a)^{-1}$；$R$ 为降雨侵蚀力因子，$(MJ \cdot mm) \cdot (hm^2 \cdot h \cdot a)^{-1}$；$K$ 为土壤可蚀性因子，$(t \cdot h) \cdot (MJ \cdot mm)^{-1}$；坡长因子 L、坡度因子 S、植被覆盖和管理因子 C 以及水土保持措施因子 P 为量纲一因子。

1）降雨侵蚀力因子（R）

降雨侵蚀力指降雨可能导致土壤侵蚀的潜在能力。R 值计算方法较多，综合考虑数据获取的可行性以及模型对滇中地区低丘缓坡建设开发项目区的适用性，参考国内外学者研究成果，本节最终采用以下模型计算研究区的 R 值，此方法适用于地形复杂区域，经检验计算结果精度较高，具体公式为

$$R = \sum_{i=1}^{12} 73.989 \times \left(\frac{P_i^2}{P_a} \right)^{0.7387} \tag{2-14}$$

式中，P_i 为第 i 月的降水量，mm；P_a 为年平均降水量，mm。

2）土壤可蚀性因子(K)

土壤可蚀性因子反映在相同条件下由土壤性质的差异引起空间上土壤侵蚀的差异。土壤性质的实际测量对实验环境条件有较高要求，数据获取存在较大困难，且精确性难以保证。本节参考云南省已有的土壤研究成果，结合现场踏勘土壤采样，对研究区各不同类型土壤赋 K 值。项目区主要土壤类型及对应土壤可蚀性因子如表 2-5 所示。

表 2-5　项目区土壤类型及对应可蚀性因子

土壤类型	K 值	土壤类型	K 值
暗黄棕壤	0.28	潜育水稻土	0.25
棕壤	0.28	砖红壤	0.23
暗棕壤	0.43	赤红壤	0.33
石灰型紫色土	0.23	红壤	0.27
酸性紫色土	0.24	黄壤	0.25
潴育水稻土	0.28	燥红土	0.21
淹育水稻土	0.25	红色石灰土	0.27

3）地形因子(LS)

(1)坡长因子(L)。坡长可以理解为地表径流产生点到径流被拦截或者中断点的水平距离，在 ArcGIS 中可通过计算积累流量的方式得到。坡长因子计算公式如下：

$$L = (\lambda / 22.13)^m \tag{2-15}$$

其中，

$$m = \begin{cases} 0.5, & \theta \geqslant 5.14° \\ 0.4, & 5.14° > \theta \geqslant 1.72° \\ 0.3, & 1.72° > \theta \geqslant 0.75° \\ 0.2, & \theta < 0.75° \end{cases} \tag{2-16}$$

式中，λ 为水平投影坡长，m；m 为坡长指数；θ 为坡度，(°)。

开发前的 DEM 数据源于国家课题所提供的 1∶10000 地形图，开发后的 DEM 数据是根据项目区开发方式，对开发前 DEM 数据修正后得到。具体方法为：首先，根据项目区平整范围数据，结合项目区的建设开发实施方案和现场勘查，确定土地平整方式为半挖半填，即以平均高程点为基准，对于超出或者低于该点的区域采取回填和开挖的方式(Zhang et al.，2012a；周佳雯等，2018)；再结合工程开发技术标准中规定的平整标准对项目区平整区域进行高程修正，从而得到开发后的 DEM 数据；然后分别将开发前后的 DEM 数据导入 ArcGIS，通过水文分析模块，计算得到项目区流向和流量数据，再利用栅格计算器进一步计算得到地形因子数据。

(2) 坡度因子(S)。由于低丘缓坡项目区地形的特殊性，其坡度特点与平原、高原和流域不同。为了使坡度因子算法能有效反映低丘缓坡地形地貌特征，对 RUSLE 中默认的坡度因子计算公式进行部分修正。当坡度为 10°以下时，仍采用 RUSLE，当坡度大于 10°时，则采用刘斌涛等(2015)提出的坡度因子修正算法，该算法通过误差检验和精度校验，更适用于山区地形因子的计算。坡度因子计算公式如下：

$$S = \begin{cases} 10.8\sin\theta + 0.03, & \theta \leqslant 5° \\ 10.6\sin\theta - 0.5, & 5° < \theta \leqslant 10° \\ 20.204\sin\theta - 1.2404, & 10° < \theta \leqslant 25° \\ 29.585\sin\theta - 5.6079, & \theta > 25° \end{cases} \quad (2\text{-}17)$$

式中，θ 为坡度，(°)。

4) 植被覆盖和管理因子(C)

植被覆盖和管理因子是量纲一因子，反映植被覆盖百分率大小对土壤侵蚀的抑制程度。植被具有防止雨水侵蚀和减缓地表径流冲刷等作用，能有效缓解区域土壤侵蚀状况。植被覆盖和管理因子的计算包括三部分：计算归一化植被指数(normalized difference vegetation index，NDVI)；计算植被覆盖百分率 F_c；根据植被覆盖百分率 F_c 计算得出 C 值。具体公式为

$$\text{NDVI} = \frac{\text{NIR} - R}{\text{NIR} + R} \quad (2\text{-}18)$$

$$F_c = \frac{\text{NDVI} - \text{NDVI}_{\min}}{\text{NDVI}_{\max} - \text{NDVI}_{\min}} \quad (2\text{-}19)$$

式中，R 为红波段；NIR 为近红外波段；$\text{NDVI}_{\max}$ 和 $\text{NDVI}_{\min}$ 分别为统计中置信度为 95% 和 5% 的 DN 值(像元亮度值)；F_c 为植被覆盖百分率，%。NDVI 值与植被覆盖状况呈正相关关系。

本节结合现场踏勘和项目区开发建设实施方案及规划设计图，最终确定低丘缓坡项目区开发建设前和开发建设后的植被覆盖因子。根据蔡崇法等(2000)的研究成果，考虑实际情况，当 $F_c \leqslant 2\%$ 时地物多为水体和建设用地，其不产生土壤侵蚀，C 值为 0。修正后的植被覆盖和管理因子计算公式如下：

$$C = \begin{cases} 0, & F_c \leqslant 2\% \\ 1, & 2\% < F_c \leqslant 10\% \\ 0.6508 - 0.3436\lg F_c, & 10\% < F_c \leqslant 78.3\% \\ 0, & F_c > 78.3\% \end{cases} \quad (2\text{-}20)$$

5) 水土保持措施因子(P)

P 值是量纲一数据，指某一个时间段内采取某种水土保持措施后产生的土壤侵蚀量与同等条件下不采取水土保持措施下产生的土壤侵蚀量的比值，P 值的范围为 $[0,1]$。该值

大小与该区域土壤侵蚀模数大小呈正相关。P 值趋于 0，表示该区域采取的水土保持措施效果好，土壤侵蚀状况得到改善；反之则表示该区域水土保持措施欠缺，土壤侵蚀量和侵蚀强度大。目前国内外学者针对水土保持措施因子对土壤侵蚀状况影响的研究成果较少，且缺乏固定评估标准和方法，同一水保措施受地区影响 P 值会产生差异。本书涉及的低丘缓坡项目区空间分布较零散，各土地利用类型 P 值的确定主要参考相关学者的研究成果和美国农业部 537 手册（通用土壤流失方程说明书），结合现场踏勘并根据低丘缓坡项目区各地类产生土壤侵蚀的可能性，对各地类进行赋值，包括水田（0.15）、旱地（表 2-6）、灌木林（1）、乔木林（1）、草地（1）、水域（0）、建设用地（0）以及裸土（1）、裸岩（0）。其中，项目区旱地以坡耕旱地为主，水土保持措施因子受坡度影响，如表 2-6 所示。

表 2-6　旱地水土保持措施因子与坡度关系

坡度范围	P 值
<5°	0.11
5°~10°	0.22
10°~15°	0.31
15°~20°	0.58
20°~25°	0.71
≥25°	0.80

2.2.2　结果与分析

1. 土壤侵蚀等级变化特征

根据我国 2008 年发布的《土壤侵蚀分类分级标准》（SL190—2007），云南省属于一级水力侵蚀类型区下的二级西南土石山区，水力侵蚀强度等级见表 2-7。本书通过 ArcGIS 软件中的 Spatial Analyst 工具分别将滇中项目区开发前后土壤侵蚀模数栅格数据转换为国际单位 $t\cdot(km^2\cdot a)^{-1}$，并按照侵蚀强度分级标准分为六类，统计各项目区土壤侵蚀等级面积及占比，如图 2-15 所示。

表 2-7　土壤水力侵蚀强度等级

级别	平均侵蚀模数/[$t\cdot(km^2\cdot a)^{-1}$]
微度	<500
轻度	500~2500
中度	2500~5000
强度	5000~8000
极强	8000~15000
剧烈	>15000

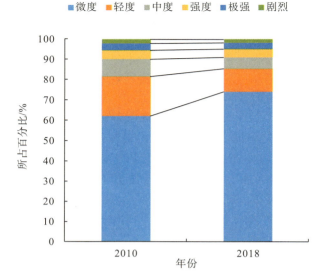

图 2-15　项目区开发前后各土壤侵蚀等级面积变化情况

　　图 2-15 显示，整体上低丘缓坡项目区开发后与开发前相比，其土壤侵蚀状况呈好转趋势。其中，微度侵蚀等级占比上升，由开发前的 62.14%上升至开发后的 74.04%，面积占比增长 11.9 个百分点；而轻度侵蚀、中度侵蚀、强度侵蚀、极强侵蚀和剧烈侵蚀等级的面积占比则出现不同程度的降低，其中减少量最大的是轻度侵蚀，占比减少 8.1 个百分点；其次是中度侵蚀等级，占比减少 3.02 个百分点；强度侵蚀、极强侵蚀和剧烈侵蚀等级占比分别减少 0.2 个百分点、0.31 个百分点和 0.27 个百分点。可以得出，研究区的土壤侵蚀等级以微度侵蚀、轻度侵蚀和中度侵蚀为主导（占总面积百分比为 90.61%±0.39%），土壤侵蚀为强度侵蚀、极强侵蚀、剧烈侵蚀等级的（占总面积百分比为 9.39%±0.39%）仅离散分布在部分项目区的局部区域，即楚雄州东部、东南部以及昆明市中部、东部的部分项目区内。

　　从土壤侵蚀等级与环境因子的空间分布看，低丘缓坡项目区开发建设前后平均土壤侵蚀模数均较大的区域普遍与地形起伏大和植被覆盖百分率低（仅指林地、草地等生态用地）的区域具有较高的空间重合度；而坡度较小、海拔相对较低且整体植被覆盖百分率较高区域发生土壤侵蚀的概率和强度较低，土壤侵蚀等级与环境因子具有一定相关性。

　　通过 ArcGIS 软件中 Spatial Analyst 工具箱的区域分析模块计算得到低丘缓坡项目区开发前后土壤侵蚀强度转移状况，并利用 Python 实现可视化展示（图 2-16）。如图 2-16 所示，低丘缓坡项目区建设开发后，共有 66.02km^2 土壤侵蚀等级降低；32.59km^2 土壤侵蚀等级上升，转为更高等级的侵蚀强度。在土壤侵蚀等级降低的 66.02km^2 土壤中，54.11km^2 转为微度侵蚀，面积占 81.96%，表明低丘缓坡建设开发使大量较高土壤侵蚀等级转为微度侵蚀。其中，轻度侵蚀转为微度侵蚀共 33.29km^2，贡献率为 61.52%，占轻度侵蚀总转出量的 83.29%；中度侵蚀转移 10.87km^2，贡献率为 20.09%，占中度侵蚀总转出量的 47.14%；强度侵蚀、极强侵蚀和剧烈侵蚀转移 9.95km^2，贡献率为 18.39%，分别占强度侵蚀、极强侵蚀和剧烈侵蚀总转出量的 40%、34.29%和 32.45%。可见在高侵蚀等级转为微度侵蚀等级中，以轻度侵蚀和中度侵蚀转为微度侵蚀的占比最高。在土壤侵蚀加剧的 32.59km² 土壤中，微度侵蚀负向转移(即向高级侵蚀转移)面积最大，转移 17.61km²，贡献率为 54.03%；极强侵蚀负向转移面积最小，转移 1.21km²，贡献率为 3.71%。总之，相邻土壤侵蚀等级之间无论是正向转移(指向低级侵蚀转移)还是负向转移都较容易，而跨土壤侵蚀等级转移则相对更加困难。

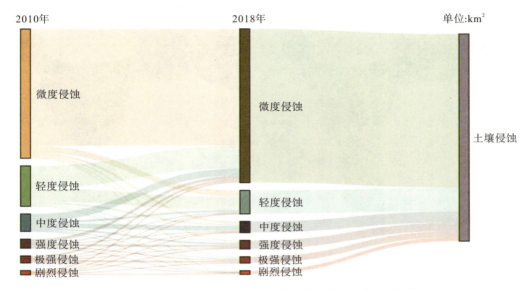

图 2-16 滇中地区低丘缓坡项目区整体的土壤侵蚀等级转移矩阵

从各土壤侵蚀等级面积净变化看，轻度侵蚀及更高侵蚀等级都表现为净减少，共减少 36.5km²，其中轻度侵蚀面积净减少 24.78km²，动态度为-5.21%，面积净减少占比以及年际相对变化程度均最高；中度侵蚀面积净减少 9.34km²，动态度为-4.41%；强度侵蚀、极强侵蚀和剧烈侵蚀面积净减少 2.38km²，动态度为-3.33%。微度侵蚀面积则表现为净增长，共增加 36.5km²，动态度为 2.40%。与开发前相比，开发建设后整体上土壤侵蚀变化的趋势向好，说明低丘缓坡开发建设过程一定程度上改善了土壤侵蚀，其中以缓解轻度侵蚀最为明显。

图 2-17 为昆明宜良柳树湾项目区和楚雄姚安草海项目区在开发前后土壤侵蚀等级变化图。通过对比发现，项目区土地平整范围内的土壤侵蚀等级明显下降，土壤侵蚀状况得到改善。结合实地调研以及与项目区管委会工作人员探讨后，总结导致土壤侵蚀减缓的因素主要有以下几点。

(1)低丘缓坡项目区开发建设后建设用地面积增加，导致一些新建建筑物、道路等不透水地物取代原来的耕地、裸土等，使土地利用类型转变，区域土壤侵蚀模数呈现减小趋势。

(2)项目区投入运营后，低丘缓坡项目区按规划设计，采取相应的工程措施和生物措施，如坡地建挡土墙护坡、绿化工程等，这些措施都在一定程度上对水土保持起到积极作用。但通过对项目区进行现场勘查发现，小部分项目区仍存在在开发建设过程中忽视对生态系统安全的维护,没有做到边开发边保护,没有及时进行植被复种和对边坡等易引发土壤侵蚀区域采取有效的保护措施,导致项目区局部土壤侵蚀加剧。

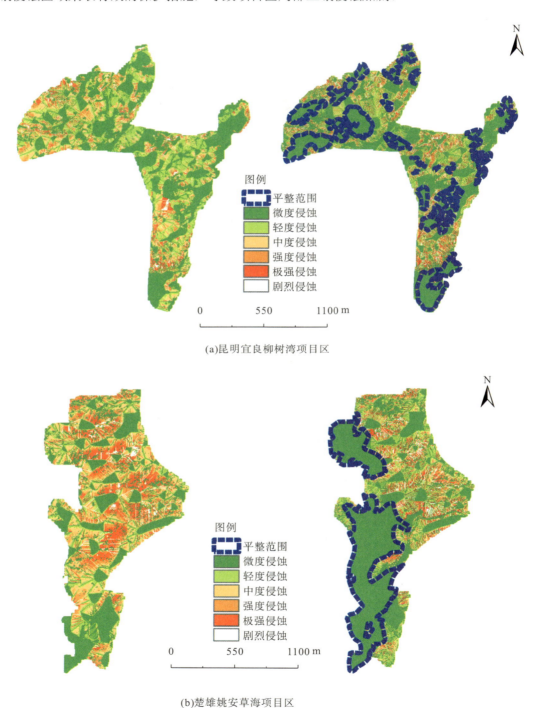

(a)昆明宜良柳树湾项目区

(b)楚雄姚安草海项目区

图 2-17　典型项目区开发前后土壤侵蚀等级对比图

(3)项目区建设开发涉及人为改变地形等因素,因此项目区内局部地形起伏度和坡度减小,而地形因子是土壤侵蚀变化的重要影响因素,所以项目区建设开发后局部土壤侵蚀状况会得到改善。

由此可知,项目区土壤侵蚀状况的变化受到多因素的影响,表现出高度复杂性,而在开发建设中,人为因素对土壤侵蚀的影响极大,既可能改善土壤侵蚀状况,也可能加剧土壤侵蚀。因此,在低丘缓坡建设开发过程中要重视人为因素对项目区生态系统的扰动,及时采取相应的水土保持措施并建设绿色基础设施,这对区域生态环境极其重要。

2.坡度与土壤侵蚀

本节将研究区的坡度分为以下 6 个等级(<5°、5°~8°、8°~15°、15°~25°、25°~30°、>30°),对其开发前后不同坡度的面积占比进行对比分析后发现以下特点。①研究区整体的坡度主要集中在≤15°的范围内,其面积占比超过 75%,反映了低丘缓坡项目区中"缓坡"的地形特点。②项目区建设开发后,在<5°、25°~30°以及>30°的坡度范围内其面积出现不同程度的增长,其中坡度>30°的面积增长最明显。而在 5°~8°、8°~15°以及 15°~25°的坡度范围内的面积占比有所减少,其中 15°~25°坡度范围内的面积占比减少最多,其面积占比由开发前的 17.24%降至 16.46%。造成项目区开发后坡度<5°和>30°的面积大量增加以及地形复杂性降低的原因,主要是低丘缓坡建设开发会对项目区内建设适宜性高的土地进行局部平整以及边坡开挖,从而为后期的人类生活和生产建设活动提供有利的地形条件。本节将低丘缓坡项目区开发后的土壤侵蚀强度分级图与坡度分级图导入 ArcGIS 软件,通过空间叠加分析,实现项目区土壤侵蚀强度等级与坡度等级的空间连接,从而得到不同坡度等级下土壤侵蚀的变化特征(表 2-8)。

表 2-8　坡度等级下土壤侵蚀的变化特征

坡度/(°)	土壤侵蚀面积/km²						水土流失面积*	
	微度	轻度	中度	强度	极强	剧烈	占同坡度面积百分比/%	占总流失面积百分比/%
<5	114.13	4.13	0.68	0.11	0.06	0.03	4.21	6.31
5~8	32.22	6.18	1.53	0.55	0.25	0.05	20.99	10.79
8~15	48.90	15.51	6.21	4.20	2.03	0.48	36.76	35.83
15~25	24.42	7.53	6.58	5.53	4.18	2.13	51.52	32.71
25~30	3.21	0.85	1.24	1.20	1.15	0.76	61.83	6.55
>30	3.75	0.47	0.89	1.02	1.60	2.21	62.27	7.80
合计	226.63	34.67	17.13	12.61	9.27	5.66	25.93	99.99

*水土流失面积指除微度侵蚀外的高等级土壤侵蚀面积。

对表 2-8 中各坡度等级下土壤侵蚀的文化特征分析后得出以下两点结论。①当坡度<5°时,项目区主要为微度侵蚀,面积占比高达 95.79%,在该坡度范围内土壤侵蚀程度较弱,不易发生水土流失;坡度为 5°~8°时,微度侵蚀面积占比显著减少,轻度侵蚀面积出现小幅增加,水土流失状况加剧;坡度为 8°~25°时,土壤侵蚀等级以微度侵蚀、轻度侵

蚀为主，二者面积占比为 73.36%±9.93%；坡度为 25°~30°时，侵蚀等级表现为以微度侵蚀、中度侵蚀和强度侵蚀及极强侵蚀等级为主；当坡度>30°时，则以微度侵蚀、剧烈侵蚀和极强侵蚀为主。上述数据表明，随着坡度等级增加，高等级土壤侵蚀面积逐渐增加，表现为低土壤侵蚀等级逐渐转为高等级侵蚀为主导的过程。②微度侵蚀面积随坡度等级提高表现出急剧减少后小幅度增加再减少的趋势，表明坡度等级与土壤侵蚀等级之间不是成严格正相关关系，说明土壤侵蚀是多因素相互作用的结果，地形因素是区域土壤侵蚀的主要影响因素但非唯一的决定性因素。

对项目区各坡度等级下水土流失情况分析后得出以下两点结论。①水土流失主要集中于坡度≥8°的范围内，坡度等级与水土流失面积耦合分析表明，当坡度≥25°时达到峰值，水土流失面积平均占比 62.05%；而在总体水土流失方面，坡度在 8°~25°时水土流失面积最大，占水土流失总面积的 68.54%。通过实地调研结合遥感影像分析发现，8°~25°是低丘缓坡项目区生产和生活的集中区域。②随坡度等级增加，水土流失面积占同坡度等级面积百分比明显增加，水土流失状况进一步加剧。

研究结果表明，尽管理论上坡度越大的项目区水土流失现象越严重，但在实践中还需要考虑所在坡度范围面积大小以及人类活动的频率。水土保持措施的实施需充分考虑人为因素的影响，在低丘缓坡项目区建设开发过程中要做到边开发边保护。

3. 土地利用类型与土壤侵蚀

对滇中地区以市(州)为单位(昆明市、玉溪市、曲靖市和楚雄彝族自治州)分析其低丘缓坡项目区开发前后土地利用类型变化特征，结果表明四市(州)的低丘缓坡项目区开发后大部分生态用地(水田、旱地、灌木、草地)面积出现不同程度的减少，建设用地面积则表现为净增加，其中昆明市建设用地的增加幅度最大，这与昆明市对建设用地需求迫切、积极推进低丘缓坡建设开发直接相关；各市(州)的水域和裸岩面积变化程度较小。为进一步分析滇中地区低丘缓坡项目区土地利用类型和土壤侵蚀状况之间的相互关系，本节通过 ArcGIS 软件对项目区开发后的土地利用类型图与土壤侵蚀强度分级图进行叠加分析，得到土地利用类型与土壤侵蚀、水土流失的变化特征，如表 2-9 所示。从该表看，各土地利用类型均以微度侵蚀为主，其中灌木林地微度侵蚀面积占比最小，但也超过 50%，旱地和水田微度侵蚀占比最高，已超过 80%；水土流失高发区主要集中在灌木林地和草地，二者平均占同一地类水土流失面积的 39.77%，占项目区水土流失总面积的 76.57%，究其原因是草地和灌木覆盖范围较广且植被覆盖百分率较低。

表 2-9 土地利用类型与土壤侵蚀、水土流失的变化特征

土地利用类型	土壤侵蚀面积/km²						水土流失面积*	
	微度	轻度	中度	强度	极强	剧烈	占同土地类型面积比/%	占总流失面积比/%
水田	24.87	2.91	0.32	0.08	0.01	0.01	11.81	3.98
旱地	60.18	7.34	1.99	0.87	0.65	0.36	15.70	13.41
灌木林地	37.03	11.63	7.64	3.82	4.06	2.17	44.19	35.06

续表

土地利用类型	土壤侵蚀面积/km²						水土流失面积*	
	微度	轻度	中度	强度	极强	剧烈	占同土地类型面积比/%	占总流失面积比/%
乔木	7.70	2.56	1.27	0.45	0.53	0.24	39.61	6.04
草地	63.48	14.32	7.33	4.53	4.80	3.73	35.35	41.51
合计	193.26	38.76	18.55	9.75	10.05	6.51		100.00

*水土流失面积指除微度侵蚀外的高等级土壤侵蚀面积。

　　本书中建设用地的水土保持措施因子赋值为 0，即认为该地类不产生土壤侵蚀；但由于低丘缓坡山地开发中人类频繁的开发建设活动会对生态系统产生一定程度的扰动，生态用地大量转为建设用地并引起植被覆盖百分率的降低，导致项目区土壤侵蚀状况的变化。本书通过局部到整体的视角，探讨项目区内新增建设用地、项目区总土地面积与开发建设活动引起植被覆盖百分率和土壤侵蚀状况变化三者的关系。如图 2-18 所示，其中建设用地指新增建设用地，下文用建设用地代替。

　　图 2-18 显示，无论是项目区建设用地还是项目区土地总面积，建设开发后的平均植被覆盖百分率和平均土壤侵蚀模数都出现了不同程度的下降，土壤侵蚀状况得到改善，二者在数值上表现为正相关关系——原因是开发建设后，建设用地范围内进行土地平整和路面硬化不仅导致建设用地和项目区土地总面积上平均植被覆盖百分率下降，同时也使平均土壤侵蚀模数下降，土壤侵蚀状况得到改善。因此，若只考虑开发建设的影响，平均植被覆盖百分率和平均土壤侵蚀模数之间并不存在正相关关系。图 2-18 显示，开发后建设用地范围内平均土壤侵蚀模数仍然偏高。为了进一步探究引起其土壤侵蚀模数偏高的原因，

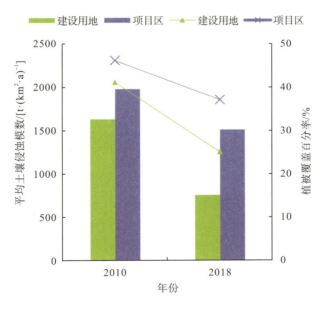

图 2-18　开发前后植被覆盖百分率与土壤侵蚀状况关系

在 ArcGIS 中将开发后的土壤侵蚀等级数据和土地平整范围叠加分析后发现,土壤侵蚀区主要处于建设用地的边坡范围内,这是由于低丘缓坡山地开发是采取依山体地势而建、台阶式开发,局部采取"削山填谷"的开发方式,必然会导致建设用地边坡范围成为土壤侵蚀的高发区,所以要针对边坡采取有效的护坡工程,抑制土壤侵蚀的加剧,避免山体滑坡等灾害的发生。

综上,为了进一步减少滇中地区低丘缓坡项目区的土壤侵蚀量,改善土壤侵蚀状况,对土地平整后的裸土边坡,应采取生态和物理相结合的护坡工程,同时应加强低丘缓坡项目区绿化工程建设,提升园区的森林建设比例,增强项目区植被的生态功能,减少项目区原有的低效林地和草地,重构低丘缓坡开发建设的生态屏障,实现生产、生活和生态的持续发展。

2.2.3 讨论与结论

1. 讨论

(1)低丘缓坡项目区开发建设前后土壤侵蚀总量变化特征为土壤侵蚀状况呈好转趋势, 2010 年、2018 年各项目区年均土壤侵蚀模数分别为 1973.9t·$(km^2·a)^{-1}$ 和 1507.13t·$(km^2·a)^{-1}$,年均土壤侵蚀总量减少 466.77t·$(km^2·a)^{-1}$,约 82% 的项目区在建设开发后土壤侵蚀强度降低,表现为高等级土壤侵蚀净转出。这表明项目区在开发建设过程中采取有针对性的水土保持措施有利于缓解水土流失,低丘缓坡项目区建设开发采取开发和保护并举的原则,对降低土壤侵蚀强度是有效的。本节继而分析各土壤侵蚀等级的转移情况,研究区的土壤侵蚀转移存在相邻侵蚀等级之间正向转移(或是负向转移)都较容易,而跨土壤侵蚀等级转移相对更加困难的规律。

本书在前人的中尺度、大尺度区域水土流失研究的基础上进一步深入,采取更高精度的卫星影像与实地勘察相结合的方式,提高土地利用信息提取精度,集中研究了小尺度下受人类干扰强度较大的滇中地区低丘缓坡项目区建设开发对土壤侵蚀的影响,并反映了项目区采取水土保持措施对土壤侵蚀具有缓解作用;加深了人们对低丘缓坡建设开发与水土流失之间的认识和理解,为后续科学地开发低丘缓坡提供一定的数据支撑;但本书只是统一测算了滇中地区具有代表性的 62 个低丘缓坡项目区开发前后总体的土壤侵蚀量,忽略了项目区的开发方式以及功能定位对土壤侵蚀的影响。

(2)不同土地利用类型的水土保持能力不同。低丘缓坡项目区原有植被中水土保持功能相对较低的草地、灌木林地等低植被覆盖百分率面积较大,开发建设在一定程度上改变了土地利用类型,但开发完成后仍有较大面积低植被覆盖百分率的土地利用类型,如低覆盖草地和灌木林地。在此基础上,本书进一步研究建设开发与植被覆盖百分率和土壤侵蚀的关系,结果表明,植被覆盖百分率与土壤侵蚀表现出正相关关系,而产生这一异常结果的主要原因在于建设开发对土壤侵蚀的影响过大,其对缓解土壤侵蚀的直接作用已超过引起植被覆盖百分率降低从而加剧土壤侵蚀的间接作用。

因此,有效提升低丘缓坡项目区的生态功能,加强低丘缓坡项目区绿化工程建设,减少项目区原有灌木和草地等单一植被种植，增加混交林种植，重构低丘缓坡开发建设的生态屏障，对于减轻低丘缓坡开发建设所引起的水土流失及其诱发的滑坡、泥石流等地质灾害风险是十分重要的(周佳雯等，2018；杨志成等，2020)。

(3)低丘缓坡项目区约 77%的土地坡度范围为 0°~15°，开发建设导致<5°、25°~30°以及>30°坡度范围内的土地面积增加。理论上，坡度是水土流失的主要影响因素之一，水土流失会随坡度的增大而加剧。但通过对水土流失面积分析发现，各项目区实际的水土流失重灾区主要位于 8°~25°的坡度范围内，原因是低丘缓坡项目区的开发建设活动主要集中在 8°~25°这一坡度范围，说明人为因素对低丘缓坡开发建设的土壤侵蚀影响较大。

综上，本书探讨了低丘缓坡建设开发对项目区土壤侵蚀的影响，以及土地利用类型、地形、植被覆盖百分率与土壤侵蚀的关系，为后续低丘缓坡建设过程中有效避免水土流失提供建议和依据。限于时间和实验条件，本书只进行了初步探索，仅研究了低丘缓坡建设开发对土壤侵蚀的影响，尚不能全面反映建设开发对项目区内各生态系统服务的影响。如建设用地的增加虽减少项目区土壤侵蚀量，改善土壤侵蚀状况，但不透水表面占比增加，导致生态用地面积骤减，植被覆盖百分率降低，可能会引起项目区固碳释氧量和水源涵养量降低，使水源涵养服务和固碳释氧服务与土壤保持服务出现相互制约的均衡关系，最终可能会导致项目区生态系统服务供给失衡。这将是后期需要研究和探讨的方向之一。

2. 结论

本书以低丘缓坡建设开发示范省份中的云南省为例，选取滇中地区中具有代表性的 62 个项目区为研究区，围绕"低丘缓坡建设开发前后土壤侵蚀总量测算—坡度与土壤侵蚀耦合分析—土地利用类型与土壤侵蚀耦合分析—平均植被覆盖百分率与平均土壤侵蚀量间的关系—低丘缓坡建设开发对土壤侵蚀的影响"主线展开研究，探究低丘缓坡建设开发对土壤侵蚀状况的影响，得出如下结论。

(1)只要采取恰当的工程措施和生态环境保护措施，低丘缓坡建设开发并不会导致水土流失的加剧，也不会增大滑坡、泥石流等地质灾害的风险。

(2)低丘缓坡建设开发导致水土流失加重的区域主要是边坡形成的坡度陡升地段，因此在低丘缓坡建设开发过程中充分考虑山地的立体结构，依据山体不同位置和坡度，宜建则建、宜林则林，尽量避免"削峰填谷"式的建设开发方式，可以有效避免低丘缓坡建设开发对水土流失的负面影响。

(3)低丘缓坡建设开发过程中如何保留足够的林地、草地等生态用地，提升生态用地的生态系统质量，对于改善低丘缓坡建设开发的水土流失状况也十分重要。因此尽量保留低丘缓坡原有林地、草地，加强绿化工程建设，提升低丘缓坡项目区生态服务功能，做到边建设边保护，应该是低丘缓坡建设开发必须遵循的重要原则。另外，本书认为，可以学习欧洲基于自然的解决方案(nature-based solutions，NbS)，在项目区内有选择地建设绿色基础设施，例如建设雨水公园和植被排水系统等，种植混交林，建立绿色走廊，保护现有的重要的生态廊道，防止因为建设开发导致的绿色隔离，提升低丘缓坡项目区的生态可持续性，这些都是减少低丘缓坡建设开发生态风险的重要措施。

2.3 低丘缓坡山地开发对生态系统调节服务功能的影响研究

2.3.1 概述

低丘缓坡建设开发是我国西南山区省份解决城镇化过程中耕地保护、生态保育和城镇化发展矛盾的重要途径。本书以云南省为例,选择全省十个典型低丘缓坡建设开发项目区为样本,结合气象站点、土地利用调查、卫星影像等多源数据,基于 InVEST 模型、RUSLE和 ArcGIS 软件,测算低丘缓坡建设开发前后生态系统调节服务的空间和数量变化特征,分析人为建设开发对生态系统调节服务的影响机制,从而为后续低丘缓坡项目区科学合理地开发提供数据支撑,为保持生态系统稳定和提升生态系统服务提出针对性建议。本书研究得出以下两点结论。

(1)低丘缓坡项目区建设开发后,生态用地面积骤减,总体上降低了低丘缓坡山地的生态系统调节服务功能。但受到项目区的功能定位和建设开发强度的影响,生态系统调节服务功能差异明显,具体表现为以工业和房地产业为主的项目区造成的破坏大于以旅游业为主的项目区。

(2)建设开发对生态系统调节服务功能的影响可通过新增建设用地、植被覆盖百分率、坡度、建设开发强度和功能定位五大要素进行正向传导和负向传导。其中,新增建设用地是降低生态系统调节服务供给的主要因素,因此在项目区后续的建设开发过程中,要注意新增建设用地数量的控制和位置的选取。

目前,国内对山地生态系统服务价值的研究已有不少成果,如丁雨睟等(2016)运用土地生态红线划定方法将山地生态系统服务功能分为供给服务(包括原料生产、食物生产)、调节服务(包括气候调节、气体调节、水文调节、土壤保持)、支持服务(包括维持养分循环、生物多样性)、文化服务(如美学景观)进行价值评价。尚二萍和许尔琪(2017)在黔桂喀斯特山地主要生态系统服务时空变化研究中对水源涵养服务、土壤保持服务、固碳释氧服务三类功能进行价值评价研究。

对于低丘缓坡建设开发的研究主要包括两个方面。一是项目建设前的开发建设适宜性和生态风险评价。例如彭建等(2015)以云南大理白族自治州为例研究低丘缓坡建设开发综合生态风险评价及发展权衡;张洪等(2019)研究低丘缓坡土地利用建设适宜性评价和合理开发模式等。二是开发后的生态系统服务价值研究,这部分研究大多集中于项目区占用林地、耕地的生态效益评估,如鄢大彬等(2018)以重庆市江津区为例对低丘缓坡土地开发影响下生态系统服务价值损益的研究分析;张洪和束楠楠(2018)对云南省典型低丘缓坡项目区林地生态系统服务价值的评估研究。但是,现有研究中缺少对低丘缓坡建设开发前后的生态系统调节服务各功能进行局部和整体相结合的评价及其影响机理分析。现实中,山地区域的生态系统服务是以保持水土、水源涵养、固碳释氧和空气净化功能为主的调节服务(Ding et al.,2016)。因而,为了进一步深入探讨低丘缓坡建设开发对生态系统服务功能的影响机理,以及是否会导致其生态系统功能下降这一科学问题,需要对低丘缓坡项目区开发前后的生态系统调节服务价值进行精细化测算。

本书以云南省为例，选择全省八个典型低丘缓坡建设开发项目区为样本，通过实地踏勘测量和数据库构建，测算低丘缓坡建设开发前后的生态系统中调节服务价值变化情况，并探讨低丘缓坡建设开发对生态系统调节服务价值的影响机理，为科学合理地开展低丘缓坡建设开发试点工作提供参考。

2.3.2　数据与方法

1. 典型样本选择

云南省低丘缓坡资源指分布在坡度为 6°～25°的耕地、园地、零星分布的林地、闲置的农村建设用地和未利用土地（Yan et al.，2018），其功能定位主要包括工业、旅游和城镇居住三类，结合对项目区的实地调研发现，不同功能定位的项目区之间在开发强度和开发方式上存在明显差异，并且各项目区建设开发完善度不尽相同。因此，本书最终以项目区功能定位和建设开发完善度为依据，选取了 8 个功能定位不同，且建设进度完成度高的典型低丘缓坡项目区作为研究样本（表 2-10）。

表 2-10　典型低丘缓坡项目区情况

项目区	编号	项目区面积/hm^2	海拔/m	平均坡度/(°)	功能定位
楚雄市苍岭项目区	1	1019.52	1641～1849	11	工业
大理市海东下和-上登项目区	2	2159.50	1980～2420	14	居住（主）、工业（辅）
昆明市晋城项目区	3	990.18	1900～2060	8	工业
昆明市北古城项目区	4	1210.50	1567～1720	7	工业
曲靖市金麟湾项目区	5	978.31	1861～2041	8	居住
景洪市嘎洒旅游小镇光华项目区	6	1274.48	525～2143	15	旅游
景洪市景大项目区	7	1069.55	580～760	10	旅游
昭通市塘房项目区	8	987.84	1980～2138	11	工业

注：下文中的项目区统一用项目区编号代替。

本书根据丁雨賝等（2016）山地区域土地生态红线划定方法与实证研究和张洪等（2018）关于低丘缓坡建设开发生态风险传递过程的研究成果，最终确定云南省低丘缓坡建设开发典型项目区主导生态系统服务为调节服务，其功能及评估指标和方法如表 2-11 所示。

表 2-11　生态系统调节服务主要功能价值评估指标

功能类型	评价指标	价值评估方法
水源涵养	调节水量、净化水质	影子工程法
土壤保持	固持土壤、肥力保持	替代成本法
固碳释氧	固碳量、释氧量	替代成本法
空气净化	吸收二氧化硫、氮氧化合物、滞尘量	替代成本法

2. 数据来源及处理

本书所采用的降水、地形地貌、土壤类型、植被和价格参数等数据主要源于实地测量和监测以及低丘缓坡项目区的土地开发数据库、土地利用规划数据库、土壤普查数据库（2019 年）和云南省 126 个气象观测站数据。

1）气象数据

本节运用普通克里金插值方法考虑地形的影响对气象站降水量数据进行空间插值。插值结果表明，2010 年和 2018 年的平均预测误差为-2.21 和-0.7，且均方根标准化预测误差分别为 1.11 和 1.10，插值结果较为理想（Hu，2009；Hu et al.，2012）；本节进一步通过 ArcGIS 软件提取项目区的年降水量数据，如表 2-12 所示。

表 2-12　2010 年和 2018 年项目区年降水量　　　　　　　　　　　　（单位：mm）

项目区编号	项目区名称	2010 年降水量	2018 年降水量
1	楚雄市苍岭项目区	639.61	791.04
2	大理市海东下和-上登项目区	748.92	870.12
3	昆明市晋城项目区	682.36	926.73
4	昆明市北古城项目区	712.55	941.99
5	曲靖市金麟湾项目区	862.21	1006.01
6	景洪市嘎洒旅游小镇光华项目区	1175.69	1572.76
7	景洪市景大项目区	1213.96	1607.79
8	昭通市塘房项目区	629.64	786.65

2）土地利用数据

项目区开发前，统一采用第二次全国土地调查 2009 年统一时点变更数据，开发后的地类数据则以土地利用总体规划（2010～2020 年）矢量数据为依据，再结合对项目区的需要，通过网络实时动态（real-time kinematic，RTK）定位测量及现场定点拍照记录的手段对现状地物进行调查，最后在 ArcGIS 中补充勾绘完成。

3）地形数据

项目区开发前（2010 年）的地形数据源于低丘缓坡土地开发数据库中 1∶10000 地形图。开发后（2018 年）的地形数据是采用中国资源三号卫星 5m 空间分辨率的立体像对数据生成的 DEM 数据。

4）土壤属性数据

土壤属性数据通过查询低丘缓坡项目区开发建设资料结合第二次全国土壤普查数据库获得。

5）植被覆盖百分率、净初级生产力、对污染物吸附能力数据

项目区的植被覆盖百分率利用资源三号卫星的多光谱影像通过 ENVI 软件计算获得。植被净初级生产力以 Landsat 影像为数据源，利用 CASA（Carnegie-Ames-Stanford Approach）模型进行提取。植被对二氧化硫、氮氧化物、氟化氢和滞尘等污染物的吸附能力，通过参照已有的研究成果（Han et al.，2009；Zhao et al.，2012），结合项目区植被的实际情况进行赋值。

6）价格参数

通过参考以往研究成果及相关政府部门公布的社会公共数据，可以获得水库建设单位库容投资、固碳制氧价格和含氮磷钾化肥价格等（Wang et al.，2008），但由于所收集的各价格参数数据大多为非评估年份价格参数，所以需要通过价格参数转换系数（D）将非评估年份价格参数换算为评估年份价格参数以计算各项功能价值量的现价（表 2-13），具体方法参考 2020 年发布的《森林生态系统服务功能评估规范》（GB/T 38582—2020）。

$$D = (1 + D_{n+1})(1 + D_{n+2})\cdots(1 + D_m) \tag{2-21}$$
$$d = (D_r + L_r) / 2 \tag{2-22}$$

式中，D 为价格转换系数；d 为价格指数；n 为价格参数可获得年份；m 为评估年份；D_r 为银行的平均存款利率，%；L_r 为银行的平均贷款利率，%。平均存款利率和平均贷款利率可通过查阅国家统计局网站中国际统计年鉴获得。

表 2-13　价值参数

指标	来源	原始单价	2018 年单价
水库建设单位库容投资（2005 年）	《中国水利年鉴》	6.11 元/t	10.17 元/t
水净化费用（2007 年）	全国居民用水价格平均值	2.09 元/t	3.16 元/t
磷酸二铵价格（2007 年）	中国农业农村信息网	2400 元/t	3614.37 元/t
氯化钾价格（2007 年）	中国农业农村信息网	2200 元/t	3313.17 元/t
有机质价格（2007 年）	中国农业农村信息网	320 元/t	481.92 元/t
固碳价格（2007 年）	参照瑞典碳税率（2008 年标准）	1200 元/t	1807.18 元/t
制造氧气价格（2007 年）	中华人民共和国国家卫生健康委员会（http://www.nhc.gov.cn）	1000 元/t	1505.99 元/t
二氧化硫治理费用（2003 年）	中华人民共和国国家发展和改革委员会发布的《排污费征收标准及计算方法》	1.20 元/kg	2.17 元/kg
氟化物治理费用（2003 年）	中华人民共和国国家发展和改革委员会发布的《排污费征收标准及计算方法》	0.69 元/kg	1.24 元/kg
氮氧化物治理费用（2003 年）	中华人民共和国国家发展和改革委员会发布的《排污费征收标准及计算方法》	0.63 元/kg	1.13 元/kg
降尘治理费用（2003 年）	中华人民共和国国家发展和改革委员会发布的《排污费征收标准及计算方法》	0.15 元/kg	0.27 元/kg

为了保证结果精度和便于空间分析，本书研究的项目区的栅格数据像元大小统一为 5m×5m，坐标系统一采用高斯-克吕格投影。根据各项目区的建设开发规划，将 2010 年作为建设基期，将 2018 年作为建设末期。

3. 研究方法

对于生态系统服务价值的测算方法主要有两种：一是基于单位面积价值当量因子的方法，该方法简便、需要数据量少，适合大尺度区域生态系统服务价值估算；二是基于单位生态服务产品价格的方法，该方法对数据精度需求较高。低丘缓坡建设开发项目区作为一个小尺度空间范围，开发前后地形等因素发生显著变化，运用生态系统服务价值当量因子法计算的精度无法满足研究要求。为了有效地揭示项目区建设开发对生态系统调节服务价值的影响，本书采用基于单位生态系统服务产品价格的方法，对研究区生态系统调节服务价值进行评估。

1）水源涵养功能

基于 InVEST 模型中的产水量模块对各项目水源涵养量进行评估。该模型以水量平衡原理为理论基础，以每个栅格单元的降水量减去实际蒸散量计算出每个栅格的产水量，并结合地形、土壤和地表径流等因素对产水量进行修正，最后得出项目区的水源涵养量（Quan et al.，2012；Donohue et al.，2012）。计算公式如下。

（1）产水量 Y 计算公式为

$$Y(x) = \left[1 - \frac{\mathrm{AET}(x)}{P(x)}\right] \times P(x) \tag{2-23}$$

式中，$Y(x)$ 代表栅格 x 的年产水量，mm；$\mathrm{AET}(x)$ 代表栅格单元 x 的年实际蒸散量，mm；$P(x)$ 代表栅格单元 x 的年降水量，mm。

（2）水源涵养量修正计算。将上述参数以及项目区的数据导入 InVEST 模型产水模块中进行产水量计算，在此基础上考虑项目区的实际情况，加入流速系数以及地形指数对产水量计算结果进行修正，以此得出水源涵养量，计算公式如下：

$$Q = \min\left(1, \frac{249}{v}\right) \times \min\left(1, \frac{0.9 \times \mathrm{TI}}{3}\right) \times Y \tag{2-24}$$

式中，Q 为水源涵养量（或土壤含水量），m^3；v 为流速系数；TI 为地形指数；Y 为产水量，mm。

（3）水源涵养功能价值测算：

$$V_{\mathrm{w}} = V_1 + V_2 \tag{2-25}$$

$$V_1 = Q_{\mathrm{w}} + P_{\mathrm{w}} \tag{2-26}$$

$$V_2 = Q_{\mathrm{w}} \times W_{\mathrm{w}} \tag{2-27}$$

式中，V_1 为调节水量价值；V_2 为净化水质价值；V_{w} 为水源涵养总价值；Q_{w} 为水源涵养量，m^3；P_{w} 为建设库容的投资价格，元·m^{-3}；W_{w} 为水的净化费用，元·m^{-3}。

2）土壤保持功能

土壤保持功能指的是地表植被能够对降水进行截留以减少或避免降水对土壤表面的直接冲刷，减缓地表径流对土壤的冲蚀力度。研究表明，RUSLE 的输入参数易于获取，模拟效果较好。根据我国《土壤侵蚀分类分级标准》（SL 190—2007），云南省处于西南土石山区，侵蚀类型为水力侵蚀，所以本书采用 RUSLE 计算项目区的土壤保持量。通过对项目区的潜在土壤侵蚀量和实际土壤侵蚀量求差，计算得到项目区年均土壤保持量。由于项目区建设开发会导致地形发生显著变化且不能忽略，因此项目区开发后土壤保持量公式应进行相应的调整，同时研究中默认原始状态下地形因子与开发前保持一致，计算公式如下：

$$Q_1 = S_q - S_a = R_1 \times K \times L_1 \times S \times (1 - C_1 \times P_1) \tag{2-28}$$

$$Q_2 = S_q - S_a = R_2 \times K \times (L_1 \times S_1 - L_2 \times S_2 \times C_2 \times P_2) \tag{2-29}$$

式中，Q 为项目区年均土壤保持量，$\text{t} \cdot (\text{hm}^2 \cdot \text{a})^{-1}$；字母下标 1 和 2 分别代表开发前和开发后的状态；S_q 为原始状态下项目区潜在土壤侵蚀量，$\text{t} \cdot (\text{hm}^2 \cdot \text{a})^{-1}$；$S_a$ 为项目区实际土壤侵蚀量，$\text{t} \cdot (\text{hm}^2 \cdot \text{a})^{-1}$；$R$ 为降雨侵蚀力因子，$\text{MJ} \cdot \text{mm} \cdot (\text{hm}^2 \cdot \text{a})^{-1}$；$K$ 为土壤可蚀性因子，$\text{t} \cdot (\text{MJ} \cdot \text{mm})^{-1}$；$L$ 为坡长因子、S 为坡度因子、C 为植被覆盖和管理因子、P 为水土保持措施因子，均为量纲一因子。

（1）降雨侵蚀力因子（R）。降雨侵蚀力能够反映项目区内的降水引起土壤流失的潜在能力，对比前人的研究，本书采用 Wischmeier 和 Smith（1978）、Zhou 等（1995）、Liu 等（2012）提出的方法计算降雨侵蚀力因子，计算公式为

$$R = 17.02 \times \sum_{i=1}^{12} \left(1.735 \times 10^{1.5 \times \lg \frac{P_i^2}{P} - 0.8088} \right) \tag{2-30}$$

式中，P_i 表示某年第 i 月的降水量，mm；P 为年降水量，mm。

（2）土壤可蚀性因子（K）。土壤可蚀性因子是衡量土壤颗粒能够被水分分离和搬运的难易程度，反映土壤抗蚀性能的指标。本书运用 Williams 等（1984）在前人基础上建立的 K 值估算模型——侵蚀-土地生产力影响评估（erosion-productivity impact calculator，EPIC）模型，但考虑到该公式在中国地区的兼容性，参考张科利等（2007）的研究成果对 EPIC 模型进行修正，以更好地反映项目区的土壤可蚀性。

$$K_{\text{epic}} = \left[0.2 + 0.3 \exp \left(-0.0256 \times m_s - \frac{m_{\text{silt}}}{100} \right) \right] \times \frac{m_{\text{silt}}}{m_c + m_{\text{silt}}}$$
$$\times \left\{ \frac{1 - 0.25 \times \text{orgC}}{\text{orgC} + \exp(3.72 - 2.95 \times \text{orgC})} \right\} \tag{2-31}$$
$$\times \left\{ 1 - \frac{0.7 \left(1 - \frac{m_s}{100} \right)}{\left\{ \left(1 - \frac{m_s}{100} \right) + \exp \left[-5.51 + 22.9 \times \left(1 - \frac{m_s}{100} \right) \right] \right\}} \right\}$$

$$K = (-0.01383 + 0.51575 \times 0.1317) \times K_{\text{epic}} \tag{2-32}$$

式中，K_{epic} 为采用 EPIC 模型计算的土壤可蚀性因子；m_s 为砂粒含量，%；m_{silt} 为粉粒含量，%；m_c 为黏粒含量，%；orgC 为有机碳含量，%；0.1317 为美制向公制转换系数（Xie et al.，2008；Sun et al.，2016）。

（3）地形因子（LS）。LS 因子是影响土壤侵蚀的基本地理特征要素。本书 LS 因子通过项目区的 DEM 数据进行提取（Zhang et al.，2010；Yang et al.，2010；Qing et al.，2010；Zhang et al.，2012b）。LS 因子计算公式参考 RUSLE，同时考虑到低丘缓坡项目区地形的特殊性，为了使坡度因子算法有效反映低丘缓坡地形特征，采用刘斌涛等（2015）的修正算法对 RUSLE 中默认的坡度因子计算公式进行修正，该算法通过误差检验和精度校验，更适用于西南山区地形因子的计算。LS 计算公式如下：

$$LS = L \times S \tag{2-33}$$

$$L = \left(\frac{\lambda}{22.13}\right)^m \tag{2-34}$$

$$m = \begin{cases} 0.2, & \theta \leqslant 1° \\ 0.3, & 1° < \theta \leqslant 3° \\ 0.5, & \theta > 5° \end{cases} \tag{2-35}$$

$$S = \begin{cases} 10.8\sin\theta + 0.03, & \theta \leqslant 5° \\ 10.6\sin\theta - 0.5, & 5° < \theta \leqslant 10° \\ 20.204\sin\theta - 1.2404, & 10° < \theta \leqslant 25° \\ 29.585\sin\theta - 5.6079, & \theta > 25° \end{cases} \tag{2-36}$$

式中，L 为坡长因子；S 为坡度因子；θ 为坡度值，（°）；λ 为坡长，m；m 为坡长指数。

（4）植被覆盖和管理因子（C）。植被覆盖和管理因子为量纲一数据，该指数反映土地表面植被覆盖百分率和作物管理措施对土壤侵蚀的影响。本书利用蔡崇法等（2000）坡面产沙与植被覆盖百分率关系式，并根据项目区实际地类状况，结合杨子生 1999 年的研究对该式进行修正后计算 C 值。项目区内水域和建设用地植被覆盖百分率均值小于 2%，且不产生土壤侵蚀，所以将水体和建设用地的 C 值赋为 0。计算公式如下：

$$C = \begin{cases} 0, & F_c \leqslant 2\% \\ 1, & 2\% < F_c \leqslant 10\% \\ 0.6508 - 0.3436 \times \lg F_c, & 10\% < F_c \leqslant 78.3\% \\ 0, & F_c > 78.3\% \end{cases} \tag{2-37}$$

$$F_c = \frac{\text{NDVI} - \text{NDVI}_{min}}{\text{NDVI}_{max} - \text{NDVI}_{min}} \tag{2-38}$$

式中，F_c 为植被覆盖百分率；NDVI_{max} 和 NDVI_{min} 为 NDVI 统计中置信度为 95% 和 5% 的 DN 值（像元亮度值）。

（5）水土保持措施因子（P）。水土保持措施因子指项目区土壤采取特定的水土保持措施后的土壤侵蚀量与未采取措施或顺坡种植时土壤侵蚀量的比值，其值在 0～1。通过对项目区的地类进行现状调查后发现，项目区内的耕地基本是种植玉米且无人看管的旱地，所以耕地的 P 值按旱地进行赋值（表 2-14）。本书参考张洪和石文华（2016）、对云南省低丘缓坡项目区水土流失的相关研究，并结合项目区实施方案和对项目区实地调研的生态保护工程相关措施进行赋值：其中，林地(1)、园地(1)、草地(1)、建设用地(0)和水域(0)。

表 2-14　旱地的水土保持措施因子与坡度的关系

坡度范围	P 值
$<5°$	0.11
$5°\sim10°$	0.22
$10°\sim15°$	0.31
$15°\sim20°$	0.58
$20°\sim25°$	0.71
$\geqslant25°$	0.80

(6)土壤保持功能价值测算。该部分主要有以下方面。

①保育土壤。本书以我国第二次土壤调查数据库为数据源，利用替代成本法计算生态系统在水土保持功能中保持土壤肥力的价值，计算公式为

$$V_1 = Q_N \times \frac{C_1}{R_1} + Q_P \times \frac{C_1}{R_2} + Q_K \times \frac{C_2}{R_3} + Q_{org} \times C_3 \tag{2-39}$$

式中，V_1 为保育土壤价值，元·a^{-1}；Q_N 为固持土壤中氮肥保持量，t·a^{-1}；C_1 为磷酸二铵化肥价格，元·t^{-1}；R_1 为磷酸二铵化肥含氮量，%；Q_P 为固持土壤中磷肥保持量，t·a^{-1}；R_2 为磷酸二铵化肥含磷量，%；Q_K 为固持土壤中钾肥保持量，t·a^{-1}；C_2 为氯化钾化肥价格，元·t^{-1}；R_3 为氯化钾化肥含钾量，%；Q_{org} 为固持土壤中有机质保持量，t·a^{-1}；C_3 为有机质价格，元·t^{-1}。

②减轻泥沙淤积。根据各年份《中国水利年鉴》中阐述的我国主要流域的泥沙运动规律，全国土壤侵蚀流失中有 24%的泥沙会淤积于水库、河流、湖泊，造成水库、江河湖泊蓄水量下降，增加了洪涝、干旱灾害发生的可能性。因此本书根据蓄水成本来计算项目区生态系统减轻泥沙淤积的经济效益，公式如下：

$$V_2 = 24\% \times Q \times \frac{C_r}{p} \tag{2-40}$$

式中，V_2 为减轻泥沙淤积价值，元·a^{-1}；Q 为土壤保持量，t·a^{-1}；C_r 为水库工程费用，元·m^{-3}；p 为土壤容重，t·m^{-3}。

3)固碳释氧功能

(1)固碳价值。固碳主要是指生态系统(森林、草地、农田等)在光合作用过程中从自然捕获大气中的二氧化碳，并将其固定的过程。根据光合作用方程可得，植物每生产 1t 干物质可以吸收 1.63t 二氧化碳，二氧化碳相对分子质量中 C 元素的含量为 27.27%。计算公式为

$$V_C = 1.63 \times 27.27\% \times P_C \times \sum A_i \times B_i \tag{2-41}$$

式中，V_C 为固碳的价值，元·a^{-1}；B_i 为像元 i 净初级生产力，t·$(hm^2 \cdot a)^{-1}$；A_i 为像元 i 面积，hm^2；P_C 为市场固定 CO_2 的价格，元·t^{-1}。

（2）释氧价值。释氧是生态系统光合作用中伴随着固碳提供的一项重要服务，通过光合作用方程，由固碳量推算出释氧量。按照光合作用方程式，树木每形成 1t 干物质，就会从大气中吸收 1.63t 二氧化碳，释放出 1.19t 二氧化碳。计算公式为

$$V_O = 1.19 \times P_O \times \sum A_i \times B_i \qquad (2\text{-}42)$$

式中，V_O 为释氧的价值，元·a^{-1}；B_i 为像元 i 净初级生产力，t·$(hm^2 \cdot a)^{-1}$；A_i 为像元 i 面积，hm^2；P_O 为市场制造 O_2 的价格，元·t^{-1}。

4）生态系统空气净化功能

生态系统空气净化功能是指植被通过自身相应的物理因素、化学因素和生物因素的共同作用，对空气污染物进行吸收、过滤、阻隔和分解，使大气环境得到改善产生的生态效应。空气环境净化主要考虑生态系统对二氧化硫、氮氧化物的吸收和滞尘功能的价值，计算公式为

$$V = \sum_i M_i \sum_j Q_j \times P_j \qquad (2\text{-}43)$$

式中，V 为空气净化总价值，元·a^{-1}；M_i 为地类面积，hm^2；Q_j 为污染物吸收量，kg·hm^{-2}；P_j 为污染物治理价格，元·kg^{-1}。参考以往的研究成果（Han et al.，2009；Han et al.，2015；Zhao et al.，2012），得到各土地利用类型对二氧化硫、可吸入颗粒物（Dust）和氮氧化物的吸收量，如表 2-15 所示。

表 2-15   各土地利用类型污染物吸收量

土地利用类型	$SO_2/[kg \cdot (hm^2 \cdot a)^{-1}]$	$NO_x/[kg \cdot (hm^2 \cdot a)^{-1}]$	$Dust/[kg \cdot (hm^2 \cdot a)^{-1}]$
耕地	45.00	33.50	0.95
园地	152.13	6.00	21655.00
林地	152.13	6.00	21655.00
草地	279.03	6.00	1.20

2.3.3 结果分析

1. 生态系统调节服务功能物质量变化分析

低丘缓坡项目区建设开发后生态系统调节服务在空间和数量上都可能产生变化，因此，本书从时间、空间和数量结构三方面分析项目区生态系统调节服务中水源涵养、土壤保持、固碳释氧和空气净化物质量在开发前后的变化情况，试图揭示项目区建设开发前后生态系统调节服务的变化特征。

根据典型项目区水源涵养量的空间分布来看（图 2-19），功能定位为工业园和住宅的项目区为了提高土地的利用率以及加强产业的合作交流，往往开发强度更大，新增建设用地面积更多，且集聚程度更强，在空间分布上新增建设用地范围与水源涵养低值区表现出高

度一致性。以旅游业为主的项目区则表现为建设开发强度低，新增建设用地分布零散，最大化地保留了原始自然景观，因此该项目区水源涵养量相对更高。从水源涵养量的最值分布来看，项目区开发前的水源涵养量高值区面积和数量略少于开发后，在空间上呈现收缩和破碎化状态；以旅游业为主的项目区最大水源涵养量远高于以工业和房地产业为主的项目区。造成这一现象的原因，除了受到不同的功能定位引起的建设开发的强度和开发方式的影响，项目区自身的气候因素（尤其是降水量和蒸散量）的影响也是不可忽略的。

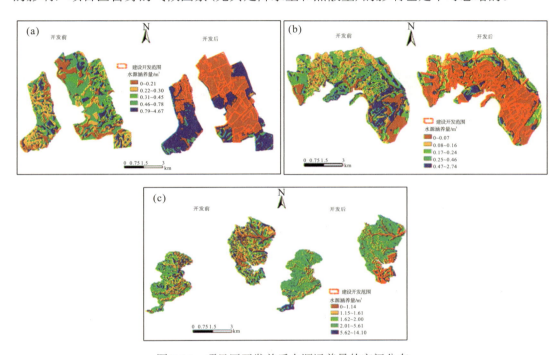

图 2-19　项目区开发前后水源涵养量的空间分布

注：(a) 为 3 号项目区（功能定位为工业）；(b) 为 2 号项目区（功能定位为以房地产业为主的山地城镇）；

(c) 为 6 号项目区（功能定位为旅游业），后同。

由表 2-16 可直观发现，除了 2 号项目区开发后的水源涵养总量小于开发前，变化率为 −29.39% 外，其余项目区开发后的水源涵养总量均大于开发前，平均变化率为 53.09%。深入分析后发现，导致与现实情况相违背的原因主要在于，2010 年（开发前）与 2018 年（开发后）的气候因子差异较大，具体表现为开发后相比开发前降水量增加且蒸散量较为稳定，因此造成了项目区开发前水源涵养量小于开发后的异常现象。该结果一方面说明了降水量等气候因子对水源涵养量的影响较大；另一方面说明在后续分析建设开发对生态系统调节服务的影响中，对开发前后降水量、蒸散量等气候因素进行控制的必要性。为了进一步探究各项目区水源涵养量变化率存在的差异和规律，本节引入土地开发强度这一指标[土地开发强度=（新增建设用地面积/项目区总面积）×100%]，通过表 2-16 可得，土地开发强度越大，水源涵养的变化率则相对越小；而土地开发强度越小，水源涵养的变化率往往越大。具体表现为，以土地开发强度 10% 和 30% 为分割点，项目区集中分布在开发强度小于 10% 和大于 30%的区间内，其中，开发强度大于 30%的项目区的水源涵养量的平均变化率为 26.92%，而开发强度小于 10%的项目区的水源涵养量的平均变化率为 74.55%，这可能与高开发强度一定程度抑制了降水量和蒸散量等气候因子对水源涵养的影响有关。因此，项目区的水源涵养量的变化受多因素共同影响，并且主导影响因素在一定条件下可能会发生变化。

表 2-16　项目区开发前后水源涵养总量变化情况

项目区代号	开发前/t	开发后/t	变化率/%	建设开发强度/%
1	71602.90	192253.05	168.50	8.11
2	247590.50	174815.24	−29.39	39.50
3	155911.25	269230.20	72.68	45.59
4	198393.00	290508.30	46.43	35.71
5	405584.68	478402.00	17.95	41.14
6	1318197.98	1558287.41	18.21	4.28
7	1414972.10	1879457.58	32.83	6.54
8	217765.28	389006.20	78.64	5.92

　　从典型项目区的土壤保持量的空间分布来看(图 2-20)，项目区新增建设用地范围内的土壤保持量高于开发前，结合项目区实地调研结果发现，这是由于新增建设用地范围内进行了土地平整和硬化等物理措施，避免了降水所造成的流水侵蚀；但目区大多采取大挖大填的开发方式，导致新增建设用地与周边土地的衔接区域的陡坡占比增加，因此加大了该区域土壤侵蚀风险，土壤保持量出现负值，这一现象在以工业作为主导产业的项目区尤为显著。因此，有必要采取针对性的水土保持措施，尽量避免土壤侵蚀加剧。

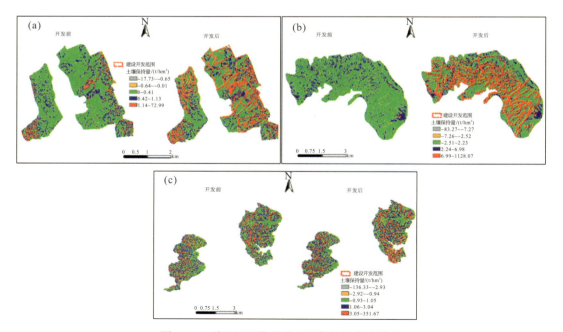

图 2-20　项目区开发前后土壤保持量变化情况

项目区土地开发前后土壤保持总量的变化情况（表 2-17）表明，项目区开发后的土壤保持量均大于开发前，平均变化率为 19.76%。其中 3 号项目区开发后土壤保持量增幅最大，为 30.46%，总增加 49625.88t；2 号项目区开发后土壤保持量增幅最小，为 11.12%，与开发前相比增加了 157060.66t。

表 2-17　项目区开发前后土壤保持总量的变化情况

项目区代号	开发前/t	开发后/t	变化率/%	建设开发强度/%
1	291818.88	344109.1	17.92	8.11
2	1412671.27	1569731.93	11.12	39.5
3	162944.84	212570.72	30.46	45.59
4	249286.9	284082.21	13.96	35.71
5	331592.88	403235.73	21.61	41.14
6	816609.89	1042426.48	27.65	4.28
7	526501.25	647495.28	22.98	6.54
8	215028.55	241613.9	12.36	5.92

项目区的固碳和释氧量是基于净初级生产力（net primary production，NPP）获得的，与 NPP 具有显著正相关性，因此本书用 NPP 来反映典型项目区的固碳量和释氧量的空间变化特征。从典型项目区开发前后 NPP 的空间分布（图 2-21）可得，NPP 低值区普遍地集聚分布在新增建设用地范围内，又结合遥感影像发现，剩余的零散的 NPP 低值区主要分布

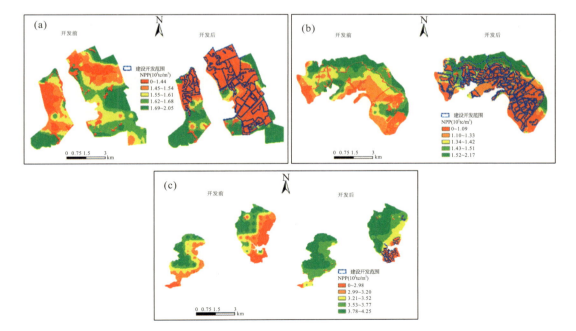

图 2-21　项目区开发前后净初级生产力的空间分布

在水域、植被覆盖百分率较低区域。通过典型项目区的功能定位发现，以工业和房地产业为主的项目区土地开发程度大，NPP 低值区覆盖范围广，而相比之下，以旅游业为主的 6 号项目区 NPP 普遍较高，即固碳和释氧量要明显高于 2 号项目区和 3 号项目区。从项目区的总体固碳量和释氧量的数据结构(表 2-18)来看，项目区开发后的固碳量和释氧量普遍低于开发前，并且以工业和住宅为主要产业的项目区开发后表现为显著降低，平均变化率为−26.76%，而以旅游业为主的项目区的变化率为 0.46%。特殊的，1 号项目区和 6 号项目区开发后的固碳量和释氧量出现了增长。结合项目区实地调研和遥感影像，本节发现 1 号项目区开发前耕地数量较多，而受到国家退耕还林政策的影响，开发后大部分耕地转为林地，并且该项目区的土地开发强度较低，仅为 8.11%，因此退耕还林政策对 NPP 的正向效应大于建设开发的负向效应，所以开发后 NPP 表现为增长趋势。6 号项目区在建设开发强度上与 1 号项目区类似，唯一区别在于，开发前项目区部分区域正处于茶树种植的初期，植被覆盖百分率较低，而茶树经过自然生长后，植被覆盖百分率高于开发前，因此 6 号项目区开发后的固碳量和释氧量高于开发前。

表 2-18　项目区开发前后固碳释氧变化情况

项目区代号	固碳量			释氧量		
	开发前/t	开发后/t	变化率/%	开发前/t	开发后/t	变化率/%
1	2613.25	2783.96	6.53	6996.09	7453.09	6.53
2	4480.81	2488.89	−44.45	11995.83	6663.15	−44.45
3	2493.39	1334.97	−46.46	6675.20	3573.92	−46.46
4	2336.09	1544.73	−33.88	6254.08	4135.48	−33.88
5	2530.48	1642.02	−35.11	6774.51	4395.95	−35.11
6	7559.29	8080.23	6.89	20237.44	21632.06	6.89
7	6006.32	5648.20	−5.96	16079.86	15121.12	−5.96
8	2181.05	2024.47	−7.18	5839.03	5419.82	−7.18

由项目区开发前后空气净化物质量变化情况(表 2-19)可知，建设开发后二氧化硫、氮氧化物吸收量及滞尘量普遍降低，其中二氧化硫吸收量平均降低 24.85%、氮氧化物吸收量平均降低 25.59%、滞尘量平均降低 15.74%。从功能定位和建设开发强度来看，以工业和房地产业为主的项目区，建设开发强度较大，空气净化功能受损较为严重；以旅游业为主的项目区，人类活动频率较低，人为扰动较小，因此空气净化功能受损较小。需要说明的是，1 号项目区开发后，滞尘量出现明显的提高，结合项目区开发后的土地利用情况发现，开发后 1 号项目区的林地面积增长了 97.88hm^2，这是滞尘量提高的原因；8 号项目区开发后氮氧化物吸收量表现出上升趋势，这是开发后项目区的耕地数量上涨所导致的。

表 2-19　项目区开发前后空气净化物质量的变化情况

项目区代号	二氧化硫			氮氧化物			滞尘		
	开发前/t	开发后/t	变化率/%	开发前/t	开发后/t	变化率/%	开发前/t	开发后/t	变化率/%
1	154.04	127.57	−17.19	12.10	11.45	−5.44	9134.21	11245.49	23.11
2	247.01	130.81	−47.04	26.15	12.71	−51.41	19796.00	13457.63	−32.02
3	143.81	72.23	−49.78	15.26	5.76	−62.26	2922.33	3756.07	28.53
4	94.72	75.62	−20.17	24.58	12.27	−50.10	5149.29	2320.67	−54.93
5	104.48	79.57	−23.84	15.41	5.04	−67.27	11175.66	8064.20	−27.84
6	176.73	170.66	−3.43	8.55	8.15	−4.65	24655.95	23824.07	−3.37
7	138.68	128.75	−7.15	5.54	5.10	−7.96	19725.38	18323.27	−7.11
8	101.79	71.03	−30.22	14.44	20.86	44.43	11690.30	5579.66	−52.27

综上,总结水源涵养、土壤保持、固碳释氧和空气净化四种生态系统调节服务功能的物质量在建设开发前后的变化规律,可得出以下结论。

(1)水源涵养和土壤保持受气候因子影响较大(尤其是降水因子),对开发后水源涵养和土壤保持物质量表现为上升趋势具有促进作用;而固碳释氧和空气净化功能受气候因素影响较小,项目区建设开发后普遍表现出下降趋势。

(2)生态系统调节服务功能受项目区建设开发强度和功能定位的影响,并表现为开发强度越大,以工业和房地产为主导产业的项目区生态系统调节服务功能受损越严重的一般规律。

2. 生态系统调节服务功能价值量变化分析

为了量化生态系统调节服务功能的社会价值,利用影子工程法和替代成本法结合价格参数进行生态系统调节服务功能价值测算。结果(图 2-22)表明,项目区建设开发后,固碳释氧和空气净化功能价值出现明显降低,固碳释氧价值平均减少 2717 万元,以工业和房地产业为主导的项目区平均减少 2812 万元,价值损失高于项目区整体的平均值,以旅游业为主导的项目区平均减少 95 万元;空气净化价值平均减少 548 万元,以工业和房地产业为主导的项目区平均减少 484 万元,价值损失略低于项目区整体平均值,以旅游业为主导的项目区平均减少 63 万元。

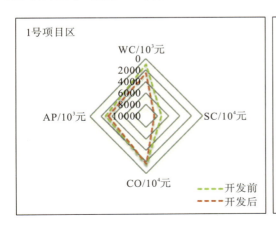
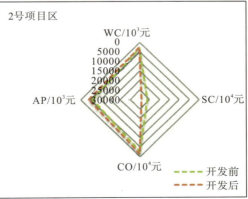

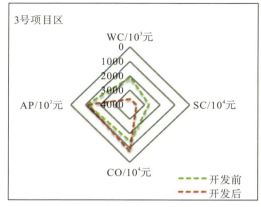
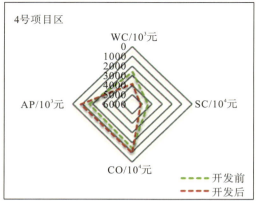
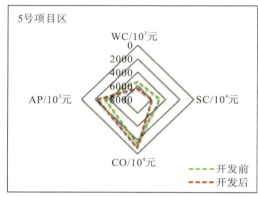
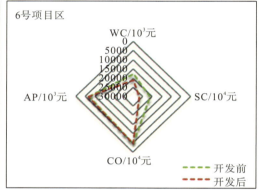
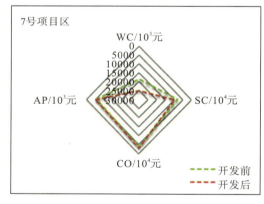
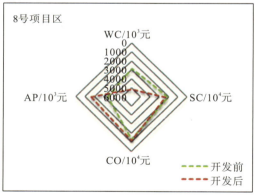

图 2-22　项目区生态系统调产服务功能价值

注：WC 表示水源涵养服务；SC 表示土壤保持服务；CO 表示固碳释氧；AP 表示空气净化。

　　水源涵养和土壤保持功能价值受到气候因子和建设开发等因素的综合影响，除了 2 号项目区建设开发后水源涵养功能价值降低外，其余项目区开发后水源涵养和土壤保持功能价值均表现为增长。在水源涵养功能价值变化中，以工业和房地产为主导产业的项目区的价值增量约为 662 万元，低于以旅游业为主导产业的项目区的价值增量，其增加 939

万元；而在土壤保持功能价值变化中，结果与水源涵养功能价值变化情况相似。以工业和房地产为主导产业的项目区的价值增量约为 6844 万元，低于以旅游业为主导产业的项目区的价值增量，其增加 7213 万元。

3. 建设开发对项目区生态系统调节服务价值的影响分析

前文对项目区生态系统调节服务功能物质量和价值量进行测算和分析后，发现水源涵养量和土壤保持量在建设开发后普遍表现为上升趋势。通过排查分析后发现，这个结果是在自然因素和人为因素的共同影响下导致的，且自然因素在一定条件下影响力大于人为因素。其中，影响生态系统调节服务功能变化的自然因素主要包括降水、太阳辐射、蒸散量等，人为因素主要包括由于项目区建设开发导致的土地利用类型、地形和植被覆盖百分率等因素的变化。因此，为了进一步深入探究建设开发对项目区生态系统调节服务的影响，本节采取控制变量法，对自然因素进行控制，剔除其对生态系统调节服务的影响(指剔除开发前后自然因素的差异对单个项目区的影响，但不同项目区之间自然因素的差异，是由地理位置和海拔等不同所导致的，这是无法避免的)，以便更有效地模拟人为建设开发对项目区生态系统调节服务的影响。又因为比较分析后，本节发现固碳释氧和空气净化功能更大程度上受到人为因素的影响，且是采取遥感影像和前人研究成果计算得到的，难以剔除自然因素的影响。综合考虑后，本节的固碳释氧和空气净化功能保持原有的计算结果，只考虑受自然因素和人为因素影响较大的水源涵养功能和土壤保持功能。具体实验设置如下：①将开发前(2010 年)作为实验组，开发后(2018 年)作为控制组；②控制变量为自然因素(包括降水、蒸散量)；③人为因素包括土地利用类型、地形、植被覆盖百分率；④生态系统调节服务功能包括水源涵养功能、土壤侵蚀功能。

1)情境分析

通过对实验组(开发前)按照实验要求进行重新测算后，根据项目区的功能定位差异，选取了 3 个典型项目区进行展示，对开发前(未控制变量)、开发前(实验组)和开发后的水源涵养和土壤保持空间分布进行对比分析后发现(图 2-23、图 2-24)，在水源涵养方面，开发前(实验组)与开发后(对照组)相比，开发前(实验组)水源涵养量表现为成倍上升，总

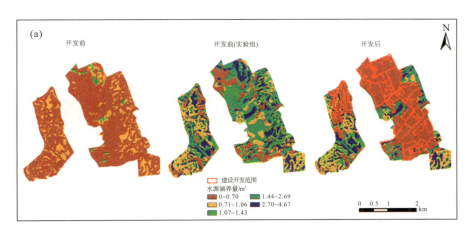

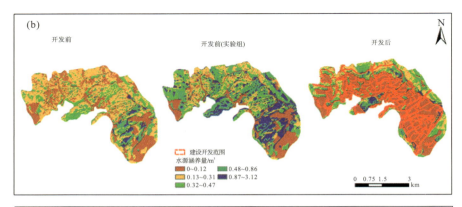

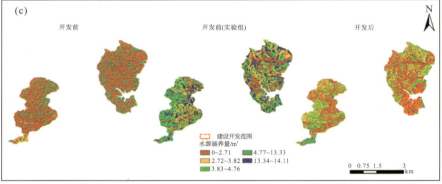

图 2-23 典型项目区开发前后水源涵养量变化情况

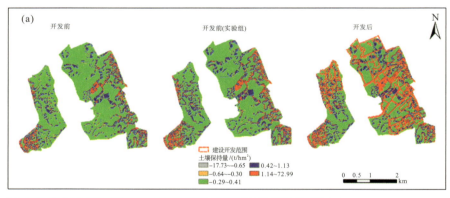

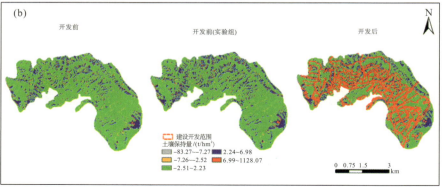

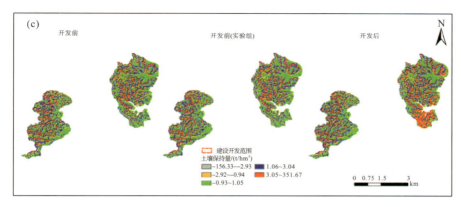

图 2-24　典型项目区开发前后土壤保持量变化情况

体平均上升 153%，与开发后的水源涵养量保持在同一数量级范围，并在新增建设用地范围内远远高于项目区开发后的水源涵养量。这一现象证明，前文中提出的降水量和蒸散量对水源涵养量的影响大，且在一定情况下超过建设开发的影响的假设是合理的。功能定位的差异则表现在新增建设用地的空间扩张上，以工业和房地产业为主导的项目区，地表硬化程度高，与开发前（实验组）相比水源涵养功能丧失严重，水源涵养量平均减少 45.99%；而以旅游业为主导的项目区，由于建设开发强度低，水源涵养功能受损程度稍低，水源涵养量平均降低 39.19%。

在土壤保持量方面，项目区开发前（实验组）与开发前（未控制变量）相比，局部地区的土壤保持量得到提升，整体平均提升 20.20%，该变化是由降水等气候因子差异所引起，所以为了更有效地分析建设开发对土壤保持功能的影响，控制开发前与开发后降水量等因子保持一致是有必要的。通过分析典型项目区开发前（实验组）和开发后的土壤保持量的空间变化情况后（图 2-24），发现典型项目区土壤保持量增长区基本位于新增建设用地范围内，但该范围内也存在零星斑块的土壤保持量与开发前一致；同时，土壤保持量减少区域与新增建设用地范围线在空间分布上具有较高的相似性。结合实地调研及与项目区开发管委会的访谈可总结为以下几方面原因。①由于新增建设用地区域进行了路面硬化和土地的局部平整，土壤侵蚀强度减弱，因此项目区开发后该区域土壤保持量出现较为显著的增加。②为了有效降低土地平整的成本，新增建设用地一般集中位于坡度较缓区域，建设开发适宜性较高。因此，项目区建设开发后，在局部区域土壤保持量增长不明显或不增长。③由于受到项目区功能定位的影响，以工业为主导的项目区对地形平整的要求较高，因此需要对项目区局部区域的山体进行开挖，从而导致项目区新增建设用地范围边界上出现陡升的边坡，加大了土壤侵蚀风险。因此新增建设用地范围边界上土壤保持量表现为下降趋势。

综上，通过对项目区开发前降水量等气候因子进行调整，使其与开发后保持一致，有效地避免了气候因子对水源涵养和土壤保持的影响，同时也更加真实和有效地反映了建设开发对项目区水源涵养和土壤保持的影响。本节利用 ArcGIS 软件的统计汇总功能，统计了项目区开发前和开发后的水源涵养和土壤保持总量，结果如下。①水源涵养方面，项目区开发前单位水源涵养量为 2.59t，开发后单位水源涵养量下降 1.46t，平均降低 43.63%。

因此，项目区建设开发活动会破坏项目区内部的水源涵养功能，从而加大行洪压力，诱发山体滑坡等自然灾害。②土壤保持方面，项目区开发前单位土壤保持量为 1.12t，开发后土壤保持量为1.13t，出现略微增长，平均增长0.89%，这与水源涵养的结果相反。

因此，项目区建设开发后，由于大量采取路面硬化等物理措施，有效避免土壤侵蚀，从而达到土壤保持的效果，但这也可能是以降低水源涵养量为代价的。

2) 影响机理分析

探究项目区建设开发对生态系统调节服务价值整体可能产生的影响及影响程度，有利于深入了解建设开发对生态系统调节服务价值的影响机制，从而为后续项目区合理地建设开发、科学有效地保护生态系统调节服务功能、实现开发与保护协同发展提供针对性的建议。

因此，为了进一步探索建设开发对生态系统调节服务的影响机理，本节利用线性回归分析，构建人为土地开发对生态系统调节服务总价值的影响因素模型。根据目前的研究成果，本节结合项目区的实地调研，以生态系统调节服务总价值为被解释变量，选取建设开发过程中受到影响从而可能会对生态系统调节服务价值产生影响的因素作为解释变量(表 2-20)，并从项目区内部和项目区之间两个角度进行分析。

表 2-20　影响因素选取依据

序号	解释变量	选取依据	范围
1	建设开发情况	建设开发情况反映了人类活动对生态系统的扰动和干预，是否建设开发在项目区内具有本质区别。通过 0 和 1 设置反映该栅格是否进行建设开发	项目区内部
2	植被覆盖率	项目区的建设开发会对植被覆盖百分率造成显著影响，而植被覆盖百分率的降低会导致土壤侵蚀加强，同时植被是主要的碳汇和氧源，对空气净化有显著作用	项目区内部
3	坡度	土地平整是项目区建设开发的主要措施之一，该措施会改变项目区原始的地形。而坡度能直观反映地形的变化，并且会影响土壤的保水和保肥能力。同时，坡度的大小同样会影响植被的生长适宜性，从而可能会对固碳释氧和空气净化产生一定影响	项目区内部
4	建设开发强度	建设开发强度表示新增建设用地占项目区总面积的比例，反映人类开发建设活动对项目区自然生态系统的扰动程度	项目区之间
5	功能定位	功能定位的差异决定项目区的开发方式和开发理念，在现实中则反映在原始景观和原始地形的保留程度，这将可能导致项目区之间的生态系统调节服务价值存在差异	项目区之间

1) 项目区内部

(1) 样本提取。为了保证样本能有效地反映总体的变化规律，本节利用 ArcGIS 软件的栅格计算器、创建渔网和多值提取至点的功能，对项目区开发后和开发前的被解释变量和解释变量进行求差，以反映建设开发影响下的变化情况，并对求差后的被解释变量和解释变量进行归一化处理和数据提取，由于项目区面积差异不大，同时为保证样本量，设置样本量为[500，600]。

(2) 影响机理模型构建。本节利用 SPSS 软件导入样本数据，对数据进行线性回归分析。回归结果(表 2-21)表明，R^2 值平均为 0.83 且通过 F 检验，模型拟合度和可信度较高，而各解释变量的方差膨胀系数(variance inflation factor,VIF)值趋于 1,均通过共线性检验。在该影响机理模型中,生态系统调节服务总价值与新增建设用地和坡度变化两个变量普遍呈现为显著的负相关关系,而与植被覆盖百分率普遍呈现为显著的正相关关系。但值得注意的是,3 号项目区和 6 号项目区中植被覆盖百分率影响并不显著,5 号项目区坡度影响不显著。结合项目区实地调研以及遥感影像分析其原因。第一,3 号项目区在开发前大面积土地处于撂荒状态,植被覆盖百分率普遍低下,因此建设开发所导致的局部植被覆盖百分率下降现象并不明显,致使植被覆盖百分率影响不显著,这与项目区自身状况有关,并不代表所有项目区。第二,6 号项目区位于西双版纳傣族自治州内,该地区处于热带和亚热带过渡带范围内,热带雨林资源较为丰富,且项目区的功能定位为旅游业,建设开发强度弱,植被覆盖百分率普遍处于较高水平,因此植被覆盖百分率变量的影响并不显著。第三,5 号项目区虽然建设开发强度较大,但由于其功能定位为旅居业,对土地平整的要求相对较低,而且建设开发方式基本采取的是依山而建,原始地形保留完整,所以坡度与开发前相比较变化较小,导致坡度影响不显著。

表 2-21 建设开发下生态系统调节服务回归模型

项目区代号	R^2	F	标准化系数			t			VIF		
			新增建设用地	FVC	坡度	新增建设用地	FVC	坡度	新增建设用地	FVC	坡度
1	0.81	717.34	−0.91	0.04	−0.06	−42.76***	1.98**	−3.03***	1.21	1.05	1.17
2	0.87	1060.27	−0.93	0.03	−0.09	−54.69***	1.54*	−5.11***	1.07	1.05	1.02
3	0.95	3588.07	−0.98	−0.01	−0.03	−98.40***	−0.72	−3.23***	1.13	1.10	1.03
4	0.92	1979.52	−0.92	0.09	−0.02	−66.63***	6.45***	−1.71*	1.24	1.19	1.05
5	0.93	2142.36	−0.97	0.02	−0.01	−73.06***	−1.65*	−0.96	1.22	1.25	1.03
6	0.82	637.43	−0.85	0.02	−0.33	−39.48***	0.98	−15.93***	1.08	1.08	1.00
7	0.87	1368.70	−0.89	0.03	−0.29	−60.46***	2.28**	−19.84***	1.02	1.06	1.03
8	0.44	109.61	−0.66	0.10	−0.06	−17.80***	2.58**	−1.62*	1.02	1.00	1.02

注:*、**、***分别为 0.1、0.05、0.001 水平显著。FVC(fractional vegetation cover)为植被覆盖率,t 为 T 检验。

通过表 2-21 可知,各解释变量的标准化系数差异明显,通过对标准化系数进行分级,实现对各影响因素的层次分析(图 2-25),将平均标准化系数绝对值大于 0.5 的划分为一级影响因素,绝对值为 0.1~0.5 的划分为二级影响因素,绝对值小于 0.1 的划分为三级影响因素。①一级影响因素。新增建设用地因素的平均标准化系数绝对值为 0.89,属于一级影响因素。新增建设用地反映的是政府的政策措施,对项目区的土地利用类型造成了用地性质的改变,直接表现为地表硬化、植被骤减。该因素是引起生态系统调节服务供给减少的根本原因。②二级影响因素。坡度因素的平均标准化系数绝对值为 0.11,属于二级影响因素。项目区开发前后坡度的变化直接反映了建设开发对地形的影响,并间接对生态系统调节服务产生影响。在新增建设用地的土地平整范围内,坡度降低,土壤侵蚀状况得到明显的改善,但在土地平整范围边界与相邻土地邻接区域出现坡度陡升情况,这是由"削山填谷"的开发方式造成的，若不采取相应的工程措施，将会加大土壤侵蚀的风险，导致水土流失，生态系统调节服务供给减弱，最终引发地质灾害。③三级影响因素。植被覆盖百分率的平均标准化系数绝对值为 0.04，属三级影响因素。在项目区的建设开发后，进行科学合理的植被复绿，提高项目区的植被覆盖百分率，能有效防治雨水溅蚀、缓解地表径流冲刷、改善空气质量(对于以工业为主导产业的项目区尤为重要)，从而增强生态系统调节服务的供给能力。

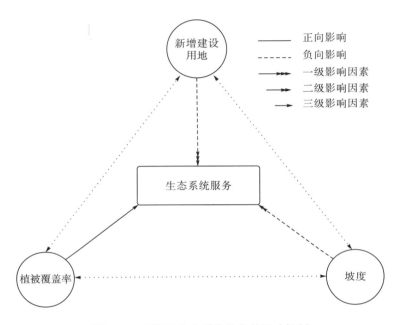

图 2-25　项目区生态系统服务的影响机制

2) 项目区之间

根据各项目区间的建设开发强度、功能定位与生态系统调节服务分值的变化情况(图 2-26)，可直观地看出项目区的建设开发强度对生态系统调节服务具有明显的负向影响，各生态系统服务分值随着建设开发强度曲线的波动呈现出反向变化。建设开发强度大的项目区，生态系统调节服务分值普遍更低。从项目区功能定位对生态系统调节服务产生的影响方面可知，以旅游业为主的项目区与以工业和房地产业为主的项目区在生态系统调节服务分值上差异显著，以旅游业为主的项目区往往更注重对原始景观的保留及减少人为扰动的影响，重点在于追求人与自然的协调发展，因此生态系统调节服务分值相对更高。以工业和房地产业为主的项目区之间差异并不明显，该类项目区往往更倾向于追逐利益的最大化，现实表现为土地开发强度大、土地利用效率高、生态绿地面积占比小及分布零散的特点，因此其生态系统调节服务分值普遍更低，这同时也反映了该类项目区通过生物和物理手段加强建设绿色和蓝色基础设施，以提高生态系统调节服务的供给的必要性和现实需求。

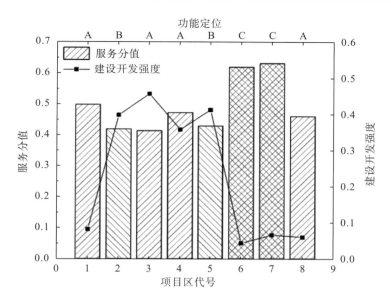

图 2-26　项目区建设开发强度、功能定位与生态系统调节服务的关系

注：A 类功能定位是工业；B 类功能定位是以房地产业为主的山地城镇；C 类功能定位是旅游业。

综上，从项目区内部和项目区之间两个维度揭示项目区的建设开发对生态系统调节服务的影响，是以新增建设用地面积、植被覆盖百分率、坡度、功能定位和建设开发强度五大要素作为媒介进行正向和负向传导，这一结论可为项目区后续的可持续发展规划，以及云南省各地区低丘缓坡项目区进行科学合理的开发与保护提供一定的数据支撑和参考。

2.3.4　讨论

本书通过实验发现降水量和蒸散量等气候因子对生态系统调节服务中的水源涵养和土壤保持功能会产生较大影响，并会进一步弱化或分散建设开发对项目区生态系统调节服务的影响。因此，本书通过控制项目区开发前和开发后的降水量、蒸散量等变量，有效剔除该类变量在开发前后的差异对项目区生态系统调节服务的影响，使结果更大程度地反映建设开发的影响。

研究结果显示，在空间上，项目区开发后的新增建设用地区域在水源涵养、空气净化和固碳释氧功能上均表现为低值聚集，这主要是由于低丘缓坡建设开发过程中改变原有的下垫面性质，不透水表面占比增加以及植被覆盖百分率降低，从而使水源涵养、空气净化和固碳释氧功能供给急剧下降；而在土壤保持功能方面，由于项目区建设开发中利用物理措施，对土地进行平整和路面硬化，土壤侵蚀风险降低，因此在项目区建设开发后土壤保持量有所提升。在数量上，以旅游业为主的项目区往往土地开发强度更低，对项目区内的原始植被破坏较小，更注重依山就势的开发方式，尽量减少人为干扰，因此相对于开发前，项目区开发后生态系统调节服务的受损程度较小。以工业为主和以房地产业为主的项目区共同特点表现为土地开发强度较大。其中，以工业为主的项目区，由于工业厂房和产品制造工艺的特殊性，对土地平整要求较为苛刻，其开发方式大多为大挖大填，极大地破坏了原始地形，同时也导致局部边坡陡升，加大了水土流失风险；而以房地产业为主的项目区，由于对土地平整的要求相对较低，具有较强的地形适应性，因此往往其新增建设用地面积更多，建设开发强度更大，不透水表面占比更高，生态系统调节服务供给受损程度高于部分以工业为主的项目区（图 2-26）。

2.3.5 结论

本书发现低丘缓坡建设开发对项目区生态系统调节服务具有负向影响，并分析得到建设开发的影响可通过新增建设用地面积、植被覆盖百分率变化、坡度变化、建设开发强度和项目区功能定位五大要素进行传导，进一步提出项目区后续的建设开发应从开发强度、开发方式、绿色和蓝色基础设施的完善及项目区功能定位等方面入手。首先，根据建设开发适宜性和生态保护重要性评价，结合生态保护红线，划定项目区最大可开发边界，避免人为过度开发对生态环境造成破坏。其次，应结合项目区的地形情况，科学合理地选择开发方式和项目区的功能定位，对于地形起伏度大的项目区，功能定位上尽量以旅游观光业为主、房地产业为辅，开发方式上以依山就势、立体开发为主，避免对山体进行过多破坏，在项目区建设开发后，应完善绿色和蓝色基础设施建设（包括雨水花园、由混交林构成的绿色廊道），以提高生态系统调节服务供给能力，促进人与自然的协调发展。

第3章 低丘缓坡山地开发生态系统服务功能变化的驱动因子研究

3.1 影响低丘缓坡开发生态系统服务功能的因素分析

3.1.1 水源涵养功能的影响因素

水源涵养功能主要表现在拦蓄降水、调节径流、影响降水量、净化水质等方面，对改善水文状况、调节区域水分循环发挥着关键作用(Tallis et al.，2003)。水源涵养功能受到项目区的气候、土壤理化性质影响；同时建设开发带来的影响也不可忽略(如坡度、植被覆盖百分率和土地利用类型等)，其中在土地利用变化剧烈的区域涵养功能变化尤为突出。通过对水源涵养功能机理的分析，总结出以下几个影响因素。

1. 气候因素

影响水源涵养量变化的气候因素包括气温、降水量、辐射、潜在蒸散量等——特别是降水量的影响，当降水量超过下垫面的截留、填洼、下渗等能力时，就会产生地表径流。不论是蓄满产流或是超渗产流，地表径流量都是随降水量的增大而增大，降水量是决定地表径流量的重要因子，进而影响水源涵养功能(龚诗涵等，2017)。此外，潜在蒸散量代表理想条件下的大气水分需求能力，是综合表征陆气系统水分和热量平衡关系的重要因子，受辐射、气温、相对湿度和风速等诸多要素综合作用。区域下垫面的最大蒸散量，是区域水分循环和能量平衡的重要方面，是综合表征陆气系统水分和热量平衡关系的重要因子(陈姗姗等，2016；尹云鹤等，2016)。因此，降水量和潜在蒸散量这两个气候要素对水源涵养量的影响可综合体现出气候对项目区水源涵养功能的影响。

在时间上，云南省滇中地区干湿季节分明，干季降水量占全年的15%，湿季占85%；在空间上，各地的降水差别大，年降水量最多的地方为 2700mm，最少的仅 584mm。因此，云南省的降水量时空分布严重不均。蒸散发包括土壤、植被表面的蒸发和植物蒸腾，与作物种类、土壤含水量、生长状况和气象条件有密切关系，也是水分循环的重要环节。云南省位于云贵高原上，海拔较高，日照强烈，蒸散量相对较大。

2. 土壤理化性质

影响水源涵养的内因中，土壤理化性质是一个非常重要的因素。水源涵养量的强度在某种程度上取决于土壤的物理化学性状。土壤的密度、土壤孔隙度等均会对土壤持水力及土壤渗透性产生影响,从而影响涵养量。因此,理论上土壤理化性质会影响水源涵养功能的供给。

3. 坡度

坡度通过改变地表径流再分配,导致不同坡度下汇水量产生差异,从而对水源涵养量产生影响。对滇中地区四十个项目区坡度情况统计汇总后发现开发前坡度基本集中在 0°~25°范围内,但在"削峰填谷"、半挖半填开发方式的影响下,项目区坡度的改变较大,尤其是开发建设范围的边坡区域。因此坡度对水源涵养功能的影响不可忽略。

4. 植被覆盖百分率

植被是下垫面性质重要的体现因子。一方面,植被表层枯落物层具有吸附水分和延缓地表径流的作用,从而极大地促进了雨水的下渗,不会形成"水冲土跑"的局面。另一方面,植被的地表层有机质丰富,土壤颗粒结构好,总孔隙度高,可使土壤含水量达到更高值,也易于水分下渗。因此,云南省低丘缓坡项目区植被覆盖百分率的大小和变化对项目区水源涵养量有一定的影响。

5. 土地利用类型

云南省低丘缓坡项目区内部土地利用类型根据项目区的实际情况划分为耕地、林地、草地、水域、建设用地、未利用地六类,不同的土地利用类型其下垫面性质差异较大,从而导致流速系数、土壤深度、蒸散系数等有所不同,因此对水源涵养量会产生不同的影响。低丘缓坡项目区开发前后土地利用类型发生改变,导致区域内环境变化,造成植被破坏、水土流失、水质恶化等一系列生态问题,影响区域的水源涵养功能。

6. 低丘缓坡项目区功能定位

云南省低丘缓坡建设项目区的建设开发主要包括工业、旅游和城镇建设三类,结合对项目区的实地调研发现,不同功能定位的项目区在开发强度和开发方式上存在明显差异,并且各项目区建设开发完善度不尽相同,工业类型的项目区普遍开发程度较高;旅游类型的项目区侧重原始生态环境的保护,更多地依托自然地理优势发展旅游业。因此,对于不同功能定位的项目区其水源涵养量会因开发程度的不同、生态环境改变程度的大小而产生差异。

3.1.2　土壤保持功能的影响因素

土壤保持是一个复杂的过程,受到气候、土壤理化性质等自然因素的影响,同时低丘缓坡项目区开发建设会受到人为因素的影响,在开发建设过程中由于人为活动影响自然因素中的坡度、植被覆盖百分率,其会发生不同程度改变。降水影响土壤可蚀性,植被覆盖能够保护表土,减少土壤流失量,而土地利用类型的变化能够反映人类活动强弱等。各要素相互叠加,在复杂的交互作用下形成土壤保持服务。通过对土壤保持功能的机理分析,本节总结出以下影响因素。

1. 气候

气候条件中对低丘缓坡土壤侵蚀过程作用影响较为明显的是降水因素,降水被认为是全部气候因子中与土壤侵蚀之间的作用最为显著的因子。降水量的大小对地区的土壤侵蚀强度会产生重要影响,而降水的过程对土壤侵蚀的发生起到原动力的作用,在一定的地表条件下,降水量大、降水强度大、降水历时久等均会加剧土壤侵蚀。

温度对土壤侵蚀的影响主要体现在随着温度的升高,降水量减少,陆地蒸发增强,进而加剧区域的土壤侵蚀。在温暖潮湿的环境下,岩石的风化作用更加明显,风化层厚度较大,会使地面物质疏松,很容易形成土壤侵蚀,如果遇到雨季强降雨的冲刷,土壤侵蚀更加严重。

2. 土壤理化性质

在影响土壤侵蚀的内因中,土壤理化性质是一个非常重要的因素。土壤侵蚀的强度在某种程度上取决于土壤的物理化学性状。土壤密度、土壤孔隙度等均会对土壤持水力及土壤渗透性产生影响,从而影响土壤侵蚀;土壤透水性、质地、结构以及抗冲蚀性能等均会影响土壤侵蚀强度。一般情况下,砂土的土壤侵蚀程度更为严重,黏土的土壤侵蚀程度一般较轻。

3. 坡度

坡度是决定土壤侵蚀强度的关键因子之一。坡度对土壤侵蚀的影响存在临界值,不同性质的土壤其临界坡度值不同,此外坡度还会影响土壤水分的入渗程度从而间接影响土壤侵蚀强度。坡度越陡、汇流的时间越短、径流能量越大对坡面的冲刷就越强烈,侵蚀量亦越大。在坡度较陡的条件下,土壤侵蚀率和滑坡发生率随着坡长的增大而迅速增大(丁雨睐等,2016)。

4. 植被覆盖百分率

植被可以通过拦截降水、增加地表糙率和下渗、改善土壤物理性能等方式影响土壤侵蚀过程。植被的地上部分尤其是高大乔林的树冠,具有截留降雨的作用:截留后,一方面阻止了雨滴击溅表土,避免了土壤颗粒被击碎;另一方面,其大大减小了落到地面的降雨量,减小了地表径流量,从而减小了土壤侵蚀量。地表的枯落物层也有吸附水分和保护表土的作用,因而植被的林冠层和地表的枯落物层构筑了两道防线。在植被覆盖百分率较低的区域,土壤的抗侵蚀能力也较低,土壤侵蚀的程度较高。

5. 土地利用类型

土壤侵蚀是土地利用类型发生改变后所引起的主要环境效应之一。不同土地利用类型对土壤侵蚀的程度不同,不同的地域土壤保持量的程度会有不同的情况,需要根据项目区内部实际情况进行分析与比较差异。

6. 项目区功能定位

对于不同定位的项目区来讲，其开发方式和开发程度均有较大差异。根据云南省低丘缓坡项目区实际调研情况，功能定位主要分为工业、城镇建设、旅游三类。对于工业类型项目区而言，对土地平整开发程度要求较高，其原有的生态环境可能发生较大的改变；而旅游类型项目区更多地保留其原始地形地貌，对土壤保持功能会产生不同程度的影响。

3.1.3　固碳释氧功能的影响因素

固碳释氧服务来源于植被通过光合作用同化大气 CO_2，同时通过呼吸作用分解有机质并释放到大气中的碳收支过程，与森林碳源/汇状态密切相关。在碳收支过程中，植被光合作用所产生的有机质总量减去自养呼吸消耗量后可得到净初级生产力。

固碳释氧价值与各土地利用类型面积密切相关，即与生态用地(耕地、林地、草地)面积密切相关，与植被覆盖百分率即植被归一化指数密切相关。项目区通过人为开发利用导致坡度变化、土地利用类型的改变、功能定位的不同，都进一步导致项目区植被覆盖发生变化，因此坡度、土地利用类型、功能定位都是间接影响固碳释氧服务功能变化的因素。然而，自然因素(如降水、温度)同样可能对植被产生作用从而改变固碳释氧量，但是在本书研究中，气候等自然因素对固碳释氧的改变不显著，因此没有列入其中。

3.2　方法与数据

本章以生态学、生态系统服务功能价值评估理论及低丘缓坡山地开发生态适宜性评价技术导则等为指导，通过对低丘缓坡项目区实际开发情况的实地调研、勘测，运用地理空间中小尺度的低丘缓坡山地开发生态系统服务价值测算指标和方法对低丘缓坡山地开发典型项目区开发前后主要生态系统服务价值进行定量评价，获取分析数据，运用计量模型对影响因子的强度和方向进行分析。

根据数据可获取性，本书筛选滇中地区 40 个低丘缓坡项目区作为研究样本，分布于滇中城市群中的昆明市、曲靖市、玉溪市、楚雄州四个地区，建设开发方式主要包括工业开发、城镇建设与旅游文化。根据相关文献的查阅，并结合低丘缓坡项目区实际的自然地理特点，本书测算小尺度山地地区的生态系统服务价值(ecosystem services valuation，ESV，主要包括水源涵养、土壤保持、固碳释氧等)。本书对应课题组首先根据生态资产价值核算专题研究实施方案，实证研究开发前后 ESV 变化，利用 ArcGIS 软件、InVEST 模型、RUSLE、CASA 模型对项目区开发前(2010 年)后(2020 年)的生态系统服务价值进行测算；然后构建计量模型，实证研究项目区三种生态系统服务价值变化的主要驱动因子，得出驱动因子对项目区生态系统服务价值的作用强度和方向。

3.2.1 研究方法

1. 文献研究法

通过阅读学习生态学、山地学等相关文献,收集相关领域已经有的研究方法,总结目前的研究现状和不足,对其进行合理的提炼与归纳,为本模块研究 ESV 变化的驱动因子提供理论方面的支撑并总结其作用机理,作为深入、全面论述展开的支撑依据,为后面进一步的实证研究奠定基础。

2. 实地调研法

在研究过程中,通过对云南省低丘缓坡项目区的实地调研走访,充分体验、感受不同功能定位项目区的开发建设与布局,并运用摄影、访谈等方式,与各区县自然资源局、林业和草原局、项目区开发管理委员会等部门负责人进行交谈,获得项目区的现状数据等一手资料并了解项目区目前的开发规模和强度,实施的政策措施、生态环境保护措施以及开发面临的问题与挑战等,为本书提供翔实的研究素材。

3. 计量分析法

本书在定性分析影响低丘缓坡开发的生态系统服务功能因素基础上,采用数理统计方法探究其影响因素和驱动因子的作用方向和强度,以期为云南省低丘缓坡开发工作提供科学依据。

3.2.2 项目区概况与数据来源

1. 研究区概况

本书选择的研究区位于滇中地区的昆明市、曲靖市、玉溪市、楚雄彝族自治州。滇中地区位于云南省的中东部,属于滇东高原盆地,位于东经 $100°43'\sim104°50'$,北纬 $23°19'\sim27°03'$ 范围,地理位置较为优越。同时,滇中地区地形以山地、山间盆地为主,平均海拔在 1848m,地形起伏较为缓和。气候上属于亚热带气候区,区域内平均气温为 $16\sim22°C$,年平均降水量在 $684\sim1777$mm,日照时间相对较长。该地区土壤类型以山原红壤和紫色土为主。

滇中地区低丘缓坡项目区共计 73 个。本节根据随机抽样方法,4 个市(州)中分别抽取占总数 65%的项目区,再结合实际情况,根据原始资料数据的可获取性与完整性,最后确定 40 个项目区作为样本进行研究。40 个项目区包括昆明市 10 个(西山区长坡、五华区沙朗、晋宁区晋城工业园、寻甸县仁德、石林县西纳、五华区落水洞、西山区花红园、宜良县北古城、宜良县柳树湾、宜良县云岭山),曲靖市 13 个(麒麟区高家屯-窦家冲、富源县工业园中安-后所片区、富源县城北、陆良县太平哨、罗平县羊者窝、罗平县长青工业区、宣威市庙山、麒麟区金麟湾、麒麟区小坡太和山、麒麟区冷家屯、沾益区天生桥-大石洞、宣威市老堡、沾益区西平太和山），楚雄彝族自治州 9 个（楚雄市苍岭工业园、楚雄市富民项目区、禄丰市土官、牟定县左脚舞山城、南华县老高坝、楚雄市小团山茶花谷项目区、姚安县草海工业区、姚安县城西、永仁县工业区），玉溪市 8 个（澄江县工业园区蛟龙潭片区、峨山县化念、红塔区红塔工业园、江川县龙泉山、通海县大石山、新平县工业园桂山、易门县公鸡山、易门县浑水塘）。

2. 数据来源

本书重点讨论云南省 40 个低丘缓坡项目区开发建设前后 ESV 的变化情况，因此需要统一界定开发前、开发后时间节点。通过汇总低丘缓坡项目区的开发实施方案文本资料，整理各项目区动工时间及建设时序中的规划完成年限并结合实地调研的观察统计，将 2010 年作为项目区建设基期，2020 年作为建设末期。研究中数据像元统一为 30m，空间坐标系统一为 Xian_1980_3_Degree_GK_Zone_34（表 3-1）。低丘缓坡项目区开发前后生态系统服务价值测算方法见第 2 章，滇中 40 个低丘缓坡项目区开发前后生态系统服务价值测算结果见表 3-2。

表 3-1 数据类型及来源

数据名称	数据类型	数据来源
降雨数据	Txt	源自国家气象科学数据中心（http://data.cma.cn/）的月降雨格点数据。通过 ArcGIS 中的转换工具箱，转为栅格数据，再利用掩膜的方式提取项目区月均降雨栅格
潜在蒸散量数据	Grid	太阳辐射数据来源于 WorldClim（https://www.worldclim.org/），累年平均日最高气温和日最低气温数据源于国家气象科学数据中心（https://data.cma.cn/）。利用 Modified-Hargreaves 法计算潜在蒸散量，在 ArcGIS 中进行克里金插值、重采样和裁剪等处理，并运用栅格计算器计算得到年平均潜在蒸散量栅格图
地类数据	Vector/Grid	开发前由国家自然科学基金提供，采用全国第二次土地利用调查统一时点变更数据（2009 年）；开发后以自然资源部发布的 2020 版 30m 全球地表覆盖数据为基准，通过 Google Earth 影像结合外业调绘对地类数据进行校正
地形数据	Grid	开发前（2010 年）地形数据，源于国家课题低丘缓坡土地开发数据库中 1：10000 地形图和等高线数据。开发后（2020 年）地形数据，采用中国资源三号卫星（ZY-3）5m 空间分辨率的立体像对数据生成项目区 DEM 并根据实际情况进行修正
遥感数据	Grid	源自 Landsat 5 和 Landsat 8 卫星影像，通过辐射定标、大气校正等预处理，用于后期 NDVI 和 NPP 的计算
土壤数据	Vector	源自全国第二次土壤普查数据库，通过掩膜提取的方式，提取出项目区范围内的土壤数据（包括土壤深度和容重、有效含水量，砂粒、粉粒和黏粒含量，有机碳含量）

表 3-2 低丘缓坡项目区开发前后 ESV （单位：万元）

序号	项目区	水源涵养价值		土壤保持价值		固碳释氧价值	
		开发前	开发后	开发前	开发后	开发前	开发后
1	晋宁区晋城工业园	59.42	28.23	4018.39	3648.93	1551.74	803.02
2	石林县西纳	94.39	90.28	1225.86	926.36	1072.86	1227.86
3	五华区落水洞	74.66	72.27	2968.59	2882.33	954.25	1094.57

序号	项目区	水源涵养价值		土壤保持价值		固碳释氧价值	
		开发前	开发后	开发前	开发后	开发前	开发后
4	五华区沙朗	38.21	35.62	3854.30	3663.29	716.89	878.21
5	西山区花红园	64.78	50.21	2669.46	2443.75	871.15	864.15
6	西山区长坡	64.18	21.41	1565.75	1538.76	538.23	439.73
7	寻甸县仁德	62.38	67.33	5447.52	5376.59	962.20	1218.49
8	宜良县北古城	83.97	38.04	6482.42	6500.42	1357.73	681.41
9	宜良县柳树湾	41.07	46.14	2107.36	2052.52	576.69	787.15
10	宜良县云岭山	15.85	17.02	3358.25	3498.77	347.13	473.19
11	富源县城北	63.11	73.65	4244.35	4150.55	963.22	1000.77
12	富源县工业园中安-后所片区	144.04	108.20	2190.12	2013.09	1087.65	1078.66
13	陆良县太平哨	130.39	98.66	366.13	338.45	579.19	478.60
14	罗平县羊者窝	10.18	9.41	2277.16	2220.32	287.54	336.64
15	罗平县长青工业区	33.09	26.10	2343.14	2240.14	712.71	646.49
16	麒麟区高家屯-窦家冲	31.93	25.19	1929.24	1912.27	922.28	1053.19
17	麒麟区金麟湾	121.18	93.38	5526.86	4774.69	1457.79	1164.85
18	麒麟区冷家屯	36.00	32.56	1032.64	918.22	276.29	304.39
19	麒麟区小坡太和山	3.52	1.59	1180.81	1141.11	122.08	130.10
20	宣威市老堡	37.15	28.22	623.94	605.44	75.05	63.61
21	宣威市庙山	60.06	59.22	2584.42	2483.61	701.96	785.50
22	沾益县天生桥-大石洞	100.48	57.37	2065.50	1909.66	913.58	689.88
23	沾益县西平太和山	8.48	5.90	1513.47	1441.76	407.42	478.58
24	楚雄市苍岭工业园	83.39	70.80	4874.21	3818.16	1516.29	1563.28
25	楚雄市富民项目区	42.25	16.30	592.72	595.59	261.68	124.63
26	楚雄市小团山茶花谷项目区	42.63	34.79	5319.97	5252.30	967.69	1071.84
27	禄丰县土官	40.07	38.83	5444.17	5395.43	1663.51	1857.12
28	牟定县左脚舞山城	13.67	13.72	773.04	649.35	376.81	352.20
29	南华县老高坝	27.02	19.24	811.96	791.10	366.91	284.34
30	姚安县草海工业区	1.65	2.03	925.51	913.43	315.76	318.60
31	姚安县城西	11.17	11.13	418.79	408.56	222.71	200.73
32	永仁县工业区	9.92	9.38	1045.47	1022.64	252.87	240.87
33	澄江县工业园区蛟龙潭片区	52.20	35.56	2669.54	2491.93	715.62	585.26
34	峨山县化念	12.61	12.29	1637.69	1399.93	715.06	680.57
35	红塔区红塔工业园	67.41	76.05	9164.47	7470.08	1321.11	1091.64

续表

序号	项目区	水源涵养价值		土壤保持价值		固碳释氧价值	
		开发前	开发后	开发前	开发后	开发前	开发后
36	江川县龙泉山	48.17	33.24	5153.33	4745.84	707.86	592.83
37	通海县大石山	42.91	33.61	3947.64	3278.98	699.81	613.20
38	新平县工业园桂山	10.26	13.20	1494.84	1241.35	555.22	476.94
39	易门县公鸡山	32.65	32.89	7321.07	6622.70	1011.75	1036.05
40	易门县浑水塘	39.34	28.36	1918.91	1901.61	990.24	510.68

3. 滇中 40 个低丘缓坡项目区开发前后生态系统服务价值变化分析

对于水源涵养价值变化（图 3-1），40 个项目区开发后最多降低了 45.93 万元，平均降低 9.71 万元。寻甸县仁德（7）、宜良县柳树湾（9）、宜良县云岭山（10）、富源县城北（11）、牟定县左脚舞山城（28）、姚安县草海工业区（30）、红塔区红塔工业园（35）、新平县工业园桂山（38）、易门县公鸡山（39）9 个项目区有一定程度上升，其余 31 个项目区均有不同程度下降。引起项目区水源涵养价值变化的机理较为复杂，通过分析该 9 个项目区，本节发现其共同规律是开发程度较低，即建设用地面积增加较少。

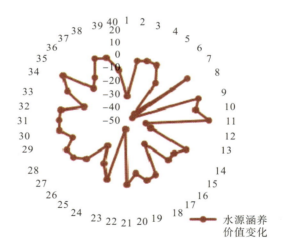

图 3-1　滇中低丘缓坡项目区开发前后水源涵养价值变化

除此之外，本节以寻甸县仁德（7）为例，水源涵养量开发后大于开发前，将开发前后土地利用类型变化与水源涵养量差值进行比较，水源涵养量前后差值表现为正值的栅格，一是由于项目区土地利用类型在开发前后的变化，主要表现为林地再开发后转变为耕地，林地蒸散系数明显大于耕地，因此水源涵养量会有一定程度增加；二是对于土地利用类型开发前后不变，然而水源涵养量差值表现为正值的区域在耕地、林地、草地中均有所体现，主要是源于开发后水源涵养量修正的 TI 值地形指数发生变化，根据其公式分析主要是项目区坡度以及集水区栅格数量发生改变所导致。

　　从总体项目区水源涵养量的空间分布来看,功能定位为工业园、城镇建设的项目区为了提高土地利用率及加强产业的合作交流,往往开发强度更大,新增建设用地面积更多,集聚程度更强,在空间分布上新增建设用地范围与水源涵养低值区表现为高度一致性。以旅游业为主的项目区则表现为建设开发强度低,新增建设用地分布零散,最大化地保留原始自然景观,因此该项目区水源涵养量相对更高。从水源涵养量的最值来看,项目区开发前的水源涵养量高值区面积和数量略低于开发后,在空间呈现收缩和破碎化状态;以旅游业为主的项目区的最大水源涵养量远高于以工业和城镇建设为主的项目区,造成这一现象的原因,除了受到不同的功能定位引起的建设开发强度和开发方式的影响,项目区自身的气候因素(尤其是降水量和蒸散量)的影响也是不可忽略的。

　　对于土壤保持价值,开发后绝大部分项目区降低,宜良北古城(8)、宜良云岭山(10)、楚雄市富民项目区(25)有略微增加,其中楚雄市富民项目区和宜良北古城为 40 个项目区中开发强度排名前二的,分别为 53.3% 和 49.5%,对于宜良云岭山而言,是 40 个项目区中比较特殊的一个,没有进行开发。项目区新增建设用地范围内的土壤保持量高于开发前,为了进一步探究大多数项目区开发后土壤侵蚀程度增大、保持量减少的原因,在 ArcGIS 中将开发后的土壤侵蚀图层和土地平整范围叠加分析后,结合项目区实地调研情况发现,项目区开发的范围是项目区内部原先就较为平整、坡度较小的区域,开发前后土壤保持量没有发生太大的改变,而开发后土壤侵蚀区主要集中于建设用地的边坡范围内,这是由于低丘缓坡山地开发是采取依山体地势而建、台阶式开发,局部采取“削山填谷”的开发方式,导致新增建设用地与周边土地的衔接区域的陡坡占比增加,因此加大了该区域土壤侵蚀风险,土壤保持量出现负值,必然会导致建设用地边坡范围成为土壤侵蚀的高发区。对于图3-2中红塔区红塔工业园(35)和楚雄市苍岭工业园(24)出现土壤保持量减少程度较大的现象,通过项目区 DEM 和坡度图可知,这两个项目区相对于其他项目区地形条件较差,15°以下面积占比较少,地形起伏较大,因此开发平整后坡度发生较大改变,土壤侵蚀加剧,进一步导致土壤保持量极端减少的情况。因此,要针对边坡采取有效的护坡工程,抑制土壤侵蚀的加剧,避免山体滑坡等灾害的发生,这一现象在以工业作为主导产业的项目区尤为显著。

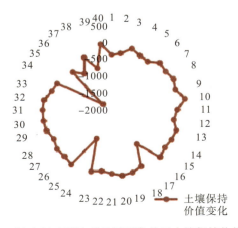

图3-2　滇中低丘缓坡项目区开发前后土壤保持价值变化

　　对于固碳释氧价值变化(图 3-3)，开发后大部分项目区降低，由于项目区的固碳量和释氧量是基于植被净初级生产力(NPP)获得的，与 NPP 具有显著正相关性。因此，本书用 NPP 来反映典型项目区的固碳量和释氧量的空间变化特征。从典型项目区 NPP 的空间分布可知，NPP 零值区普遍地集聚分布在新增建设用地范围内，又结合遥感影像发现，剩余的零散的 NPP 低值区主要分布在水域、植被覆盖百分率较低区域。本书涉及的 40 个项目区中有 18 个固碳释氧价值在开发后小幅增加，22 个项目区开发后减少。分析其原因，主要是相对其他 22 个项目区，这 18 个项目区开发程度较小，建设用地变化幅度较小，平均建设开发强度为 8.73%，并且开发前未利用地在开发后得到利用，更多地转变为耕地、人工草地，所以综合两者的变化，项目区固碳释氧价值可能有小幅度提升。以苍岭工业园为例，虽然其定位为工业园，建设用地面积有一定程度增加，但是其开发前未利用地面积达到 285.57hm^2，在开发后基本转变为人工草地和建设用地，因此与开发前相比，固碳释氧价值还是有小幅提升；22 个固碳释氧价值减少的项目区平均开发强度为 25.6%，开发强度相对较大，建设用地面积增加幅度较大，在建设用地范围内 NPP 均为 0，因此呈现出开发后固碳释氧价值降低的情况。

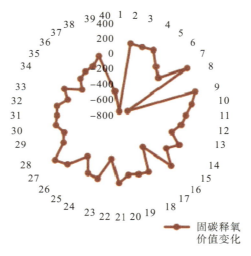

图 3-3　滇中低丘缓坡项目区开发前后固碳释氧价值变化

　　综上，分析水源涵养、土壤保持、固碳释氧三种生态系统调节服务功能的价值量在建设开发前后的变化规律，可得到以下结论：生态系统服务价值受到项目区的建设开发强度和功能定位的影响，并表现为开发强度越大，生态系统调节服务功能受损越严重的一般规律。

3.2.3　项目区调研案例简介

1. 昆明市

　　西山区长坡项目区：截至本书成稿时只开发了一期，引进企业主要为汽车配件厂。项目区一期完成了一级开发，截至本书成稿时地已卖出，有部分在建厂房(图 3-4)，部分还未开建(图 3-5)。土地平整后坡度下降，土地利用类型主要由旱地转变为建设用地。

图 3-4　在建厂房　　　　　　　　图 3-5　马路对面地块还未开发，保持原状

2. 曲靖市

富源县工业园中安-后所片区(图 3-6～图 3-8)：富源县工业园区中安-后所片区位于富源县城北部中安镇和后所镇，分为三个区块，区块一面积为 120.91hm²，区块二面积为 304.42hm²，区块三面积为 171.97hm²。在项目实施过程中，中安-后所片区用地类别主要为工业用地。目前正在开发的是区块二和区块三。引进单位主要为金属加工和水泥企业。土地平整后地形坡度降低，土地利用类型主要从旱地、林地、草地转变为建设用地。

图 3-6　在建厂房(区块一)　　　　　图 3-7　项目区内现有企业(区块二)

图 3-8　项目区内现有企业(区块三)

3. 玉溪

红塔工业园项目区(图 3-9、图 3-10)：引进企业主要为仓储物流产业、铸造产业，部分地块已经建成，部分做了土地平整还未建设。

图 3-9　项目区内现有企业：通力物流园(区块一)　　图 3-10　平整后土地(区块二)

3.3　低丘缓坡项目区生态系统服务价值变化的驱动力分析

3.3.1　模型

1. 单因素模型——相关性分析

基于前期的理论准备和作用机制的研究，本节将可能对三种 ESV 变化产生影响的数据在项目区之间和内部格网两个层面上分别进行相关性分析，选择年平均气温、年均降雨、坡度、建设开发强度、NDVI、功能定位等指标，选取统计学上有显著性意义的因子代入回归模型中。

相关性分析可以对两个及以上变量进行分析，通过观察相关系数分析其联系程度(姚远等，2013)。计算公式为

$$R_{xy} = \frac{S_{xy}}{S_x S_y} \tag{3-1}$$

式中，R_{xy} 表示相关系数；S_{xy}、S_x 和 S_y 分别表示样本协方差、x 的样本标准差及 y 的样本标准差。R_{xy} 越接近 1，证明变量之间越相关，当 R_{xy} 为 0 时，证明变量之间不存在相关性。

S_{xy}、S_x 和 S_y 计算公式分别为

$$S_{xy} = \frac{\sum_{i=1}^{n}(x_i - \bar{x})(y_i - \bar{y})}{n-1} \tag{3-2}$$

$$S_x = \sqrt{\frac{\sum(x_i - \bar{x})^2}{n-1}} \tag{3-3}$$

$$S_y = \sqrt{\frac{\sum(y_i - \bar{y})^2}{n-1}} \tag{3-4}$$

2. 多因素模型——逐步回归分析

逐步回归分析是多元回归分析中的一种方法。回归分析用于研究多个变量之间相互依赖的关系，逐步回归分析往往用于建立最优或合适的回归模型，从而更加深入地研究变量之间的依赖关系(游士兵和严研，2017)。在本书项目区开发前后 ESV 的驱动因子分析中，主要采用逐步回归分析方法进行研究。该方法是在多元回归模型中，依据对因变量的贡献程度，对所有自变量进行筛选，逐步引入回归模型中，同时剔除对因变量作用不显著的因素，从而得到最优回归模型。通过逐步回归分析，可以有效地寻找解释因变量的主导因素，并消除自变量之间的多重共线性。

通过逐步回归分析得到的回归方程如下：

$$Y = \beta_0 + \beta_1 x_1 + \beta_2 x_2 + \cdots + \beta_n x_n + \varepsilon \tag{3-5}$$

式中，Y 为总 ESV 开发前后变化；$x_1, x_2, \ldots, x_n$ 为自变量(驱动因子)；ε 为随机误差；β 为回归系数。

3.3.2　影响低丘缓坡项目区生态系统服务功能的相关因素分析

自然因素和人类活动的影响是导致生态系统结构和功能改变的因素，进而导致 ESV 发生变化(戴文远等，2018；朱治州和钟业喜，2019)。经前文研究可知，2010~2020 年云南省低丘缓坡项目区的 ESV 在开发建设前后有不同程度变化。在自然因素方面，本书主要研究低丘缓坡项目区 ESV 与气候、土壤、坡度、NDVI 之间的关系，由于气候和土壤年际差异较小，因此开发前后采用同一套数据。除自然因素(包括受到人为影响的自然因素)外，本书还结合项目区开发建设的实际情况，选取能有效反映人类建设开发活动的指标，包括土地利用变化、开发建设情况和强度、功能定位等，作为影响 ESV 变化的人为因素，运用单因素模型——相关性分析方法，识别项目区开发前后 ESV 变化的影响因素。

本书从自然因素、自然因素(受人类活动影响)、人为因素三个方面进行考虑。为进一步对影响因素进行更加全面细致的分析，将研究对象细分为项目区之间(40 个项目区)和单个项目区内部(栅格)两种层次进行相关性分析。在项目区内部，首先进行样本的提取，同时为了保证样本能有效地反映总体的变化规律，利用 ArcGIS 软件的栅格计算器、创建渔网和多值提取至点的功能，对项目区开发后和开发前的自变量和因变量进行求差，以反映建设开发影响下的变化情况，由于项目区面积差异不大，为保证样本量，样本容量保持在 400~600。

用 SPSS 进行相关分析时，选用皮尔逊(Pearson)分析或斯皮尔曼(Spearman)分析。使用皮尔逊相关分析有默认的前提条件，即数据满足正态分布。首先对数据进行正态性检验，样本量小于 50 进行夏皮罗-威尔克(Shapiro-Wilk)检验，样本量大于 50 进行科尔莫戈罗夫-斯米尔诺夫(K-S)检验。若数据满足正态分布则进行皮尔逊分析，若不满足正态分布则运用非参检验——斯皮尔曼秩相关系数分析。当相关系数绝对值为 0.5~1 时为强相关，0.3~

0.5 为中等相关，0.1～0.3 为弱相关，0～0.09 可视为无相关性。

1. 影响水源涵养功能的相关因素

1) 自然因素

影响水源涵养量的自然因素包括降水量、潜在蒸散量、土壤等。由于项目区面积较小，内部降水量和潜在蒸散量默认一致，且土壤性质在短时间内不会发生较大改变，因此此研究中项目区土壤质地开发前后使用同一套数据，提取 40 个项目区土壤数据，砂粒、粉粒、黏粒含量统一使用项目区土壤数据平均值代表。以 40 个项目区开发后 2020 年的水源涵养量作为因变量，降水量、潜在蒸散量、土壤质地作为自变量进行相关性分析。

2) 自然因素 (受人类活动影响)

影响建设开发前后水源涵养变化量的自然因素(受人类活动影响)包括坡度、植被覆盖百分率等。植被覆盖百分率用 NDVI 表示。对于坡度和 NDVI 的变化与水源涵养量变化的关系分别在项目区之间和项目区内部取点进行相关性分析。项目区之间的坡度用 15°以下坡度占比变化来表示，NDVI 用平均值的变化来表示，项目区内部坡度和 NDVI 分别进行选点表示。以项目区开发前后水源涵养量的变化作为因变量，坡度、NDVI 开发前后的变化作为自变量。

3) 人为因素

影响建设开发前后水源涵养变化量的人为因素包括生态用地面积、建设开发和项目区功能定位。对 40 个项目区开发前后生态用地面积(耕地+林地+草地)进行汇总，变化面积占项目区总面积的百分比为自变量。建设开发在项目区层面用建设开发强度，即新增建设用地占比来表示，项目区内部用建设开发情况，即是否进行建设开发来表示。处理过程如下：在 ArcGIS 中利用栅格计算器提取出项目区在开发后的建设开发情况，用 1 表示新增建设用地，0 表示非建设用地或者开发前即存在的建设用地，5 表示建设用地地类代码，通过 0 和 1 设置反映该栅格是否进行建设开发。此外，功能定位的差异决定项目区的开发方式和开发理念，在现实中则反映在原始景观和原始地形的保留程度，这可能导致项目区之间的生态系统调节服务价值存在差异。项目区功能定位设置哑变量，旅游文化设置为参考变量 0。以项目区开发前后水源涵养的变化作为因变量，生态用地面积变化、建设开发情况和强度、功能定位作为自变量进行相关性分析。最终得到的相关性分析如表 3-3 所示。

表 3-3　低丘缓坡项目区开发前后水源涵养量与各影响因素的相关性分析

			项目区内部	项目区之间	相关性	显著性
自然因素		降水量		●	0.403*	0.01
		潜在蒸散量		●	−0.502**	0.001
	土壤质地	砂粒			−0.570**	0.000
		粉粒		●	0.644**	0.000
		黏粒			0.488*	0.001

续表

			项目区内部	项目区之间	相关性	显著性
自然因素		植被有效含水量		●	0.441**	0.004
		Min（土壤深度，根系深度）	●		−0.923**	0.000
		流速系数	●		−0.912**	0.000
		蒸散系数	●		−0.953**	0.000
		土壤饱和导水率	●		0.331**	0.000
自然因素 （受人类活动影响）	坡度变化	选点坡度变化	●		−0.292**	0.000
		15°以下占比变化		●	不显著	
	NDVI 变化	选点 NDVI 变化	●		0.399**	0.000
		NDVI 平均值变化		●	不显著	
人为因素		生态用地面积变化		●	0.422**	0.007
	建设开发	建设开发情况	●		−0.582**	0.000
		建设开发强度		●	−0.578**	0.000
		功能定位		●	−0.303	0.082

表格中项目区之间选择 40 个项目区的相关数据作为变量，项目区内部以昆明市晋宁区晋城为例（选点 506 个），如图 3-11 所示；建设开发情况表示是否进行建设开发，建设开发强度表示新增建设用地面积占总面积比值。

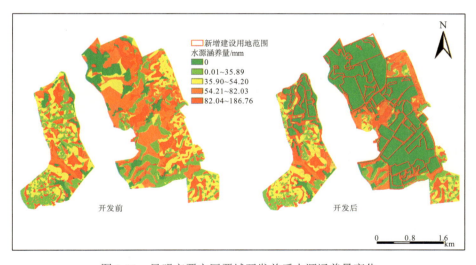

图 3-11　昆明市晋宁区晋城开发前后水源涵养量变化

在自然因素中，以 40 个项目区开发后即 2020 年的水源涵养量作为因变量，其他自然因素作为自变量进行相关性分析，由表 3-3 可得出以下结论。

（1）年均降水量与水源涵养量显著性为 0.01，在 0.05 级别上相关，相关性为 0.403，呈中等正相关关系，即降水量增大水源涵养量在一定程度上呈提高的趋势。

（2）潜在蒸散量与水源涵养量显著性为 0.001，在 0.01 级别下相关性显著，相关性为－0.502，为负向传导作用，呈中等负相关关系，可见潜在蒸散量越大，水源涵养量在一定程度上会越小。

（3）土壤质地中砂粒含量与水源涵养量显著性为 0.000，在 0.01 级别相关性显著，相关性为－0.570，呈强负相关关系；粉粒含量显著性为 0.000，在 0.01 级别相关性显著，相关性为 0.644，呈强正相关关系；黏粒含量显著性为 0.01，在 0.05 级别相关性显著，相关性为 0.488，呈中等正相关关系。因此，可以看出土壤质地对于水源涵养量的影响同样不可忽视，粉粒含量对于水源涵养量的影响最大。

（4）根据砂粒、粉粒、黏粒、有机质等质量分数计算植被有效含水量，与水源涵养量进行相关性分析，显著性为 0.004，在 0.01 级别相关性显著，相关系数为 0.441，呈中等正相关关系。由上面土壤质地得到的相关关系也可知植被有效含水量对水源涵养量有一定影响，因此可进一步验证土壤的属性数据对于水源涵养量的作用。另外，在水源涵养量计算过程中，对于土壤深度、根系深度、流速系数、蒸散系数、土壤饱和导水率根据不同的土地利用类型来进行赋值，将对水源涵养量产生较大影响。土壤深度和根系深度中的小值与水源涵养量显著性为 0.000，在 0.01 级别相关性显著，相关系数为－0.923，呈强负相关关系，即根系深度很大程度影响植物可利用水含量，根系越深可利用水越多，对于水源涵养量来说就越少。流速系数与水源涵养量显著性为 0.000，在 0.01 级别相关性显著，相关系数为－0.912，呈强负相关关系，流速系数越大，地表径流越强，水源涵养能力越弱。蒸散系数与水源涵养量显著性为 0.000，在 0.01 级别相关性显著，相关系数为－0.953，呈强负相关关系，蒸散系数越大，水源涵养量越小。土壤饱和导水率与水源涵养量显著性为 0.000，在 0.01 级别相关性显著，相关系数为 0.331，呈中等正相关关系。因为土壤饱和导水率是由项目区内土壤质地，即砂粒、粉粒、黏粒、有机质、容重等数据得出，因此可知水源涵养量与土壤理化性质有不可忽视的关系。

以上几个影响因素也进一步说明项目区不同的土地利用类型会对水源涵养量产生不同程度影响，因此要合理利用项目区土地资源，以"适应性"为指导因地制宜地进行开发建设。

在自然因素（受人类活动影响）中，项目区之间坡度、NDVI 与水源涵养量变化通过相关性分析后得出的结果并不显著。以昆明晋宁晋城项目区为例，在项目区内部按照 30m×30m 选点，得到均匀分布的点 506 个，然后将坡度变化与 NDVI 变化图层与水源涵养量变化图层进行叠加，提取参数值到点图层中。①对开发前后坡度变化与水源涵养量变化进行相关分析，得到显著性为 0.000，坡度变化与水源涵养量变化在 0.01 级别相关性显著，相关系数为－0.292，即坡度与水源涵养量之间呈弱负相关关系。②对开发前后 NDVI 的变化与水源涵养量变化进行相关性分析，其显著性为 0.000，在 0.01 级别相关性显著，相关系数为 0.399，表明 NDVI 变化与水源涵养量变化在一定程度上呈中等正相关关系。

在人为因素分析中可得出以下结论。①生态用地面积变化情况与水源涵养量变化之间呈正相关，显著性为 0.007，在 0.01 级别相关性显著，相关系数为 0.422，呈中等正相关关系。②项目区层面上对建设开发强度与水源涵养量变化进行相关分析，显著性为 0.000，在 0.01 级别相关性显著，相关系数为－0.578，呈强负相关关系，即建设用地面积与水源涵养量呈负向相关。项目区内部对建设开发情况与水源涵养量进行相关分析，显著性为 0.000，在 0.01 级别上相关性显著，相关系数为-0.582，呈强负相关关系。③对功能定位与水源涵养量变化进行相关性分析，旅游文化作为参考变量设置为 0，通过相关性分析结果，工业设置为 1，城镇建设设置为 0 时，功能定位与水源涵养量在 0.1 水平下显著，相关系数为-0.303，即呈中等负相关关系。在一定情况下可以说明定位为工业和城镇建设的项目区相对于旅游文化项目区开发程度更高，对于水源涵养量的改变更加明显，开发程度越大，即水源涵养量减小的程度越高。

根据水源涵养量影响因素的相关性分析可知，自然因素中降水量、潜在蒸散量、土壤质地、植被有效含水量、土壤深度、根系深度、流速系数、蒸散系数、土壤饱和导水率在一定程度上都会对项目区水源涵养功能产生不同的影响，可知自然因素在生态系统服务功能中占据重要的作用。但是本书研究时，着重考虑受人为开发建设影响的自然因素，即坡度、NDVI 对 ESV 产生的影响，不考虑单纯的自然因素对其的影响。同时，根据各项目区间的生态用地面积变化、建设开发强度、功能定位等与水源涵养功能在开发前后的变化情况，可直观地发现项目区的建设开发强度对水源涵养功能具有明显的负向影响，其中建设开发强度的相关性最高，为-0.578，各生态系统服务分值随着建设开发强度的波动呈现出反向变化。建设开发强度大的项目区，水源涵养量普遍更低。

从项目区功能定位对生态系统服务功能产生的影响方面可知，以工业开发和城镇建设产业为主的项目区与以旅游文化为主的项目区在水源涵养量上差异显著。以工业开发为主的项目区之间差异并不明显，该类项目区往往更倾向于追逐利益的最大化，现实表现为土地开发强度大、土地利用效率高、生态绿地面积占比小以及分布零散的特点，因此其水源涵养量及价值普遍更低。以旅游度假为主的项目区往往更注重对原始景观的保留以及人为扰动的影响，重点在于追求人与自然的协调发展，因此水源涵养量相对更高。这同时也反映了该类项目区通过生物和物理手段加强建设绿色和蓝色基础设施，以提高生态系统调节服务供给的必要性和现实需求。

2. 影响土壤保持功能的相关因素

土壤保持是一个复杂的过程，受到地形、气候、土壤属性等自然因素影响，对于云南低丘缓坡项目区这一特殊情况来说，还受到来自人为开发的干预，各要素相互叠加，在复杂的交互作用下形成土壤保持服务。降水影响土壤可蚀性，植被覆盖能够保护表土，减少土壤流失量，而土地利用变化、建设开发程度等能够反映人类对于项目区开发活动的强弱。土壤保持在计算过程中涉及的因子较多，包括降雨侵蚀力因子 R、土壤可蚀性因子 K、地形因子 LS、植被覆盖因子 C、土壤保持措施因子 P。

降雨侵蚀力因子主要由月均降雨量与年均降雨量计算得到；土壤可蚀性因子与土壤理化性质，即砂粒、粉粒、黏粒、有机质的含量相关；地形因子主要涉及坡长、坡度；植被覆盖因子与 NDVI 之间联系密切；土壤保持措施因子 P 是通过前人研究人为进行赋值，耕地取 0.45，林地取 1，草地取 1，水域取 0，建设用地取 0，未利用地取 1。土壤侵蚀量是这些因子的乘积，在一定程度上影响因素的重要性会被分散，所以在本书中排除 P 值影响，选择土壤侵蚀量 K_C（无 P 值）作为因变量，其他因素为自变量进行分析。

1）自然因素

影响土壤侵蚀量的自然因素包括降水量、温度、土壤等，由于开发前后项目区内部降水量、温度均相同，因此考虑项目区之间不同的影响，以 40 个项目区开发后（2020 年）土壤侵蚀量作为因变量，项目区多年平均降水量、温度作为自变量进行相关性分析。

2）自然因素（受人为影响）

影响建设开发前后土壤侵蚀量的自然因素（受人为影响）包括坡度、NDVI 变化。项目区之间坡度变化用 15° 以下面积变化来表示，NDVI 变化用项目区 NDVI 平均值变化表示。项目区内部坡度和 NDVI 分别进行选点表示。以项目区开发前后土壤侵蚀量的变化作为因变量，坡度、NDVI 开发前后变化作为自变量进行相关性分析。

3）人为因素

影响建设开发前后土壤侵蚀量的人为因素包括生态用地面积变化、建设开发、项目区功能定位。对其在项目区之间和项目区内部的表示形式与前文水源涵养量相同。以项目区开发前后土壤侵蚀量的变化作为因变量，生态用地面积变化、建设开发情况和强度、功能定位作为自变量进行相关性分析，得到的相关性分析结果如表 3-4 所示。

表 3-4　低丘缓坡项目区开发前后土壤侵蚀量与各影响因素的相关性分析

			项目区内部	项目区之间	相关性	显著性
自然因素		降水量		●	0.336*	0.034
		温度		●	0.435**	0.005
		土壤可蚀性因子		●	0.202*	0.022
自然因素（受人为影响）	坡度变化	选点坡度变化	●		0.198**	0.000
		15° 以下面积占比		●	−0.352*	0.026
	NDVI 变化	选点 NDVI 变化	●		−0.382**	0.000
		项目区 NDVI 平均值变化		●	−0.492**	0.001
人为因素		生态用地面积变化		●	−0.541**	0.000
	建设开发	建设开发情况	●		0.558**	0.000
		建设开发强度		●	0.581**	0.000
		功能定位		●	0.332*	0.036

表 3-4 中项目区之间选择 40 个项目区的相关数据作为变量，项目区内部以昆明市晋宁区晋城为例（选点 506 个），如图 3-12 所示；建设开发情况表示是否进行建设开发，建设开发强度表示新增建设用地面积占总面积比值。

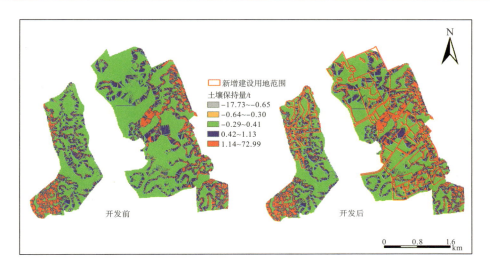

图 3-12　昆明市晋宁区晋城项目区开发前后土壤保持量变化

在自然因素分析中可得出以下结论。

(1)年均降水量与土壤侵蚀量在 0.01 级别相关性显著，显著性为 0.034，相关系数为 0.336，呈中等正相关关系。即降水量越大，加剧项目区土壤侵蚀程度，土壤侵蚀量在一定程度上会增加。

(2)温度与土壤侵蚀量在 0.01 级别相关性显著，显著性为 0.005，相关系数为 0.435，呈中等正相关关系，即温度也会加剧土壤侵蚀。

(3)将 40 个项目区土壤侵蚀量与项目区土壤质地包括土壤砂粒、粉粒、黏粒进行相关分析，发现其结果并不显著，推测原因可能是 RUSLE 中土壤可蚀性因子 K 和其他因子相乘后其作用程度分散，难以体现出其影响程度。选取土壤可蚀性因子 K 与土壤侵蚀量进行相关性分析，在 0.01 级别下显著性为 0.022，相关系数为 0.202，即土壤可蚀性因子与土壤侵蚀量呈弱正相关关系。由此可进一步得出，土壤侵蚀量的大小与土壤质地，即砂粒、粉粒、黏粒等的含量也有一定的关系。

在自然因素(受人为影响)中，项目区之间可得出以下结论。

(1)坡度变化与土壤侵蚀量变化显著性为 0.026，在 0.05 级别相关性显著，相关性为 −0.352，呈中等负相关关系，表明坡度低的区域占比越大，土壤侵蚀量越小。

(2)NDVI 变化与土壤侵蚀量变化显著性为 0.001，在 0.01 级别相关性显著，相关性为 −0.492，呈中等程度负相关关系，即植被覆盖百分率越大，在一定程度上越能削弱土壤侵蚀量，起到保持水土的作用。

项目区内部分析可得出以下结论。

(1)对坡度变化与土壤侵蚀量变化进行相关性分析，显著性为 0.000，在 0.01 级别相关性显著，相关性为 0.198，即坡度变化与土壤侵蚀量变化之间呈弱相关关系。在重力作用下，通常当坡度越大时地表水土流失风险越大，即在一定情况下，坡度越大，土壤侵蚀量越大。

(2)对 NDVI 的变化与土壤侵蚀量变化进行相关性分析，其显著性为 0.000，在 0.01

级别相关性显著，相关性为−0.382，表明 NDVI 与水源涵养量在一定程度上呈中等负相关关系。即在植被归一化指数越大的地点，土壤侵蚀量越小，说明植被覆盖在一定情况下会减少土壤侵蚀的量，固土保肥，防风固沙。

在人为因素分析中可得出以下结论。

(1)对生态用地面积变化与土壤侵蚀量变化进行相关性分析，显著性为 0.000，在 0.01 级别相关性显著，相关系数为−0.541，呈强负相关关系，进一步证明植被覆盖对于土壤保持的正向作用，在很大程度上可减轻土壤的侵蚀。

(2)对项目区之间建设开发强度与土壤侵蚀量进行相关分析，显著性为 0.000，在 0.01 级别相关性显著，相关性为 0.581，呈强正相关关系，即建设开发强度越大，越能加剧土壤侵蚀的程度。对项目区内部建设开发情况与土壤侵蚀量进行相关性分析，显著性为 0.000，在 0.01 级别相关性显著，相关系数为 0.558，呈强正相关关系。即建设开发对于土壤侵蚀有正向的影响作用。

(3)对功能定位与土壤侵蚀量变化进行相关性分析，旅游文化作为参考变量设置为 0，通过相关性分析结果，工业设置为 1，城镇建设设置为 0 时，功能定位与水源涵养量在 0.01 水平下显著，显著性为 0.036，相关性为 0.332，即呈中等正相关关系。在一定情况下可以说明功能定位为工业项目区时，土壤侵蚀量相对于旅游文化和城镇建设来说较大，对于原始生态的改变和破坏越大，人为参与影响程度越高，相对来讲土壤侵蚀量也会越大。

为了进一步探究大多数项目区开发后土壤侵蚀程度增大、保持量减少的原因，在 ArcGIS 中将开发后的土壤侵蚀数据和土地平整范围叠加分析后发现，土壤侵蚀区主要处于建设用地的边坡范围内，这是由于低丘缓坡山地开发是采取依山体地势而建、台阶式开发，局部采取"削山填谷"的开发方式，必然会导致建设用地边坡范围成为土壤侵蚀的高发区，所以要针对边坡采取有效的护坡工程，抑制土壤侵蚀的加剧，避免山体滑坡等灾害的发生。对于本书来讲，低丘缓坡建设开发导致水土流失加重的区域主要是边坡形成的坡度陡升地段，因此在低丘缓坡建设开发过程中充分考虑山地的立体结构，依据山体不同位置和坡度，宜建则建、宜林则林，尽量避免"削峰填谷"式的建设开发方式，可以有效避免低丘缓坡建设开发对水土流失的负面影响。为了进一步减少滇中地区低丘缓坡项目区的土壤侵蚀量，改善土壤侵蚀状况，对土地平整后的裸土边坡应采取生物和物理相结合的护坡工程，同时应加强低丘缓坡项目区绿化工程建设，提升园区的森林建设比例，增强项目区植被的生态功能，减少项目区原有的低效林地和草地，重构低丘缓坡开发建设的生态屏障，实现生产、生活和生态的持续发展。

因此，有效提升低丘缓坡项目区的生态功能，加强低丘缓坡项目区绿化工程建设，减少项目区原有灌木和草地等单一植被种植，增加混交林种植，重构低丘缓坡开发建设的生态屏障，对于减轻低丘缓坡开发建设的水土流失和诱发的滑坡、泥石流地质灾害风险，是十分重要的。

3. 影响固碳释氧功能的相关因素

固碳释氧功能是人类生存与现代文明得以维系和不断发展的基础，它是指陆地生态系统中的绿色植物通过光合作用吸收空气中的二氧化碳，生成有机物质并释放出氧气的过程，属于陆地生态系统的调节服务功能，在改善全球生态环境和维持气候平衡过程中发挥着不可替代的作用。对于云南省低丘缓坡项目区固碳释氧功能影响因素方面的研究发现，计算其价值更多地依赖 NPP 值，因此对于固碳释氧这一功能来讲，更多地取决于植被的作用，进一步来讲就取决于人为建设开发在其中发挥的作用，以及对于生态用地的破坏等行为。因此，自然因素在这一功能的变化中并不起主要作用。对于固碳释氧功能的分析更多地集中于受到人为影响的自然因素和人为因素这两大方面。下面以开发前后每个项目区的 NPP 作为因变量，其他因素作为自变量进行分析。

1）自然因素（受人类活动影响）

影响项目区建设开发前后 NPP 的自然因素（受人类活动影响）包括坡度、NDVI 的变化。项目区之间坡度变化用 15° 以下面积变化来表示，NDVI 变化用项目区 NDVI 平均值变化表示。项目区内部坡度和 NDVI 分别进行选点表示。以项目区开发前后的 NPP 变化作为因变量，坡度、NDVI 开发前后变化作为自变量进行相关性分析。

2）人为因素

影响建设开发前后 NPP 的人为因素包括生态用地面积变化、建设开发、项目区功能定位。对其在项目区之间和项目区内部的表示形式与前文水源涵养、土壤保持相同。以项目区开发前后 NPP 的变化作为因变量，生态用地面积变化、建设开发情况和强度、功能定位作为自变量进行相关性分析，得到的相关性分析结果，如表 3-5 所示。

表 3-5　低丘缓坡项目区开发前后 NPP 变化与各影响因素的相关性分析

			项目区内部	项目区之间	相关性	显著性
自然因素 （受人类活动影响）	坡度变化	选点坡度变化	●		0.119**	0.000
		15° 以下坡度占比		●	不显著	
	NDVI 变化	选点 NDVI 变化	●		0.463**	0.000
		NDVI 平均值变化		●	0.344*	0.03
人为因素	生态用地面积变化			●	0.655**	0.000
	建设开发	建设开发情况	●		−0.863**	0.000
		建设开发强度		●	−0.877**	0.000
	功能定位			●	−0.513**	0.001

表 3-5 中项目区之间选择 40 个项目区的相关数据作为变量，项目区内部以昆明市晋宁区晋城为例（图 3-13）；建设开发情况表示是否进行建设开发，建设开发强度表示新增建设用地面积占总面积比值。

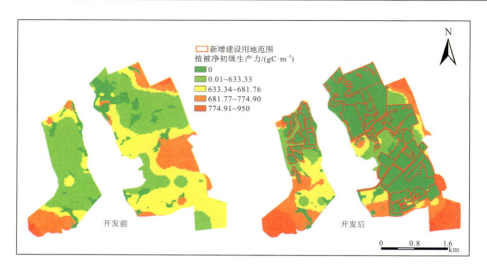

图 3-13   昆明市晋宁区晋城项目区开发前后植被净生产力变化

在自然因素（受人类活动影响）分析中得出如下结论。

（1）项目区之间对坡度变化和 NDVI 变化进行相关性分析，坡度得出的结果并不显著，NDVI 变化的显著性为 0.03，在 0.05 级别相关性显著，相关系数为 0.344，为中等正相关关系。

（2）项目区内部将开发前后坡度变化与 NPP 变化进行相关性分析，得到显著性为 0.000，在 0.01 级别相关性显著，相关性为 0.119，即坡度与固碳释氧之间呈弱正相关关系。

（3）对开发前后 NDVI 的变化与 NPP 变化进行相关性分析，其显著性为 0.000，在 0.01 级别相关性显著，相关系数为 0.463，表明 NDVI 与 NPP 在一定程度上呈中等正相关关系。

在人为因素分析中得出以下结论。

（1）对生态用地面积变化与 NPP 变化进行相关分析，显著性为 0.000，在 0.01 级别相关性显著，相关性为 0.655，呈强正相关关系。

（2）对项目区之间建设开发强度与 NPP 变化进行相关分析，显著性为 0.000，在 0.01 级别相关性显著，相关性为−0.877，呈强负相关关系，即建设用地面积与固碳释氧量呈负向相关。对项目区内部建设开发情况与 NPP 变化进行相关分析，显著性为 0.000，在 0.01 级别上相关性显著，相关性为−0.863，呈强负相关关系。

（3）对功能定位与 NPP 变化进行相关性分析，旅游文化作为参考变量设置为 0，通过相关性分析结果，工业设置为 1，城镇建设设置为 0 时，功能定位与固碳释氧量相关性显著，显著性为 0.001，相关系数为−0.513，呈强负相关关系。

项目区是旅游、城镇建设还是工业在开发程度上有较大的差异，也间接反映了生态用地的破坏、建设用地的新增对于项目区固碳释氧量的负向影响。

在固碳释氧影响因素相关性分析中，可以很明显地看出人为因素的影响非常显著，具体表现在建设开发强度以及生态用地面积的变化上。以往学者的研究已证明，城市生态系统与固碳释氧价值的相关性最高，且呈强负相关关系，而与森林呈强正相关关系，表明城市和森林的比重对于固碳释氧影响显著，城市扩张将显著减少研究区的固碳释氧量，而森林比重上升将有利于研究区固碳释氧量的增加(尹云鹤等, 2016)。这表明在低丘缓坡项目区开发建设的过程中应该进一步重视对林地等生态系统的保护并合理控制建设用地面积的扩张,这与前人的研究是相符的。基于本书的研究,建议在今后的社会经济发展中,低丘缓坡项目区应当优化调整内部生态系统类型,合理控制城市生态系统的规模及其扩张态势,并重视保护森林和农田生态系统,减少人类活动在生态系统演变中的作用,保护并增强自然演变过程,增强生态系统的稳定性,提升生态系统的安全性,促进社会经济的持续健康发展。

4. 小结

通过前文对每个服务功能与影响因素的相关性分析后,可以得出表 3-6。水源涵养与土壤保持功能分别受到不同自然因素的影响,其中降水量作为其共同影响的因子,与水源涵养量和土壤侵蚀量呈中度相关。除了自然因素在生态系统服务功能中发挥了切实作用之外,本节着重研究低丘缓坡项目区在开发前后由于人为因素所导致的变化。坡度和 NDVI 在开发前后受到人为改变,坡度的改变与各服务变化之间相关性较低,呈弱相关,原因在于低丘缓坡项目区开发程度差异较大,更多的项目区开发程度普遍较低,且开发范围的选址内坡度大多是项目区内变化较小的区域,开发后边坡范围占比更小,因此在开发前后坡度的变化对于各功能来讲影响相对较小。NDVI 的改变与各服务之间的相关性均大于 0.3,在 0.3~0.5 范围,呈中度相关。除了由人为改变的自然因素外,在生态用地面积、建设开发、功能定位等人为因素中,影响最大的是建设开发,相关性均大于 0.5,其次为生态用地面积变化和功能定位,均有较为显著的影响。综上,在后面项目区层面上进行生态系统服务总价值变化与驱动因子的回归分析时,选取在相关分析中影响程度较大的 NDVI 变化、生态用地面积变化、建设开发强度、项目区功能定位作为自变量,生态系统服务总价值平均值的变化作为因变量。

表 3-6　相关性汇总表

			水源涵养量				土壤侵蚀量			NPP			
			项目区内部	项目区之间	相关性	显著性	项目区内部	项目区之间	相关性	显著性	项目区内部	项目区之间	相关性	显著性
自然因素		降水量			0.403*	0.010			0.336*	0.034				
		温度							0.435**	0.005				
		潜在蒸散量			−0.502**	0.001								
	土壤质地	砂粒			−0.570**	0.000								
		粉粒			0.644**	0.000			不显著					
		黏粒			0.488*	0.01								
		土壤可蚀性因子							0.202*	0.022				
		植被有效含水量			0.441**	0.004								
		Min(土壤深度,根系深度)			−0.923**	0.000								

续表

		水源涵养量				土壤侵蚀量				NPP			
		项目区内部	项目区之间	相关性	显著性	项目区内部	项目区之间	相关性	显著性	项目区内部	项目区之间	相关性	显著性
自然因素		流速系数		−0.912**	0.000								
		蒸散系数		−0.953**	0.000								
		土壤饱和导水率		0.331**	0.000								
自然因素（受人为影响）	坡度变化	选点坡度变化		−0.292**	0.000			0.198**	0.000			0.119**	0.000
		15°以下占比变化		不显著				−0.352*	0.026			不显著	
	NDVI变化	选点NDVI变化		0.399**	0.000			−0.382**	0.000			0.463**	0.000
		NDVI平均值变化		不显著				−0.492**	0.001			0.344*	0.03
人为因素		生态用地面积变化		0.422**	0.007			−0.541**	0.000			0.655**	0.000
	建设开发	建设开发情况		−0.582**	0.000			0.558**	0.000			−0.863**	0.000
		建设开发强度		−0.578**	0.000			0.581**	0.000			−0.877**	0.000
		功能定位		−0.303	0.082			0.332*	0.036			−0.513**	0.01

3.3.3 低丘缓坡项目区开发前后生态系统服务价值变化驱动因子分析

基于 3.3.2 小节关于自然因素、受到人为影响的自然因素、人为因素与各生态系统服务功能之间相关性的分析结果，初步厘清了各影响因素的影响程度和作用方向。由前述研究可知，自然因素对于 ESV 的影响体现在长时段且基础性的影响，而低丘缓坡项目区开发建设前后人为因素加速并促进了对于建设用地的增长导致 ESV 减少。本书侧重人为建设开发所导致的影响研究，因此在 ESV 计算过程中开发前后自然因素(降水量、土壤)保持一致，排除自然因素在其中发挥的作用。

本书以 40 个项目区作为研究对象，对各生态系统服务功能变化影响大的因素作为自变量，包括 NDVI 变化、生态用地面积变化、建设开发强度、功能定位。由于线性回归要求因变量为连续数值型变量，对于自变量没有限制性要求，因此功能定位中的虚拟变量也可以作为自变量进行分析。本书开展自变量 NDVI 变化、生态用地面积变化、建设开发强度与因变量生态系统服务价值变化的散点图分析，结果发现，建设开发强度、NDVI 变化线性关系均成立，满足要求。生态用地面积变化不满足线性关系。因此，线性回归中自变量选择建设开发强度、NDVI 变化、功能定位进行逐步回归分析。

线性回归分析主要结果如下。

第一个是 R^2 结果和残差独立性检验(德宾-沃森检验)(表 3-7)。该模型调整后的拟合度 $R^2=0.425$，拟合度较好，意味着自变量能够解释因变量变化原因的 42.5%，即云南省低丘缓坡项目区开发前后 ESV 的变化有 42.5%是由建设开发强度、NDVI 变化引起的。线性回归模型要求德宾-沃森检验结果在 0~4，基本可认为数据独立性符合。本书该值为 1.474，独立性符合。当然没有列入考虑的自然因素对于 ESV 变化的影响也是不可忽视的，ESV 变化是自然因素与人为因素共同作用的结果。

表 3-7　模型摘要表

模型	R	R^2	调整后 R^2	标准估算的误差	德宾-沃森检验
1	0.602a	0.362	0.345	0.040012225	
2	0.674b	0.455	0.425	0.037489013	1.474

注：预测变量：（常量），建设开发强度；预测变量：（常量），建设开发强度，项目区 NDVI 变化；因变量：ESV 变化。

第二个为方差分析（表 3-8），主要探讨模型是否成功建立。本书模型 2 中，$F=15.434$，显著性 $P=0.000 < 0.001$，模型成功建立。

表 3-8　方差分析表

模型	项目	平方和	自由度	均方根	F	显著性
1	回归	0.035	1	0.035	21.577	0.000b
	残差	0.061	38	0.002		
	总计	0.095	39			
2	回归	0.043	2	0.022	15.434	0.000c
	残差	0.052	37	0.001		
	总计	0.095	39			

注：预测变量：（常量），建设开发强度；预测变量：（常量），建设开发强度，项目区 NDVI 变化；因变量：ESV 变化。

第三个为计算回归系数并对回归系数进行假设检验，探讨驱动因子。通过表 3-9 可以进一步了解到，显著性 $P < 0.05$ 的自变量有建设开发强度、NDVI 变化，这两个自变量可以显著影响项目区 ESV 在开发前后的变化程度。更进一步，建设开发强度的回归系数为负数，意味着建设开发强度显著负向影响低丘缓坡项目区 ESV，建设开发强度即为新增建设用地占项目区总面积的比值，新增建设用地反映的是政府的政策措施及其开发建设力度，对项目区的土地利用类型造成了用地性质的改变，直接表现为地表硬化、植被骤减，进一步说明该因素是引起 ESV 减少的根本原因。NDVI 正向影响价值，在项目区的建设开发后，进行科学合理的植被复绿，提高项目区的植被覆盖百分率，能有效防治雨水侵蚀和缓解地表径流冲刷、改善空气质量（对于以工业为主导产业的项目区尤为重要），从而增加生态系统调节服务的供给能力。所有自变量的 VIF 值均小于 5，意味着变量之间不存在多重共线性。

表 3-9   系数表

模型		未标准化系数		标准化系数	t	显著性	共线性统计	
		Beta	标准误差	Beta			容差	VIF
1	（常量）	0.006	0.011		0.587	0.561		
	建设开发强度	−0.222	0.048	−0.602	−4.645	0.000	1.000	1.000
2	（常量）	0.066	0.026		2.554	0.015		
	建设开发强度	−0.205	0.045	−0.554	−4.511	0.000	0.976	1.024
	项目区 NDVI 变化	0.335	0.134	0.308	2.507	0.017	0.976	1.024

注：因变量：ESV 变化。

  第四个为正态直方图（图 3-14）。残差均数接近于 0，标准差接近于 1，数据呈正态分布（标准正态分布），这意味着线性回归达到了正态性条件。

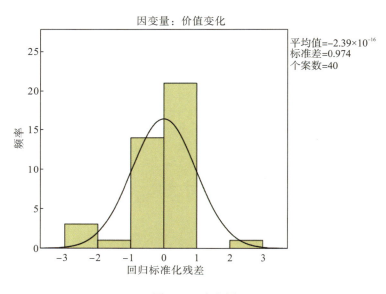

图 3-14   直方图

  第五个为散点图（图 3-15）。散点图的横轴和纵轴分别是因变量预测值的标准化值和残差的标准化值。从图形来看，标准化残差图分布在 0 值周围，基本是上下对称分布，分布特征不随预测值的增加而发生改变，意味着数据符合方差齐性、独立性条件。

  基于以上分析，得出低丘缓坡项目区 ESV 变化与建设开发强度、NDVI 变化之间的定量关系（回归方程）如下：

$$Y = 0.066 - 0.205X_1 + 0.335X_2 + \varepsilon \tag{3-6}$$

式中，Y 代表项目区 ESV 变化；X_1 代表建设开发强度；X_2 代表项目区 NDVI 变化；ε 为随机误差。

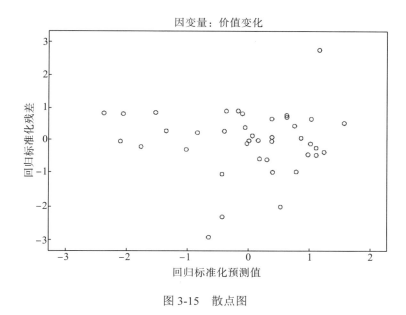

图 3-15　散点图

　　此外，功能定位没有被列入逐步回归模型中，对其单独进行分析。40 个项目区的功能定位有工业、城镇建设、旅游文化三类，与价值量变化的回归分析选择设置哑变量，设置工业类型项目区为参考类别，即为 0。第一类中，旅游文化类别设置为 1，城镇建设类别设置为 0；第二类中，城镇建设类别设置为 1，旅游类别设置为 0。然后进行线性回归分析，得到表 3-10。

表 3-10　模型摘要

模型	R	R^2	调整后 R^2	标准估算的误差	德宾-沃森检验
1	0.508	0.258	0.218	0.043743716	1.438

注：预测变量：(常量)，功能定位；因变量：价值变化。

　　从表 3-11 可以清晰看到，功能定位为旅游文化的项目区 ESV 变化的显著性高于工业（$P=0.002<0.05$），旅游文化类价值变化比工业类高 0.079；城镇建设类项目区的生态系统调节服务价值显著性高于工业类，城镇建设类项目区价值变化比工业类高 0.032（$P=0.037<0.05$）。即相对于工业而言，定位为旅游文化和城镇建设的项目区对于生态服务价值变化都呈正向的影响，即工业对于项目区生态服务价值的破坏影响程度最大，旅游文化类的破坏改变程度最小，在一定程度上保持了其原有的风貌。功能定位在一定程度上也决定了项目区建设开发的强度。

　　对不满足线性回归的自变量——生态用地面积变化进行曲线估计，R^2 最大的为三次曲线，得到表 3-12～表 3-14 所示结果：调整后 R^2 为 0.314，显著性 0.001，说明回归系数显著。

表 3-11 系数表

模型		未标准化系数		标准化系数	t	显著性
		B	标准误差	Beta		
1	(常量)	−0.053	0.009		−5.668	0.000
	旅游文化	0.079	0.024	0.482	3.302	0.002
	城镇建设	0.032	0.015	0.315	2.159	0.037
	工业	0				

表 3-12 模型摘要表

R	R^2	调整后 R^2	估算标准误差
0.605	0.367	0.314	0.041

注：自变量为生态用地面积变化。

表 3-13 ANOVA 表

项目	平方和	自由度	均方	F	显著性
回归	0.035	3	0.012	6.944	0.001
残差	0.060	36	0.002		
总计	0.095	39			

注：自变量为生态用地面积变化。

表 3-14 系数表

项目		未标准化系数		标准化系数	t	显著性
		B	标准误差	Beta		
生态用地面积变化		0.139	0.070	0.490	1.970	0.057
生态用地面积变化**2		−1.197	0.301	−1.386	−3.981	0.000
生态用地面积变化**3		−2.485	0.834	−1.366	−2.978	0.005
(常量)		0.001	0.010		0.052	0.959

注：**2，指二次方；**3，指三次方。

得到三次模型：

$$Y = 0.001 - 2.485X_3^3 - 0.197X_3^2 + 0.139X_3 + \varepsilon \tag{3-7}$$

式中，Y 为 ESV 变化；X_3 为生态用地面积变化；ε 为随机误差。

综上，可以得出低丘缓坡项目区开发前后 ESV 变化的驱动因子主要包括建设开发强度、NDVI 和生态用地面积变化。此外，功能定位也在一定程度上决定了项目区的开发方式、开发程度，从而间接影响其 ESV 的变化。

3.3.4　结论

　　千年生态系统评估报告指出，导致陆地生态系统服务变化最重要的直接驱动力是土地覆被变化，然而随着气候变化趋势日益明显，气候变化也会直接或间接对生态系统服务产生影响，通过前文相关性分析也可得出这一结论。而在云南省低丘缓坡项目区的研究中，政府的政策措施(即人为的开发建设)可以说是影响土地利用变化的直接因素，项目区不同的功能定位进一步导致项目区内部建设用地面积、NDVI 的变化，使其成为改变项目区 ESV 最直接的驱动因子。

　　人为开发导致的建设用地增加对于项目区 ESV 变化产生的影响主要为，随着建设用地范围的扩张，生态用地分布区域不断受到侵占，总体范围不断地缩减，这会导致整体 ESV 发生变化，在价值量方面最主要的表现为价值量发生断崖式下降。低丘缓坡建设开发过程中如何保留足够的林地、草地等生态用地，对于改善低丘缓坡建设开发的水土流失状况十分重要。

第4章 低丘缓坡山地开发与生态功能提升的区域优化研究

4.1 城镇化背景下研究区低丘缓坡山地开发与耕地保护的权衡

随着城镇化快速推进，我国山地区域粮食生产与社会经济发展的矛盾日益突出，将部分城镇、工业项目向适宜建设开发的低丘缓坡区域拓展，成为我国山地省(区、市)和地区城镇化、工业化过程中不得已的选择。如何权衡耕地保护与粮食安全出现的生态安全问题，是低丘缓坡开发建设必须系统研究的重要问题。本章以云南省重点城镇化区域暨低丘缓坡开发试点重点地区——大理市为例，对此问题做出初步探索。

4.1.1 问题的提出

随着城市化的快速推进，建设用地的需求不断增加，粮食生产与住房需求的矛盾日益突出。尤其像云南这样的山地省份，城镇化与耕地保护的矛盾更加突出。由于坝子地势平坦，水源条件好，一般是优质耕地集中分布区域。2017 年云南省大于 $1km^2$ 的坝子耕地面积占全省耕地面积的 22.06%，主要是 1~3 等的优质耕地；坝子以外山区丘陵的耕地以旱地为主，约占全省耕地面积的 77.94%。这些山地耕地普遍存在田块畸零不整、田坎系数较高、坡地比重较大、土地生态脆弱、土壤侵蚀、水土流失等问题，是云南省中低产田块的主要分布区域。

因此，为了协调城镇化与耕地保护的矛盾，保护平原和山间盆地(坝子)优质耕地，对低丘缓坡山地适度有限开发，拓展建设用地空间，是云南等西南山地区域城镇化发展的必然选择。事实上，云南拥有丰富的低丘缓坡土地资源。根据云南省自然资源厅的调查统计，全省低丘缓坡面积占全省总面积的 4.7%，其中适宜建设开发的低丘缓坡面积占低丘缓坡总面积的 10.62%。将部分城镇、工业项目向适宜建设开发的低丘缓坡区域拓展，成为云南省城镇化、工业化过程中不得已的选择。如何在提高土地资源集约利用水平的同时，保护好优质耕地，避免破坏生态环境，是云南等西南山地区域国土空间开发亟待解决的现实问题。为此，2011 年原国土资源部颁发《关于低丘缓坡荒滩等未利用土地开发利用试点工作指导意见》，提倡不同地区因地制宜，转变现有的城镇发展方式，支持云南、浙江、贵州等 23 个低丘缓坡资源丰富的省(区、市)开展山地城镇、工业建设土地综合开发的试点工作。其中云南省是唯一在全省范围试点的省份。云南省委省政府正是着眼于云南省发展的实际，2011 年出台《云南省人民政府关于加强耕地保护促进城镇化科学发展的意见》（云政发〔2011〕185 号），提出全省低丘缓坡山地开发的重要性与总体要求，在全省范围内开展低丘缓坡土地综合开发试点，探索通过低丘缓坡山地城镇工业建设保护坝区优质耕地，优化国土空间布局之路。至 2018 年末，云南全省批准低丘缓坡土地综合开发试点项目区 185 个，批准低丘缓坡土地开发面积 9 万多公顷。

但是，山地开发作为一种特殊的土地利用形式存在不确定性，低丘缓坡山地建设开发必然会打破原有山地生态系统的完整性、关联性和平衡，改变生态系统功能状况，若开发不当甚至会出现滑坡、泥石流、缺水、污染等威胁山地城镇工业安全的生态问题。因此，围绕低丘缓坡山地开发的生态问题，国家部委之间和学术界都存在不同意见。如何权衡耕地保护及粮食安全与生态安全，是低丘缓坡开发建设必须系统研究的重要问题。本章正是基于此目的，以云南省重点城镇化区域也是低丘缓坡开发试点重点地区——大理市为例，初步探索城镇化过程中耕地保护与生态安全的取舍和权衡，抛砖引玉，以期引起学术界对该问题的关注。

我国有关低丘缓坡山地开发、城镇化发展和土地开发利用综合效应的研究，相对而言起步较晚。低丘缓坡山地开发的研究方面主要有两个切入点，其一是低丘缓坡山地开发的生态环境研究。学者们从生态环境着手，在研究低丘缓坡山地开发的生态环境问题的同时，又提出了相对应的防治对策。其普遍认为低丘缓坡山地的开发和建设，必须充分考虑地貌植被等被大面积破坏后造成的山地环境、水土流失等潜在影响。因此，应尽可能在制定山地开发利用规划时，提出科学合理的方法来规避。其二是可持续发展研究。学术界普遍认为，低丘缓坡建设开发应该注重可持续性，尤其是土地资源的生态可持续性，根据山体立体特征设计开发建设方式和用地布局。土地资源的可持续性是国家安全的重要组成部分，关系到政治、经济、国防和人民（楼琦和王建军，2008；郑楚亮，2012；宋迎新等，2013；张洪等，2019）。关于城镇化发展水平的衡量，美国斯坦福大学提出以人均国内生产总值（gross domestic product，GDP）、农业产值 GDP 占比等为主的城镇化指标体系；我国清华大学、中国社会科学院则提出了特色新型城镇化发展指标（何仁伟等，2016；张明斗和曲峻熙，2019）。在土地开发利用方面也有不少学者从土地利用变化角度对土壤、水文、碳循环等效应影响开展研究（李小康等，2018；龙花楼等，2019；胡其玉和陈松林，2019）。但是，针对城镇化过程中低丘缓坡开发与耕地保护的权衡研究还比较少。

4.1.2　研究方法与数据

1. 样本区简介

大理市位于洱海流域，是典型的高原湖滨城市，由于特有的水文条件，高原湖泊生态环境比平原湖滨区域更加脆弱。作为云南省第二大城市，改革开放以来大理市社会经济与城市发展迅速。1997～2019 年，城市人口由 16.7 万人增长到 49.7 万人；城市（镇）建设用地面积由 14.64km² 增长到 151km²。快速城镇化导致洱海流域优质耕地被大量侵占。为了保护洱海西岸优质耕地，保护洱海流域湖光山色的绮丽自然风光，2013 年云南省委省政府将开发洱海东岸低丘缓坡山地、建设山地城镇工业作为全省低丘缓坡山地城镇和工业园区开发建设的重点示范样本，其模式和经验在云南省乃至全国都具有典型性。因此，本章选择大理市作为研究样本。

2. 数据来源

土地利用数据来源。以 1998 年、2008 年、2013 年以及 2018 年的 Landsat TM 影像作为基础影像，以谷歌影像作为辅助数据。在数据底图上，根据地区实际影像条件，结合各种土地利用类型的影像特点，建立六类主要用地类型的遥感解译标识，这六类土地利用类型为耕地、草地、林地、水域、建设用地和未利用地。结合遥感影像解译标识，进行人机交互解译。

社会经济统计数据主要来自《大理市统计年鉴》（1998～2018 年）、《中国县域统计年鉴》（2000～2018 年），对于部分缺失的数据，综合缺失时点前后的统计数据，采用一定的数学方法进行合理估算。

遥感影像解译参照土地利用遥感监测分类系统和全国生态环境监测评价体系等国家标准，划分大理市的土地利用类型为：草地、耕地、林地、水域、建设用地和未利用地。同时利用 Kappa 系数检验遥感影像解译精度，公式如下：

$$K = \frac{N \sum_{i=1}^{m} X_{ii} - \sum_{i=1}^{m} (X_{i+} + X_{+i})}{N^2 - \sum_{i=1}^{m} (X_{i+} + X_{+i})} \tag{4-1}$$

式中，X_{ii} 为误差矩阵第 i 行第 i 列的值；X_{i+} 表示第 i 行的和；X_{+i} 表示第 i 列的和；N 表示样点总数。

经检验精度系数分别为 0.81（1998 年影像）、0.84（2008 年影像）、0.88（2013 年影像）和 0.86（2018 年影像），总体精度系数超过 0.8。说明解译精度高于 80%，解译结果符合研究需求，可以采用该解译数据进行研究。

3. 研究方法

本章从价值的哲学含义出发，借鉴马斯洛的需要层次模型，以人类为核心，从主体维度衍生出生态效应的社会含义，在综合土地资源本身的生态效应基础上，协调社会-自然的综合效应，权衡土地资源利用的耕地保护与生态安全。为此，本书构建了土地利用综合效应指标。该指标通过对价值的哲学范畴阐述，解释价值在哲学上的本质内涵。价值是在主客体之间相互作用的，价值是否存在受到主客体协同决定，只有当主客体之间对于其间相互作用的事物都具有需求时，其价值才会产生。

土地利用综合效应从两个维度构建二维逻辑结构模型。一是土地资源价值客体角度建立的功能维度，亦称供给维度；二是土地资源价值主体角度建立的效用维度，亦称需求维度。城镇化快速发展，从土地资源主体角度即以人为本的角度思考，人作为价值主体，在城镇化发展中对于土地的需求是在不断发展的。根据马斯洛需求层次理论，人的需求通常包括四个层次：生存、安全、情感和发展。从人的需求主体出发，将需求层次中的生存需求、安全需求、情感需求与土地资源客体所提供的经济产出功能、社会保障功能与生态系统服务功能相对应，得到土地利用综合效应模型，具体如图 4-1 所示。

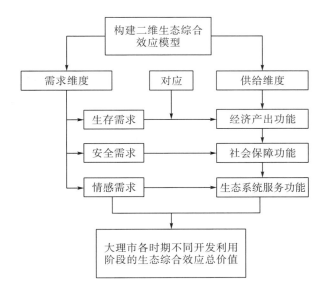

图 4-1　土地利用综合效应二维模型

在大理市城市化进程中，转换为建设用地的主要用地类型是耕地及林地，因此计算时主要研究耕地和林地的土地利用综合效应。

土地利用综合效应模型包括以下三方面价值。

1）经济产出功能价值

生存需求是位于需求层次中底层的需求，是人类最基本的需求，也是追求更高需求的前提。在城镇化发展过程中，人对于土地资源的需求，最基本的是粮食生产，反映到价值客体的供给维度，对应的是土地所具有的经济产出功能价值。

土地的经济产出功能价值是指在合理发挥土地资源生产功能的前提下，土地养育功能所产出的所有产品经济效益的总和。土地资源经济产出功能价值的评估方法有收益还原法、土壤生产潜力法、成本逼近法、市场比较法和假设开发法等多种方法，本书主要采用收益还原法。计算公式如下：

$$V_{C} = (a / r) \times [1 - (1 + r)^{n}] \tag{4-2}$$

式中，V_{C} 为土地的经济产出功能价值；a 为年均纯收益；r 为收益还原率；n 为土地使用权让渡年限。显然，当年限 n 接近无限大时，式（4-2）可转化为

$$V_{C} = \frac{a}{r} \tag{4-3}$$

纯收益的计算公式如下：

$$a = v - c_{0} \tag{4-4}$$

式中，v 为单位面积农产品产出价值；c_{0} 为单位面积农产品的总成本。农产品的总产出价

值应当包括主要农产品产出价值和农副产品产出价值,且存在一年多熟制,由于副产品的统计资料不全,因此本书中单位面积的年总收入均采用单位面积的年农业产值。

收益还原率的计算公式如下:

$$r = \frac{b}{c} \times (1-d) \qquad (4\text{-}5)$$

式中,b 为一年期银行存款利率,也称为安全利率;c 为同期物价指数;d 为农业税率,当前 d 值为 0。

2) 社会保障功能价值

供给维度所对应的安全需求,包括粮食安全和社会保障。粮食安全即要求粮食产量和质量必须满足人的基本需求。而在社会保障需求下,随着城镇化进程快速发展推进,城镇化带来了各式各样的社会保障福利,包括基础设施建设、人居环境改善、商品市场完备、医疗保障等方面。不考虑这些城镇化集聚效应带来的社会保障福利,对于作为社会中相对独立个体的人,与之密切相关的就是基本生活、养老保障和失业保障,可以采用相对应的价值来衡量。

社会保障功能价值包括土地所提供的养老保障价值、就业保障价值和社会稳定价值。计算公式如下:

$$V_S = V_b + V_e + \frac{V_w}{r} \qquad (4\text{-}6)$$

式中,V_S 为社会保障功能价值;V_b 为养老保障价值;V_e 为就业保障价值;V_w 为社会稳定价值;r 为收益还原率。

养老保障价值以研究区域的养老保险金为基础进行替代核算:

$$V_b = \frac{y_a \times n \times \dfrac{M_i}{M_o}}{A_a} \qquad (4\text{-}7)$$

式中,y_a 为居民个人应缴养老保险费率;n 为应缴年限;M_i 为月基本生活费用;M_o 为保险费基数;A_a 为用地人均占有面积。

就业保障价值以研究区域的居民个人失业保险金为基础进行替代核算:

$$V_e = V_a \times n \times \frac{M_i}{M_o} \qquad (4\text{-}8)$$

式中,V_a 为居民个人应缴失业保险费率;n 为应缴年限;M_i 为农民月基本生活费用;M_o 为保险费基数。

社会稳定价值采用粮食安全价值来代替社会稳定价值进行核算。粮食安全问题直接影响社会的稳定性和人民生活水平。粮食安全保障价值的计算,采用粮食在完全依赖进口情况下的成本支出来表示:

$$V_w = P_k \times Q \qquad (4\text{-}9)$$

式中,Q 为粮食总产量;P_k 为国际粮食平均价格。

3）生态系统服务功能价值

人类的情感社交需求不仅体现在人与人之间，也体现在人与物、人与环境之间，且这种情感社交需求在很多情况下需借助外部条件来实现。对应需求层次则是生态系统服务功能。计算公式为

$$\text{ESV} = \sum_{j=1}^{m} \sum_{i=1}^{n} \text{VC}_{ij} \times S_j \tag{4-10}$$

式中，ESV 为生态系统服务功能价值；VC_{ij} 为第 j 类生态系统第 i 类生态系统服务基准单价；S_j 为第 j 类生态系统面积；m 为生态系统类型数；n 为生态系统服务类型数。

土地利用综合效应的总价值为经济产出功能价值、社会保障功能价值和生态服务功能价值的总和，即

$$V = V_\text{C} + V_\text{S} + \text{ESV} \tag{4-11}$$

另外，表示城镇化的指标有多种。本书以清华大学、中国社会科学院提出的新型城镇化发展指标构建城镇化发展水平指标体系（表 4-1），并采用熵值法确定指标体系的权重。具体计算步骤如下。

表 4-1　城镇化发展水平评价指标体系

系统层	目标层	指标层
城镇化发展水平评价指标体系	经济	人均 GDP
		第二产业 GDP 占比
		第三产业 GDP 占比
	人口	城镇人口比重
		城镇居民人均可支配收入
		普通高等学校在校学生
	社会	公共财政支出
		城市恩格尔系数
		图书藏书数
		每千人拥有医疗床位数
	环境	城镇绿地覆盖率
		城镇化率
		工业废水达标排放率

第一步，数据的标准化处理：

$$\begin{cases} x_{ij} = \dfrac{x_{ij} - \min(x_{ij})}{\max(x_{ij}) - \min(x_{ij})} & （正向指标） \\[3mm] x_{ij} = \dfrac{\max(x_{ij}) - x_{ij}}{\max(x_{ij}) - \min(x_{ij})} & （负向指标） \end{cases}$$

第二步，计算第 i 年第 j 项指标值的比重：$y_{ij} = \dfrac{x_{ij}}{2\sum\limits_{i=1}^{m} x_{ij}}$

第三步，计算指标信息熵：$e_j = -k\sum\limits_{i=1}^{m}\left(y_{ij}\ln y_{ij}\right)k = 1/\ln m$

第四步，计算信息熵冗余度：$d_j = 1 - e_j$

第五步，计算指标权重：$w_j = d_j / \sum\limits_{j=1}^{m}\left(d_j\right)$

第六步，计算单指标得分：$s_{ij} = w_j \cdot x_{ij}$

4.1.3　结果与分析

1. 1998～2018 年大理市城镇化发展水平

大理市城镇化发展水平由 1998 年的 0.1297 上升到 2018 年的 0.7639，20 年时间其城镇化发展水平增长了 4.89 倍，取得显著发展效果（表 4-2）。

表 4-2　1998～2018 年大理市城镇化发展水平

年份	1998	1999	2000	2001	2002	2003	2004
城镇化发展水平	0.1297	0.1355	0.1161	0.1633	0.1752	0.1679	0.1143
年份	2005	2006	2007	2008	2009	2010	2011
城镇化发展水平	0.1424	0.1648	0.1690	0.1791	0.2615	0.2854	0.3488
年份	2012	2013	2014	2015	2016	2017	2018
城镇化发展水平	0.4291	0.4866	0.5476	0.6217	0.6929	0.7430	0.7639

2. 1998～2018 年大理市土地利用变化分析

大理市于 2013 年被列为云南省低丘缓坡山地开发试点地区，并出台一系列相关政策文件。因此本书以 2013 年为分界，2013 年前城镇化土地开发利用方式为占用耕地开发建设用地，2013 年后主要通过低丘缓坡山地开发增加建设用地。根据 1998 年、2008 年、2013 年以及 2018 年大理市遥感影像的分类解译结果，对 1998～2013 年、2013～2018 年土地利用变化进行统计，运用马尔可夫模型构建土地转移矩阵，对这段时间大理市土地利用类型相互转换情况进行定量描述，结果如下。

（1）1998～2013 年，大理市耕地转出 2007.06hm²，转入 962.64hm²；林地转出 2651.03hm²，转入 542.36hm²；草地转出 136.35hm²，转入 116.35hm²；建设用地转出 436.24hm²，转入 2948.96hm²；其他土地转出 1648.40hm²，转入 2308.77hm²。其中转入建设用地的类型中，耕地 1500.17hm²，占比 50.87%；林地 385.72hm²，占比 13.08%；草地 50.29hm²，占比 1.71%；其他土地 1012.78hm²，占比 34.34%。即 1998～2013 年，大理市城镇化建设用地主要是以占用耕地形式获取的。由于大理市大多数耕地分布在洱海坝子及湖滨地区，且都是 1～3 等的优质耕地，也就是说这一时期大理市城镇化是牺牲坝子优质耕地以及粮食安全和洱海湖滨生态安全来实现的。

(2) 2013～2018 年,大理市耕地转出 312.37hm^2,转入 810.37hm^2;林地转出 2053.69hm^2,转入 364.76hm^2;草地转出 94.41hm^2,转入 89.41hm^2;建设用地转出 522.88hm^2,转入 2324.01hm^2;其他土地转出 807.04hm^2,转入 201.84hm^2。其中转入建设用地的类型中,耕地 149.88hm^2,占比 6.45%;林地 1854.29hm^2,占比 79.79%(四舍五入,不为 100%);草地 20.35hm^2,占比 0.88%;其他土地 299.49hm^2,占比 12.89%。即 2013～2018 年大理市城镇化建设用地主要是以开发洱海东部的低丘缓坡山地、占用低丘缓坡疏林地形式获取的,毫无疑问低丘缓坡建设开发导致洱海东部林地面积减少,对当地生态环境有一定影响。

3. 大理市土地利用综合效应评估

表 4-3 显示,大理市 1998～2018 年耕地与林地的土地利用综合效应总量持续上涨,总体涨幅超过 448.7%,年平均涨幅为 9.37%。其中,林地的土地利用综合效应总价值增长较为缓慢,虽然整体趋势呈现增长,但也在 1998～2006 年出现小幅度的下降,其间总体降幅为 1.28%。2006～2018 年林地的土地利用综合效应总价值降幅为 67.03%,年平均涨幅为 4.67%。大理市耕地的土地利用综合效应总价值增长较快,仅在 2003 年、2009 年、2013 年出现过短暂下降,其余时间均保持较快的增长速率,2008 年耕地土地利用综合效应超过林地。

表 4-3 大理市耕地与林地土地利用综合效应核算结果

年份	1998	1999	2000	2001	2002	2003	2004
耕地	492.18	554.69	587.23	621.34	668.63	586.22	727.20
林地	919.92	905.62	879.47	848.60	873.37	911.06	920.00
年份	2005	2006	2007	2008	2009	2010	2011
耕地	739.71	817.11	923.54	994.58	992.95	1111.93	1283.81
林地	844.94	908.17	957.010	973.99	969.40	1071.36	1169.83
年份	2012	2013	2014	2015	2016	2017	2018
耕地	1504.8	1407.97	1922.27	1920.44	2091.32	2453.03	2700.58
林地	1263.46	1341.23	1414.94	1375.39	1432.90	1444.26	1516.89

1998～2018 年,大理市耕地土地利用综合效应单位土地面积总价值从 1998 年的 1246252.16 元/hm^2 上升为 2018 年的 7036460.37 元/hm^2,增加了 4.65 倍;耕地土地利用综合效应总价值由 1998 年的 492.18 亿元上升为 2018 年的 2700.58 亿元,增加了 4.49 倍。同期,大理市林地土地利用综合效应单位土地面积总价值从 1998 年的 1016534.82 元/hm^2 上升为 2018 年的 1728015.47 元/hm^2,增加了 0.70 倍;林地土地利用综合效应总价值由 1998 年的 919.92 亿元上升为 2018 年的 1516.89 亿元,增加了 0.65 倍。林地土地利用综合效应增长远慢于耕地。

从土地利用综合效应的价值构成看,1998～2018 年,大理市耕地经济产出价值维持在 43%左右,说明耕地的经济产出功能作为其主要功能的地位没有变化;耕地的社会保障功能价值有所增加，由 1998 年的 29.94%增长到 2018 年的 48.24%，社会保障功能的比重增加，农业生产更加专业化，农业从业者专业性更强。与之形成鲜明对比的是，1998～2018年大理市林地的经济产出功能价值占比一直维持在 2%左右，变化不大；林地的社会保障功能价值有所增加，从 1998 年的 4.93%增长到 2018 年的 26.98%，林地的社会保障功能价值凸显，同时林地的生态服务价值减少，由 1998 年的 94.82%减少到 69.12%。总体来看，大理市耕地的土地利用综合效应价值构成更加偏重经济产出功能价值和社会保障功能价值，其生态服务价值占比较少；林地的生态服务功能价值比重有所减少，但总体结构也更加偏重社会保障和生态服务。

4. 大理市低丘缓坡开发与坝子耕地占用开发对比

表 4-4 显示，1998～2013 年大理市通过占用坝子优质耕地的开发方式，净增加建设用地 2825.72hm^2。其中，耕地转为建设用地的净转化量为 1499.68hm^2，占新增建设用地的 53.07%；林地转化为建设用地的净转化量为 385.72hm^2，占新增建设用地的 13.65%。而 2013～2018 年大理市主要通过低丘缓坡山地开发的形式获得净增加建设用地 1801.13hm^2。假设 2013～2018 年依旧采取占用坝子优质耕地的开发方式，当新增建设用地数量达到 2018 年标准 1801.13hm^2 时，按照 1998～2013 年新增建设用地中林地与耕地转化量的关系，可以计算得出减少的林地与耕地数量。

表 4-4　土地利用综合效应减少价值量估算

项目	1998～2013 年转出建设用地数量/hm^2	占净增加建设用地的比例/%	2013～2018 年净增建设用地预期/hm^2	2013～2018 年转出建设用地量估算/hm^2	土地利用综合效应减少量估算/亿元
耕地	1499.68	53.07		955.86	54.84
林地	385.72	13.65	1801.13	245.85	3.97
合计	1885.40	66.72		1201.71	58.81

通过替代法测算，假设 2013～2018 年依旧采取占用坝子优质耕地的开发方式，此期间新增加 1801.13hm^2 建设用地，需要减少坝子优质耕地数量为 955.86hm^2，需要减少的林地数量为 245.85hm^2（表 4-4）。按照耕地应减少 955.86hm^2，则耕地的土地利用综合效应减少 54.84 亿元；林地应减少 245.85hm^2，林地的土地利用综合效应减少 3.97 亿元。两者合计减少土地利用综合效应 58.81 亿元。与这期间实际采取的低丘缓坡山地开发方式相比，坝子耕地占用的开发方式预计多减少土地利用综合效应价值量 44.31 亿元（表 4-5）。

表 4-5　两种开发方式消耗价值量对比　　　　　　　　　　（单位：亿元）

项目	1998～2013 年经济产出	2013～2018 年经济产出	1998～2013 年社会保障	2013～2018 年社会保障	1998～2013 年生态服务	2013～2018 年生态服务	1998～2013 年综合效应	2013～2018 年综合效应
耕地	23.29	−6.38	27.37	−7.50	4.17	−1.14	54.84	15.03
林地	0.08	0.57	0.92	6.75	2.98	21.95	3.97	29.28
合计	23.37	−5.82	28.29	−0.75	7.15	20.81	58.81	44.31

4.1.4　结论与讨论

(1)从系统论角度土地利用综合效应包括经济产出、社会保障、生态服务三大功能。不同土地利用类型的土地利用综合效应的结构和强度具有较大差异。耕地主要承载着土地利用经济产出和社会保障功能，兼顾生态服务功能，满足人们最基本的生存需求，因此单位面积土地利用综合效应最高，2018 年大理市土地利用综合效应达到 7036460.37 元/hm^2；林地主要承载着土地利用生态服务和部分经济产出、社会保障功能，2018 年大理市单位面积土地利用综合效应达到 1728015.47 元/hm^2。随着社会经济发展对土地资源需求持续增加，耕地和林地的土地利用综合效应都在快速上涨。城镇化及城镇扩张建设无论采用占坝子优质耕地还是占低丘缓坡山地的林地，都将导致土地利用综合效应下降，所以必须在城镇化占用这两类农用地的土地利用综合效应时进行权衡，选择最优方案。这种权衡和选择对于耕地资源(尤其优质耕地资源)匮乏的山地区域更为重要和迫切。

(2)对山地区域来说，城市(镇)建设占用耕地尤其是坝子优质耕地比开发低丘缓坡山地占用林地的土地利用综合效应损失要大很多。因此，从维护山地区域粮食安全和社会稳定角度，适当占用低丘缓坡山地进行建设开发，满足城镇化用地需要，也是一种城镇化用地方式的合理选择。

(3)人类的情感社交需求不仅体现在人与人之间，也体现在人与物、人与环境之间，且这种情感社交需求在很多情况下需借助外部条件来实现。随着物质文化生活水平的提高，人们对生态系统服务的需求不断增加。通过对云南省 10 个典型低丘缓坡建设开发项目区的实地调查监测和分析测算，本书发现低丘缓坡山地建设开发因生态用地面积的骤减，其生态服务功能会有所下降，必须谨慎开展低丘缓坡山地建设开发。同时发现，在低丘缓坡建设开发过程中，采用恰当的工程措施和生态修复手段，可以提升低丘缓坡建设开发项目区的生态用地单位面积生态服务功能，弥补因生态用地面积减少出现的低丘缓坡山地生态服务功能减弱。所以，采用科学的低丘缓坡建设开发方式，加强建设开发过程中的生态修复和绿化，通过提高低丘缓坡建设开发项目区的生态用地质量，可以一定程度上弥补低丘缓坡山地建设开发带来的生态损失，提高区域整体土地利用综合效应水平。

(4)应该重新认识耕地的土地利用综合功能，通过发展有机农业和生态农业，增强坝子优质耕地的生态服务功能，提升耕地的土地利用综合效应，改善坝子耕地集中分布区域的生态环境，也可以一定程度上弥补因低丘缓坡山地建设开发导致区域林地面积减少的生态损失。

总之，城镇化及城镇空间扩张必然占用耕地或林地等农用地，如何权衡城市(镇)建设开发占用耕地和林地的得失，科学评价自 2011 年起在全国开展的低丘缓坡山地建设开发工作，还有很长的路要走。本书仅做了初步探索，在权衡评价的理论和方法上还需要改进，还需要做更多的案例和调查研究来验证权衡评价的理论方法。

4.2　研究区低丘缓坡国土空间开发与保护权衡

4.2.1　概述

　　随着中国新型城镇化的快速推进，城镇规模扩张、农地保护和生态保育之间的矛盾日益凸显，引发了生态环境恶化、城乡失衡、资源低效利用等一系列空间问题，山区城镇发展面临更加严峻的形势，城镇化发展、农地保护和生态保育空间的竞争更为突出(张洪等，2019)。近年来，优化国土空间开发格局被提升到国家战略高度，如何实现"生产空间集约高效、生活空间宜居适度、生态空间山清水秀"(下文简称"三生")成为可持续发展和生态文明建设的重要议题(郑楚亮，2012)。随着城镇化的快速发展和人口的增长，建设用地的需求急剧增加，城市生活空间扩张必然侵占农业生产空间和生态保育空间(楼琦和王建军，2008)。山区城镇因其地形、地貌的特殊性，建设用地后备资源多以荒山和荒丘为主。随着土地开发和保护之间的矛盾日益严重，必定会引发建设用地不足、粮食安全和生态恶化等问题，因此有必要对低丘缓坡进行开发，从而缓解此类问题。在国家生态优先战略和严格的耕地保护制度下，如何权衡城镇扩张的空间格局成为山区城镇规划管理的重要目标(宋迎新等，2013)。不同于平原地区开发建设的低影响特征，低丘缓坡开发建设可能面临一定的地质灾害与生态风险(张明斗和曲峻熙，2019)，因此，低丘缓坡开发建设前需要充分权衡"三生"空间格局并开展功能潜力评价。

　　国内外建设用地后备资源开发功能潜力评价研究已取得较大进展，理论和方法体系都较为成熟(何仁伟等，2016；程开明和姜山，2019；龙花楼等，2019)。例如，龙花楼等(2019)分析了昆山市土地利用变化特征及其驱动力；金贵等(2017)从土地可持续利用视角探讨了如何在最大限度地创造社会效益的同时，尽量减少土地资源的投入。分析已有的研究成果和文献资料可知，指标体系主要基于自然、经济社会和生态环境等准则构建评价因子，尽管这种传统方式科学有效，但缺少对城镇化发展、农地保护和生态保育空间的考察，未能直观揭示"三生"空间竞争和相互权衡的现实；评价方法上以多因素综合评价方法为主，通过知识驱动、数据驱动或组合形式确定指标权重，即便纯粹知识驱动方法也是评价者刻意区分属性值差异而做出的一种主观选择，不一定是描述指标权重的最佳方式，由于缺少对评价者不同偏好的思考致使评价结果较为单一。另外，以往的研究多以建设用地、工业用地、耕地和生态用地等单一类型作为评价对象，并未整体考虑各类用地布局。鉴于此，本书以云南省大理市为典型研究案例，从城镇化发展、耕地保护和生态保育角度构建功能潜力评价指标体系，引入能够调整权重、设计决策偏好的有序加权平均(ordered weighted averaging，OWA)算法开展"三生"空间优化视角下低丘缓坡开发保护权衡和功能潜力评价。OWA 算法可以对多种不同偏好下的低丘缓坡开发可行性作情景模拟，能够降低决策者的主观认知对单一结果的影响，良好地反映区域政策微调导致的评价结果变化。研究结果可为大理市城市空间布局优化提供依据，也可为我国其他地区"三生"空间发展提供参考。

随着城市化和全球气候变化的发展，土地利用和生态系统服务的变化活跃，城市土地不断扩张（Lin et al.，2013；Li et al.，2017；Latocha et al.，2016）。长期以来，城市化、粮食生产和生态保护之间的矛盾日益突出，确定不同土地利用类型、空间分布以及生态系统服务价值的数量是缓解矛盾的重要基础（Liang et al.，2017；Tolessa et al.，2017）。因此，采取合理措施预测土地利用需求和模拟空间格局对于土地利用规划、区域资源合理利用和环境管理尤为重要（Wang et al.，2015；Halmy et al.，2015）。

土地利用模型是分析土地利用/覆盖变化（land use and cover change，LUCC）原因和评估土地利用政策的有力工具（Verburg et al.，2004；Luo et al.，2010）。基于模型分析和土地利用空间格局模拟，可以揭示土地利用/覆被变化的驱动因素，明确土地利用率，并制定多种土地利用/覆被变化情景，以预测未来的土地利用需求（Han et al.，2015）。土地利用/覆盖模拟的影响因素一般可归结为气候、土壤、降雨和社会经济。由于全球气候变化和快速城市化的影响，气候和社会经济因素对土地利用类型有重大影响，因此，不同的模拟目标其选择因素会有所不同。在模型和方法方面，研究者已经建立了许多模型来预测土地利用的数量结构以及优化空间格局，定量预测模型包括人工神经网络模型、回归模型（Weichenthal et al.，2016）、系统动力学模型（He et al.，2011）和灰色预测模型（Zeng et al.，2016），未来的空间模式模拟包括 CA 模型、线索模型（Hu et al.，2013）、线索-S 模型（Gibreel et al.，2014）和基于代理的模型（Bert et al.，2015），所有这些模型都有局限性，人工神经网络模型在数据不足时无法工作，回归模型具有主观性，系统动力学模型缺乏空间因子处理能力，灰色预测模型无法长期准确预测，而 CA 模型只关注元素、线索和 CL（center line，中心线）的局部相互作用，线索-S 模型需要其他数学方法，基于代理的模型很难建立行为规则。

在 LUCC 研究中，上述模型的应用相当成熟，但土地系统动态模拟的理论和方法仍缺乏系统性（Jin et al.，2015b）。随着经济的发展，区域土地利用竞争不断加剧，具有趋势性特征，马尔可夫模型在土地利用数量结构预测中具有较强的可行性和长期预测的优势。土地系统动态模拟系统（dynamics of land system，DLS）与区域土地利用格局模拟相比具有技术优势，可以综合驱动区域土地系统结构变化的气候、土壤、地形和社会经济等驱动因素，定量分析它们之间的动态反馈机制，模拟和分析区域土地系统结构和演替格局。因此，为了克服以往模型的主观性、简单性和不完善性的缺点，本书将马尔可夫模型和DLS 模型相结合，分析云南省土地利用变化特征，预测土地利用需求，模拟云南省未来土地利用格局，可为云南省优化土地利用和制定相关政策提供参考（Li and Yeh，2002；Liu et al.，2017a、b）。

4.2.2　研究区概况与数据处理

1. 研究区概况

大理市地处云南省西北部，海拔 1340~4122m，地形起伏大，地貌类型复杂多样，高山、丘陵和平坝相间分布。大理市低山丘陵共计 985.05km^2，占总面积的 56.66%。下关、上关及其之间的乡（镇）在洱海西岸，双廊到凤仪之间所有乡镇在洱海东岸，低山丘陵地区资源主要分布在海东，耕地分布在海西及海东狭小的山地、丘陵间。近年来，随着大理城镇化进程加快，建设用地不断扩张，海西坝区耕地已被侵占约 30%，洱海流域生态环境状况也日益严峻，城镇扩张开始向低山丘陵地区转移，城镇化发展、耕地保护和生态保护三者之间的矛盾在大理市尤为突出。大理市正在进行的低山丘陵地区开发建设是权衡"三生"空间优化配置的方案之一，但盲目开发可能会带来一定程度的生态风险，加剧国土空间开发矛盾(胡其玉和陈松林，2019)。因此本书以大理市 105 个行政村为评价单元，从"三生"空间优化视角评估多决策偏好下的低山丘陵地区开发功能潜力，以期为云南省和我国其他地区山地开发建设活动提供决策参考。

2. 数据来源及处理

本书涉及的基础地理信息数据、社会经济数据、土地利用数据和植被覆盖百分率数据等，其数据来源与处理方式如下。

基础地理信息数据包括土壤数据、降水量、水文状况、交通状况。土壤数据来自全国第二次土壤普查数据库，并以此计算土壤保持功能和水源涵养能力。气象数据基于国家气象信息中心基础资料专项整编的中国地面约 2400 台站 2018 年降水资料，利用 ANUSPLIN 软件的薄盘样条法(thin plate spline，TPS)进行空间插值得出降雨侵蚀信息。交通数据根据提取的国家公路交通干线、道路、港口、省会城市和水域等矢量数据，通过距离分析工具得到。

社会经济数据包括人口密度、收入、乡村自来水用户数量、太阳能用户数量、垃圾堆放场地数等和各产业产值，数据来源于大理市数字乡村新农村建设信息网，并进行空间显性表达。土地利用数据以 Landsat TM/ETM 遥感影像为基本信息源，通过建立土地利用遥感解译标识，以人机交互式解译方式解译得到，土地利用类型包括耕地、林地、水域等。植被覆盖百分率数据来源于 MODIS 陆地标准数据中的植被指数产品，研究中选取了覆盖研究区的 2018 年水平编号 26 与 27 和垂直编号 06 的 46 景数据，进行纠正、拼接、裁剪和标准化处理等得到 NDVI 数据集。最后，通过 GIS 平台计算基础地理信息数据、社会经济数据、土地利用数据和植被覆盖百分率数据等在村级单元上的标准化均值作为评价指标数据集。

4.2.3 低丘缓坡地区国土空间开发与保护权衡

1. 数据指标和体系构建

低丘缓坡地区开发利用是典型的城镇化发展、农地保护、生态保育空间竞争和权衡的结果，体现了在一定的资源环境承载条件下山区城镇化发展、耕地保护和生态保育之间存在的潜在矛盾(Notte et al.，2017；李小康等，2018)。本书将从生态保育、城镇化发展和耕地保护三个方面构建低丘缓坡地区开发保护权衡指标体系。指标构建遵循稳定性、差异性和数据可获取性的原则(Basse et al.，2014)，共遴选 17 个指标因子，并对指标进行极差标准化处理(图 4-2)。

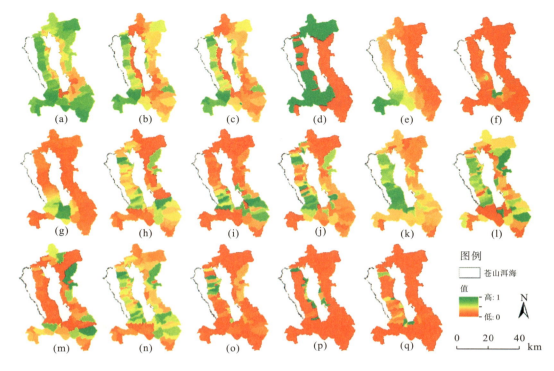

图 4-2　指标因子

注：(a)植被覆盖百分率；(b)土壤敏感度；(c)土壤保持；(d)水源涵养；(e)降雨侵蚀；(f)公路密度；(g)人口密度；(h)自来水用户数量占比；(i)太阳能用户数量占比；(j)垃圾堆放场地数；(k)人均 GDP；(l)耕地面积占比；(m)林地面积占比；(n)劳动力人口比例；(o)畜牧业产值占比；(p)渔业产值占比；(q)非农产值占比。

生态保育方面的指标为植被覆盖百分率、土壤敏感度、土壤保持、水源涵养、降雨侵蚀 5 个体现生态环境状况和生态系统服务的因子。植被覆盖百分率反映了地区森林资源丰富程度；土壤敏感度和土壤保持是反映土壤生态质量的重要指标；水源涵养是指养护水资源的举措；降雨侵蚀是指降雨引起土壤侵蚀的潜在能力。

城镇化发展方面的指标为自来水用户数量占比、太阳能用户数量占比、垃圾堆放场地数、公路密度、人口密度、人均 GDP 6 个表征生活便利及其与社会相互适应程度的因子。自来水用户数量占比反映居民取用水便利程度；太阳能用户数量占比反映居民使用清洁能源的便捷程度；垃圾堆放场地数反映居民生活卫生情况；公路密度反映交通便捷程度；人口密度反映人口分布状况；人均 GDP 反映地区经济水平。

耕地保护层面的指标选取了耕地面积占比、林地面积占比、劳动力人口比例、畜牧业产值占比、渔业产值占比、非农产值占比 6 个表现物质产品生产能力的因子。耕地面积占比反映地区耕地丰富程度；林地面积占比反映林木资源丰富程度；劳动力人口比例反映劳动力资源丰富程度；畜牧业产值占比和渔业产值占比反映地区畜牧业和渔业发展状况；非农产值占比反映当地产业结构。

结合本书的评价目的，引入极差标准化方法对指标进行标准化处理，使其值为 0～1，单个指标值越接近 0 则越不利于评价结果。

2. OWA 算法

有序加权平均(ordered weighted areraging，OWA)算子是美国学者 Yager 提出的一种控制因子权重合并的方法(李小康等，2018)，其将各项指标数据按照属性值的大小重新排序，依据各指标位序赋予不同的次序权重并加权聚合，以反映决策者对各项指标重要度排序不同时的决策结果。在多指标综合评价中，指标赋值和权重判定是结果不确定性的最主要来源，在无法确认指标权重是否足够贴近真实情况的时候，采用 OWA 算法的偏好设置可以有效规避一部分误差(Bert et al.，2015)。OWA 算法首先确定因子的位序权重，然后对评价因子属性重要性进行有序排列，最后对位序权重系数与有序排列的属性值集成求和，公式如下：

$$OWA_i = \sum_{j=1}^{n} \left(\frac{W_i V_j}{\sum_{j=1}^{n} W_i V_j} \right) Z_{ij} \qquad (4\text{-}12)$$

式中，Z_{ij} 为第 i 个像元中第 j 项指标对应的属性值；W_i 为序位权重；V_j 为准则权重。

国内外学者对 OWA 序位权重开展了大量研究，其中单调规则递增的定量方式较为经典且易于理解，计算公式可表达如下(Deng et al.，2008；Chen et al.，2014)：

$$W_i = Q_{RIM} \left(\frac{i}{n} \right) - Q_{RIM} \left(\frac{i-1}{n} \right) \qquad (4\text{-}13)$$

$$Q_{RIM}(r) = r^a \qquad (4\text{-}14)$$

式中，Q_{RIM} 为计算函数，i 为位序，$i=1, 2, \cdots, n$；W_i 为序位权重；n 为指标数量；r 为自变量，α 为评价者的偏好。$\alpha=1$ 表示位序权重不变，即为普通的准则权重叠加；$\alpha<1$ 表示越重要的属性位序权重越大，只需要重要的排序靠前的算子即可判定；$\alpha>1$ 表示越重要的属性位序权重越小，排序靠后不重要的算子更被重视。

4.2.4 结果与分析

1. 不同偏好功能潜力评价

城镇化发展、耕地保护和生态保育空间均是人类可持续发展的重要载体，对促进社会经济发展作用重大(Fang et al.，2007)。当前在国土空间的竞争与权衡中，主要体现为城镇化发展、耕地保护、生态保育三者之间的矛盾，某一类空间扩张势必侵占其他两类空间(Farley，2008)。从国土空间的开发强度来看，生态空间最低，土地利用方式以林地、草地、水域为主；农业空间次之，土地利用方式主要为农地；城镇发展空间最高，土地利用类型主要为建设用地(Guan et al.，2011；Gibreel et al.，2014)。此外，随着国家退耕还林政策的推行，生态空间可能会扩张，而农业空间会缩小。结合上述分析和大理市实际情况，本书通过层次分析法(analytic hierarchy process，AHP)确定指标因子权重，并进行排序(表4-6)。

表 4-6　三种指标因子权重排序

准则层	权重	指标层	相对权重	绝对权重
城镇化发展	0.333	人口密度	0.239	0.080
		人均 GDP	0.205	0.068
		自来水用户数量占比	0.165	0.055
		公路密度	0.148	0.049
		垃圾堆放场地数	0.129	0.043
		太阳能用户数量占比	0.116	0.039
耕地保护	0.333	耕地面积占比	0.209	0.070
		非农产值占比	0.198	0.066
		劳动力人口比例	0.174	0.058
		畜牧业产值占比	0.141	0.047
		渔业产值占比	0.140	0.047
		林地面积占比	0.138	0.046
生态保育	0.333	降雨侵蚀	0.139	0.046
		土壤敏感度	0.165	0.055
		土壤保持	0.185	0.061
		水源涵养	0.221	0.074
		植被覆盖百分率	0.291	0.097

进一步，用 OWA 算法确定城镇化发展、耕地保护和生态保育准则层组合因子的整体次序，再根据各因子在其对应准则层的相对权重确定位序。结合城镇化发展、耕地保护和生态保育 3 类导向对 α 赋值（表 4-7）。“开发”表示评价者认为耕地保护和生态保育指标不能限制城镇化扩张，“保护”表示评价者认为耕地保护和生态保育指标能够有效限制城镇建设。为体现 α 值的逐渐变化，本书将“开发”和“保护”进一步细分为绝对、重点、一般等类型。

表 4-7　评价因子排序位次计算结果

位序权重	$\alpha=0.0001$ 绝对开发	$\alpha=0.1$ 重点开发	$\alpha=0.5$ 开发	$\alpha=0.8$ 一般开发	$\alpha=1$ 开发保护并重	$\alpha=1.2$ 一般保护	$\alpha=2$ 保护	$\alpha=10$ 重点保护	$\alpha=1000$ 绝对保护
w_1	1.000	0.753	0.243	0.104	0.059	0.033	0.003	0.000	0.000
w_2	0.000	0.054	0.100	0.077	0.059	0.043	0.010	0.000	0.000
w_3	0.000	0.033	0.077	0.069	0.059	0.048	0.017	0.000	0.000
w_4	0.000	0.025	0.065	0.065	0.059	0.051	0.024	0.000	0.000
w_5	0.000	0.020	0.057	0.061	0.059	0.054	0.031	0.000	0.000
w_6	0.000	0.008	0.036	0.051	0.059	0.065	0.080	0.018	0.000
w_7	0.000	0.008	0.034	0.050	0.059	0.066	0.087	0.038	0.000
w_8	0.000	0.007	0.033	0.049	0.059	0.067	0.093	0.075	0.000
w_9	0.000	0.007	0.032	0.049	0.059	0.068	0.100	0.143	0.000

续表

位序权重	α=0.0001 绝对开发	α=0.1 重点开发	α=0.5 开发	α=0.8 一般开发	α=1 开发保护并重	α=1.2 一般保护	α=2 保护	α=10 重点保护	α=1000 绝对保护
w_{10}	0.000	0.006	0.031	0.048	0.059	0.069	0.107	0.259	0.000
w_{11}	0.000	0.006	0.030	0.047	0.059	0.070	0.114	0.455	1.000
w_{12}	0.000	0.016	0.052	0.059	0.059	0.056	0.038	0.000	0.000
w_{13}	0.000	0.014	0.048	0.057	0.059	0.058	0.045	0.000	0.000
w_{14}	0.000	0.012	0.044	0.055	0.059	0.060	0.052	0.000	0.000
w_{15}	0.000	0.011	0.042	0.054	0.059	0.061	0.059	0.001	0.000
w_{16}	0.000	0.010	0.039	0.053	0.059	0.063	0.066	0.003	0.000
w_{17}	0.000	0.009	0.037	0.052	0.059	0.064	0.073	0.008	0.000

2. 不同偏好功能潜力结果

OWA 算法中量化算子的引入依据低丘缓坡地区开发功能潜力评价偏向进行确定。本书依据"三生"空间优化利用和权衡的特征,从"开发"和"保护"两个方面定义 α 值,得出符合不同功能潜力的位序权重,结合大理市低山丘陵开发实际共设计 9 种偏好情况(图 4-3)。α=1 表示"开发"和"保护"并重,平衡了生态保育和城镇化发展的功能潜力,是偏向于耕地保护视角下的功能潜力评价结果,此时耕地保护类指标对评价结果的影响较大。α>1 代表城镇发展类指标都适宜情形下的评价结果,即仅对生活类指标进行分析,以确定各区域城镇化扩展的功能潜力。α<1 代表生态保育类指标都适宜情形下的评价结果,即对生态准则指标进行分析,以确定各单元生态保育的功能潜力。

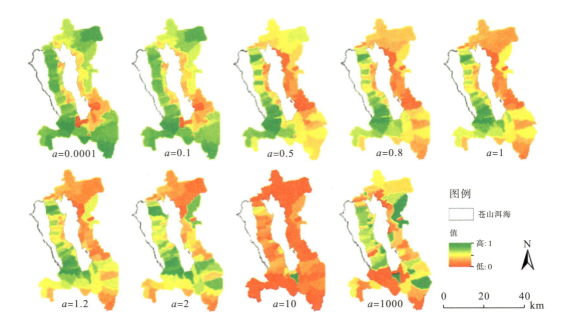

图 4-3 多种"开发"和"保护"决策偏好下的功能潜力评价

3. 多类决策偏好下的功能潜力分区

不同决策偏好下村级单元之间功能潜力程度差异越大,说明评价者偏好越稳定,不会出现大的波动。$\alpha=1$ 时评价者没有偏向,认为山地建设应开发与保护并重,强调开发和保护介于中间程度的耕地保护空间发展的重要性,故将其作为耕地保育偏好。$\alpha=0.1$ 作为城镇化发展偏好,忽视对低丘缓坡地区生态资源的保护;$\alpha=1.2$ 作为生态保育偏好,严格控制城镇开发对生态空间的侵占;$\alpha=0.5$ 或 $\alpha=0.8$ 的功能潜力评价结果与耕地保护结果相近,$\alpha=2$ 则与生态保育偏好的结果相近,也不能体现评价者偏好与其他偏好的差异;$\alpha=10$ 时功能潜力评价结果的空间可分离性较差;$\alpha=0.001$ 和 $\alpha=1000$ 时的评价结果均过于极端,体现过度城镇化发展和不利用生态空间资源的导向。进一步,依据上述确定的城镇化发展、耕地保护和生态保育的偏好,以行政村为单元根据自然断点法(Halmy et al.,2015)得到大理市低丘缓坡开发功能潜力分区,包括优化开发区、重点开发区、适度开发区、限制开发区和禁止开发区五种类型(图 4-4)。

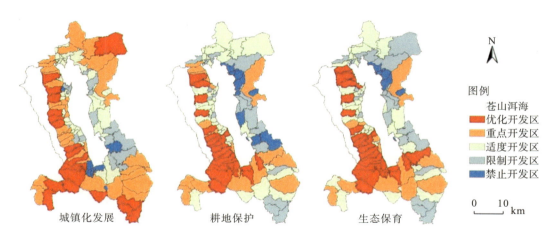

图 4-4   不同决策偏好下低山丘陵地区开发功能潜力分区

分析生态保育偏好功能潜力分区结果可知,优化开发区主要分布在洱海西部、苍山脚下的大理、下关和银桥等镇的村域。这些村域地势平坦、人口密集、经济发展水平高,作为大理市的经济和产业发展中心,是存量挖潜的重要区域。凤仪和双廊等镇的部分村域为重点开发区,这些地区大都分布在大理市中心城区或主要旅游景点的周边,自然和社会经济条件与优化开发区类似,是建设用地后备资源分布最广的区域。适度开发区分布较为广泛,呈现出沿洱海水岸零星分布的特征,具体涉及海东和上关等镇的村域,这些地区零星分布耕地、疏林地和荒草地等,成为生态保育偏好下决策者的开发对象。限制开发区主要分布在海东的低丘缓坡地带,植被覆盖百分率高,具备较好的土壤保持、水源涵养功能。禁止开发区分布在双廊和挖色等镇的村域,是大理市重要的自然和生态区,生态系统服务价值高、生态脆弱性强,开发建设存在较大的地质灾害和生态风险。

由于基本农田保护制度的长期存在,相对另外两类偏好而言耕地保护偏好体现了决策者开发与保护并重的偏好。该偏好下五类分区内村域单元规模数量相比生态保育偏好有所变化，优化开发区的分布和范围变化不大，重点开发区的范围有所增加和扩张。同时适度、限制和禁止分区的空间格局特征与生态保育偏好略有不同，主要体现在适度开发区、限制开发区和重点开发区之间的相互转换，禁止开发区的布局扩张至海东的中低产田中，说明在耕地保护偏好下，所有耕地资源都成为重点保护的对象。

城镇化发展偏好的功能潜力分区结果呈现出与生态保育偏好较大的差异性。优化开发区和重点开发区的规模和空间分布明显增加，除大理和下关等城市中心区域外，洱海东南部的凤仪和东北部的双廊成为城市建设扩张的重要区域，风景名胜区和零星耕地分布的村域开发功能潜力程度增大，另外两类偏好下的适度开发区域大都转换为重点开发的区域，尽管适度开发区内已经开发建设，但受地形等自然条件限制，很难成为决策者优先选择的区域。与之相对应的是限制开发区和禁止开发区的规模和空间分布都大幅减少，相较生态保育和耕地保护两类偏好而言，很多耕地和有林地分布的村域不再是重点保护的对象，如海西耕地分布广泛的湾桥、银桥和大理等镇，海东林地资源分布广泛的上关、海东等镇，人口密度、经济产值和基础设施条件等因子的作用被显著扩大。

对比"三生"空间优化视角下的三种偏好结果可知，生态保育偏好下，生态系统服务功能重要性和生态系统敏感性强的区域被限制或禁止开发，存量挖潜是城镇扩张和空间优化的重要方式，生态资源受到较好保护；耕地保护偏好下，海东耕地零星分布的村域单元开发功能潜力程度有所下降，低丘缓坡地区资源不是主要的保护对象，限制或禁止开发的村域单元数量占比不大；城镇化发展偏好下，表征城镇化发展因子的重要程度被放大，除重要的生态区和基本农田受到保护外，决策者甚至偏向开发一般耕地和林地，体现出决策者希望短期内低成本开发和建设的土地利用导向。

4.3 研究区生态型低丘缓坡开发模式的仿真模拟研究

鉴于本书采用的遥感卫星数据的精度和所用仿真模型及软件具有宏观性，本书以云南省 2000 年和 2010 年的土地利用数据为基础，采用马尔可夫模型和 DLS 模型对其进行仿真模拟，形成预测模型。然后，用此模型预测模拟 2020 年云南省土地利用的空间分布在正常经营情景和耕地保护情景下，土地利用变化机制、过程和趋势，并进一步计算其生态系统服务价值。虽然研究区域扩大了，但云南省的山地地形和土地利用特征与大理市具有类似性，其研究结果的趋势是一致的。

4.3.1 指标体系与模型方法

1. 指标体系

二元逻辑回归是二元因变量回归分析的非线性统计方法（Menard，2004）。在土地利用类型与驱动因素的相关性分析中，由于土地利用类型是一个分类变量，而不是一个连续变量，线性回归方法受到不连续变量的限制，不适合解决这类问题。基于数据抽样的多元逻辑回归技术可以为每个自变量产生回归系数，这些系数通过某种加权算法进行解释，以生成特定土地利用类型的变化概率，从而揭示每个解释变量在预测空间变化发生概率方面的作用和强度，逻辑回归方法有助于从影响土地利用模式的众多因素中筛选出更重要的因素（Fang et al.，2007）。逻辑回归结果的可解释性可通过相对操作特征（relative operating characteristic，ROC）进行检验（Shu et al.，2014）。曲线下的面积介于 0.5~1，一般来说，值越大，一个土地类型的概率分布与实际土地类型分布越一致，回归方程解释一个土地类型空间分布的能力越强，土地使用类型的后续分配越可靠；如果该值等于 0.5，则表明回归方程对土地分布的解释没有意义（Pontius and Schneider，2001）。本书遵循数据可用性、因素空间多样性以及对自然和社会经济因素同等关注的原则，综合了前人的研究成果（Irwin and Geoghegan，2001；Overmars et al.，2007；Chen et al.，2014；Rahman，2016），从基础数据库中筛选出显著影响土地利用变化的控制因素，并通过二元逻辑回归（Stata）选择了 12 个土地利用/覆盖变化控制因素确定每种土地利用类型及其影响因素之间的关系（Lourdes et al.，2011）（表 4-8）。这些因素包括超过 10℃ 的日平均气温（ct10）、年平均气温（ta）、年平均降水量（rain）、高程（dem）、地形（lfm）、坡度（slope）、平原的面积比例（splain）、受灾地区的面积比例（strike）、土壤类型（soil_type）、道路距离（d_road）、城市距离（d_city）、居住密度（pop）。

表 4-8　云南省不同土地利用类型的 logistic 回归结果

驱动因素	逻辑回归					
	耕地	林地	草地	水域	建设用地	未利用土地
ct10	6.88×10^{-7}***	$5.2210\times^{-7}$***	$5.9510\times^{-7}$***	$3.0510\times^{-6}$***	$4.2210\times^{-6}$***	$4.1610\times^{-6}$***
ta	0.0002505***	0.0001881***	0.0002169***	0.0011356***	0.0015727***	0.0017582***
rain	$2.62\times^{-6}$***	$1.93\times^{-6}$***	$2.21\times^{-6}$***	0.0000128***	0.0000165	0.0000165***
dem	0.0000152***	0.0000115***	0.000013***	0.0000682***	0.0000946***	0.0000797***
lfm	0.0004125***	0.0003981***	0.0004946***	0.0014459***	0.0014182***	0.0042987***
slope	$9.99\times^{-6}$***	$6.82\times^{-6}$***	$7.50\times^{-6}$***	0.000041*	0.0000781***	0.0000382**
splain	0.0022622***	0.0017414***	0.0020252***	0.0065473***	0.0079678***	0.0168137***
strike	0.0003437***	0.0002435***	0.0002767***	0.0013582***	0.0017989	0.0013459
soil_type	0.0002214***	0.0001601***	0.0001846***	0.0011547***	0.0016425***	0.0013475***
d_road	0.0001966***	0.0001528	0.0001728***	0.0008061***	0.0008408	0.0014243***
d_city	0.000156***	0.0001207***	0.0001401***	0.0007691***	0.0007876***	0.0016157***
pop	0.0001457***	0.0001141***	0.0001321***	0.0007397***	0.0007423***	0.0016389***
cons	0.0632769	0.0506749	0.0575567	0.2954128	0.3782905	0.4563761
ROC value	0.6731	0.6373	0.5989	0.7701	0.8794	0.9091

注：cons 指合计数；ROC value 指生态系统服务价值；不同数量的*指回归结果的显著性水平。

2. 马尔可夫模型

马尔可夫模型是一个无后效特征的状态随机过程，也就是说，系统在某个点 $t+1$ 的状

态仅与时间 t 当前已知的状态相关,但与之前的状态无关。该方法能有效地揭示土地利用类型转换的面积和比例。一个时间段开始(S_t)和结束(S_{t+1})时的土地利用分布,以及表示定义时间段内发生的土地利用变化的转移概率矩阵$(\boldsymbol{P}_{ij})$,用于构建马尔可夫模型,其表示如下(Sun et al.,2016):

$$S_{t+1} = S_t \times \boldsymbol{P}_{ij} \qquad (4\text{-}15)$$

式中,S_{t+1} 和 S_t 分别表示时间点 $t+1$ 和 t 处的土地利用状态;$\boldsymbol{P}_{ij}$ 是满足式(4-16)的转移概率矩阵。

$$\begin{cases} 0 \leqslant \boldsymbol{P}_{ij} \leqslant 1 \\ \sum_{j=1}^{n} \boldsymbol{P}_{ij} = 1 \end{cases} \qquad (4\text{-}16)$$

式中,i 和 j 分别表示时间点 $t+1$ 和 t 的土地利用类型。

3. DLS 模型

土地利用建模是分析土地利用原因、过程和结果,认识土地利用系统变化对生态环境的影响以及支持土地利用规划和政策的有用工具(He et al.,2005)。中国学者邓祥征发展了 DDLS(dynamic landscape simulatin)模型(Deng et al.,2008;Jin et al.,2017a,2017b),该模型选择土地系统作为研究对象,具有区域土地利用类型,以网格尺度约束下的均衡变化和土地分布类型理论为理论基础,综合驱动土地系统结构变化的自然和社会经济因素,定量分析它们之间的动态反馈机制,同时模拟各种类型的土地演变模式反馈机制,是 DLS 框架的重要组成部分,其目的是确定土地系统变化与控制因素之间的统计联系,并利用最小二乘原理对其进行估计,以显示特定土地类型存在与否与空间因素之间的关系。估算公式为

$$\frac{p_i}{1-p_i} = e^{\beta_0 + \sum_{j=1}^{m} \beta_{1j} C_{ji} + \sum_{j=1}^{n} \beta_{2j} T_{ji} + \sum_{j=1}^{o} \beta_{3j} L_{ji} + \sum_{j=1}^{p} \beta_{4j} I_{ji} + \sum_{j=1}^{q} \beta_{5j} j_{ji} + \sum_{j=1}^{r} \beta_{6j} P_{ji}} \qquad (4\text{-}18)$$

式中,p_i 是某一土地类型出现在给定驱动因素的地方的概率;C、T、L、I、j、P 分别代表气候、地形、位置、基础设施、经济和人口发展、政策变化和其他因素;β_0 为常数项;$\beta_1 \sim \beta_6$ 为各因素的回归系数;m、n、o、p、q、r 分别代表各变量的数升数。

4. DLS 马尔可夫模型

本书将马尔可夫模型与 DLS 模型相结合,将土地作为一个整体来分析不同土地利用类型之间的竞争与转移关系。在确定未来土地利用数量结构后,有必要根据土地覆盖格局的空间分布特征,将该区域变化分配到适当的区域,马尔可夫模型可用于空间变量缺乏的非空间模块,DLS 模型可用于空间模块。我们可以利用马尔可夫模型对不同情景下的土地利用数量结构进行预测,预测结果将作为 DLS 模型的输入参数。然后,利用 DLS 模型对区域土地利用布局进行优化。具体步骤如下。

(1)利用 ArcGIS 10.3 从 2010 年土地利用图中提取土地利用类型,计算出云南省各类型土地利用面积占比,建立原始转移概率矩阵生成过渡区矩阵和过渡概率矩阵,预测研究区土地利用类型。

（2）准备主要参数、控制因素数据、空间分析参数、限制区域代码、土地需求场景和土地类型二进制数据 6 个输入参数。

（3）运行该模型以模拟云南省 2020 年不同情景下的土地利用模式。情景发展已成为一种流行工具，因为情景提供了一种方法来描述当前决策可能产生的替代未来环境，并且有助于比较不同未来环境的潜在后果(Schirpke et al.，2012)。在本书中，设置了两个情景来模拟 2020 年云南省土地利用的时空变化。情景 1：BAU(一切照旧)情景。BAU 的故事线假设当前的土地利用趋势保持不变(Mehdi et al.，2015)，然后可以根据马尔可夫模型得出 2020 年的土地利用需求。情景 2：FP(农田保护)情景。在严格保护耕地的前提下，根据《云南省土地利用总体规划(2006—2020 年)》，实施最严格的耕地保护制度，扩大耕地规模。在这种情况下，将加强耕地保护，严格控制建设占用耕地，使占用耕地减半，耕地增长速度与 2000～2010 年持平。

4.3.2　结果与分析

1. 土地利用特征分析

1) 土地利用现状分析

利用 2000 年和 2010 年的土地利用数据，可以得到云南省 2000 年和 2010 年的土地利用类型数(表 4-9)。表 4-9 显示，2000～2010 年，云南省土地利用格局发生了巨大变化。在数量上，除林地、草地和建设用地外，其他三种土地利用类型数量均下降；在土地利用类型变化方面，耕地占比从 18.06% 下降到 17.77%，建设用地略有增加，其占比增加 0.08 个百分点。相对而言，草地占比增加，水域变化不大。林地占比保持在 57% 以上，总面积增加 684.77km²，占比增加 0.18 个百分点。

表 4-9　云南省不同土地利用类型的面积

数据类型	2000 年		2010 年	
	面积/km²	占比/%	面积/km²	占比/%
耕地	68717.42	18.06	67616.73	17.77
林地	217065.65	57.05	217750.42	57.23
草地	87719.56	23.06	87892.21	23.10
水域	2826.73	0.73	2775.76	0.73
建设用地	2026.27	0.53	2335.23	0.61
未利用土地	2098.73	0.55	2084.01	0.55

2) 土地利用类型空间转换分析

使用 ArcGIS 10.3 可获得 2000～2010 年的土地利用过渡面积矩阵和过渡概率矩阵(表 4-10)，其他土地利用类型转化为建设用地、耕地的比例最高，其余依次为水域、草地、林地和未利用土地，而建设用地转化为其他土地利用类型的比例从高到低依次为耕地、林地、草地、水域和未利用土地。2000 年云南省耕地面积为 68717.42km²，建设用地面积为 2026.27km²。耕地转化为建设用地的面积为 1209.42km²，大于建设用地转化为耕地的面积 441.93km²。这主要是因为在快速城市化的背景下，大量耕地被占用。林地和草地之间的相互转换是明显的，这表明森林砍伐仍然是一个问题。

表 4-10   2000～2010 年云南省土地利用转移概率矩阵(%)

土地利用		2010 年					
		耕地	林地	草地	水域	建设用地	未利用土地
2000 年	耕地	39.35	38.26	19.65	0.90	1.76	0.09
	林地	11.65	72.30	15.44	0.22	0.15	0.25
	草地	15.51	37.85	45.23	0.51	0.36	0.54
	水域	21.83	19.56	15.49	41.04	1.73	0.28
	建设用地	49.50	14.66	11.15	2.57	21.81	0.20
	未利用土地	3.00	22.87	25.97	0.52	0.14	47.31

2. 土地利用情景模拟分析

1）土地利用类型预测分析

根据上述设置，计算出 2020 年两种不同情景下各土地利用类型的面积(表 4-11)。根据表 4-11，在这两种不同情景下，2010～2020 年耕地面积将持续减少，但减少率低于 2000～2010 年；林地将以较低的速率持续增加；建设用地将持续增加，但与 2000～2010 年相比，建设用地增长放缓。但在 6 种土地利用类型中，建设用地增长速度仍然最快。建设用地主要由耕地转化而来，大量占用耕地，建设用地日益扩大，反映出云南仍将处于快速城市化进程中，未来各土地利用类型数量将处于不平衡的动态转化状态；未利用土地面积将不断减少，在经济社会发展中，将逐步开发利用，为城市建设和经济发展开辟新的领域。总之，未来云南省土地利用变化仍将是活跃的。

表 4-11   两种情况下的土地面积和变化率

	情景	耕地	林地	草地	水域	建设用地	未使用土地
2020 年土地使用结构/km²	BAU	67433.27	217923.84	87883.36	2756.44	2381.82	2075.63
	FP	67529.49	217841.32	87867.56	2761.11	2375.96	2078.92
2020 年土地利用变化率/%	BAU	−0.27	0.08	−0.01	−0.70	2.00	−0.40
	FP	0.13	0.04	−0.03	−0.53	1.74	0.24

2）情景模拟分析

本书使用 Kappa 指数评估整体模拟精度(Wang et al.，2012)，将 2010 年模拟土地利用图与实际地图进行比较。2000 年的 Kappa 指数为 0.7719，这表明模拟结果是可信的。利用 DLS 马尔可夫模型，综合来看，云南省 2020 年的土地利用模式与 2010 年的模式相比，耕地分布于高原上的山间盆地和河谷地区，主要分布在云南省东南部。全省林木覆盖范围广，主要分布在山地上。草地主要分布在东部和西部地区。建设用地主要分布在云南省的中东部，昆明及周边地区覆盖了大部分地区。林地将保持增长趋势的同时，草地，水域和未利用土地将保持减少趋势。耕地减少的主要地区位于云南南部的澜沧江流域和云南东南部的元江流域。哀牢山附近是林地和草地减少的主要地区。在丽江南部和昆明北部，建设用地明显扩大，原有建设用地也有相应的扩大。

3. 生态系统服务价值分析

根据千年生态系统评估，生态系统服务是人们从生态系统中获得的利益，包括直接影响人类的供应、调节和文化服务以及维持其他服务所需的支持服务。生态系统之所以有价值，是因为它们维持着地球上的生命以及满足人类物质和非物质需求所需的服务。这些服务的变化可以通过安全的方式对人类福祉产生深远的影响，安全是维持高质量生活所需的基本物质条件 (Liu et al.，2017a，2017b；Notte et al.，2017)。由于人类对生态系统服务的巨大需求，平衡生态系统服务的利益是一项重要原则。因此，生态系统管理的目标和为此采取的行动，不仅应考虑生态系统变化对人类的影响，还应考虑人类物种和生态系统内在价值的相互作用。价格是决策者制定决策措施的参考信号，缺乏市场环境的生态系统服务不仅配置效率低下，也会影响公众对生态系统的态度和行为。因此，生态系统服务价值评估已经成为一种决策工具，通过量化生态系统服务对社会福祉的重要性，为相关决策的制定提供指导，从而加强生态系统的保护，改善生态系统服务的可持续利用状况 (Liu et al.，2017a，b；Farley，2008)。土地利用变化对世界生态系统具有重大影响。一般而言，土地利用或土地管理的变化会增加某些服务的提供和价值，但会减少其他服务 (Polasky et al.，2011；Jin et al.，2017a，b)。通过对不同土地利用条件下生态系统服务价值的评估，有助于发挥价值机制的指导作用，促进合理利用。本书参照局域网 (local area network，LAN) 生态系统服务图，对 2000～2020 研究区生态系统服务价值进行评估。农田、林地、水域、未利用土地分别参考了 Xie 等 (2003) 的中国生态系统单位面积生态服务价值当量中相对应的当量价值进行计算 (建设用地价值为零)。通过表 4-12 分析，云南省 2000～2020 年生态系统服务价值呈上升趋势，常规情景下生态系统服务价值上升 0.11%，FP 情景下生态系统服务价值上升 0.09% (表 4-12)。常规情景下的生态系统服务价值高于耕地保护情景，这意味着更多的生态土地转化为建设用地，导致生态系统服务价值下降。

表 4-12　云南省每年的生态系统服务价值

项目	2000 年	2010 年	2020 年	
			BAU	FP
生态系统服务价值	5340.85	5345.55	5346.62	5345.78

4.3.3 结论与讨论

1. 不同决策偏好下低丘缓坡地区开发功能潜力

本书以大理市村域尺度的微观数据为基础,从"三生空间"优化视角遴选出表征生态保育、耕地保护和城镇化发展的 17 个因子,引入 OWA 算法权衡大理市村域单元城镇化发展、耕地保护和生态保育三类决策偏好下低山丘陵地区开发功能潜力,可得出以下结论。

城镇化发展偏好下,人均 GDP、人口密度、自来水用户数量占比等生活因子重要性被加强,重点开发空间范围增加;在生态保育偏向下,植被覆盖百分率、水源涵养、土壤保持等生态因子重要性加强,重点保护空间范围增加。进而得出城镇化发展、农地保护和生态保育三种决策偏好下的村域功能潜力分区。城镇化发展偏好,表征城镇化发展因子的重要程度被放大,除重要的生态区和基本农田被重点保护外,决策者甚至偏向开发一般耕地和林地;农地保护偏好下,海东耕地零星分布的村域单元开发功能潜力程度有所下降,低丘缓坡地区仍然不是最主要的保护对象,限制或禁止开发的村域单元减少;生态保育偏好下,存量挖潜是城镇扩张和空间优化的重要方式,生态资源分布区域开发功能潜力弱,山水林田湖可以受到较好保护。低丘缓坡地区开发利用涉及产业布局调整、城镇发展、农田水利建设、地质灾害防治、水土保持、生态环境保护等方面,既要实现城镇发展又要兼顾生态环境。因此,大理市应该综合三种偏好进行决策。地势较为平坦的村镇区域在存量挖潜的同时进行适度的建设扩张;中高产田和基本农田应该受到保护,位于低丘缓坡地带的低产田应进行适度的退耕还林;生态系统服务价值大、生态脆弱性强的地区应以保护为主,保存原有地貌,不进行任何改造。

偏好分析作为权衡土地利用的常用手段,通常有两种科学参考价值:一是在所有偏好模式中选取最佳方案作为结果;二是对几种偏好方案结果进行比较,总结出能够权衡各方利弊的结论(Bert et al., 2015)。在国土空间优化利用决策中,单纯的生态保育、耕地保护、城镇化发展对于区域而言都是不符合可持续发展需要的。多数土地利用实践表明,随时间演变,进行决策微调在现实中是易于实现的,因此本书倾向于通过偏好间的组合得出一个综合性的结论,应用有序加权平均方法进行建设用地后备资源开发功能潜力评价能够满足偏好模式组合分析的根本要求。将偏好作为政策波动因素代入权重体系中,一方面避免了传统情景分析中权重不确定性导致的误差;另一方面避免了情景的极化,对地区未来发展模式有良好的预见作用。应当指出,指标权重设置的合理性对 OWA 算法评价结果的影响较大。本书使用 AHP 法设置指标权重可能会导致结果不准确。因此,未来的研究应更加关注如何确保权重设置的合理性和准确性。

2. 2000~2020 年云南生态系统服务价值

土地利用变化是人地相互作用的结果。基于高分辨率空间数据的动态模拟模型是阐明土地利用变化机制、过程和趋势的有效工具。本书以云南省 2000 年和 2010 年的土地利用数据为基础,采用马尔可夫模型和 DLS 模型对其进行了模拟,在正常经营情景和耕地保护情景下，计算 2020 年云南省土地利用的空间分布生态系统服务价值。结果表明，两种情景下建设用地的快速扩张是云南省未来土地利用变化的主要特征。然而，与 2000～2010 年相比，建设用地扩张减缓了对耕地和林地的占用。2000～2010 年，土地利用变化相当活跃，建设用地迅速扩张，占用大量耕地，林地略有增加，水域和未使用土地减少。2010～2020 年，在常规和耕地保护情况下，林地和草地仍然是云南省的主要土地利用类型，尽管建设用地扩张速度将放缓，但建设用地的增加速率高于其他 5 种土地利用类型的增加速率。在正常经营情况下，建设用地继续占用盆地地区的耕地，由于盆地建设成本低，促进了区域经济的增长，但耕地的减少将威胁到粮食生产，从草地和水域向建设用地和未使用土地的转换将恶化环境。在食品安全方面，区域食品安全排名第一，考虑到生态安全和经济发展，应保护优质的可耕土地。因此，在未来的开发中，必须坚持耕地红线，严格限制建设用地占用耕地。在选取具有较强代表性的气候、社会经济因素和地形、土壤因素分析土地利用变化特征后，本书利用马尔可夫模型和 DLS 模型的优点对土地利用进行预测并模拟云南省 2020 年的土地利用模式。在精细栅格水平上定量分析土地利用变化特征，为研究土地系统结构变化和生态系统价值评估开辟了新的途径。然而，本书仅使用了两个时期的土地利用图，假设土地利用变化率相对稳定，那么模拟精度可能有限，在后续研究中，应使用多时相数据进行分析和模拟。而生态系统服务价值的计算是基于 Xie 等(2003)的中国生态系统服务价值平均值，不能充分反映生态系统的区域差异。未来，我们需要考虑生态系统服务价值的空间异质性，并根据研究区域的区域特征计算生态系统服务价值。

第5章　低丘缓坡项目区生态系统服务功能格局和权衡与协同关系演变研究

国务院印发《全国国土规划纲要(2016—2030 年)》指出:我国土地资源开发面临着资源约束不断加剧、生态环境压力加大等挑战,尤其是我国山区发展受粮食安全、生态安全和建设用地后备资源紧缺的影响,向低丘缓坡山地拓展,发展山地城镇(组团)和工业(园区),是山区省(区、市)缓解经济发展、城镇化与耕地保护矛盾的必然选择,是我国山区城镇化的重要用地模式之一。由于云南省坝区土地面积稀缺,而低丘缓坡资源丰富,成为国内最早在全省范围内开展低丘缓坡试点工作的省份。但低丘缓坡相对于坝区而言,具有地形起伏较大且土壤侵蚀和水土流失现象明显的地形特征,地质灾害发生频率相对更高。因此,低丘缓坡生态系统抵御外环境干扰的稳定性要低于坝区,而人为的建设开发则会进一步加剧生态环境的脆弱性。在这一现实背景下,对低丘缓坡项目区有针对性地采取生态保护措施,恢复或提升生态系统服务功能并维持生态系统的稳定性具有重要意义。现实中,生态系统服务间存在复杂的相互作用关系,且同一生态系统服务间的关系受到自然和人为因素的影响表现出一定的空间分异特征。如随着人类社会对自然生态系统控制力的不断提高,在自然资源短缺日益突出的情形下,常常导致一种生态系统服务的增加是以牺牲其他生态系统服务为代价(Swallow et al.,2009)。因此,正确认知生态系统服务之间的关系不仅有助于深入理解不同服务类型之间相互关联的作用因子及机制,更有助于准确分析和比较它们之间的关系,从而为低丘缓坡项目区建设开发后开展多种生态系统服务可持续管理决策提供参考和建议。

自联合国开展千年生态系统评估后,生态系统服务价值货币化、生态系统服务与人类福祉的关系、生态系统服务的优化及生态系统服务权衡与协同关系的评估等研究方向受到学术界的重点关注。其中,生态系统服务权衡关系近年来更是成为生态学、地理学、管理学、经济学、环境学等学科的研究热点和重要领域(Swallow et al.,2009;李双成等,2013)。在概念界定上,国内外学者将生态系统服务间的相互作用关系分为权衡关系和协同关系两大类,其中协同关系表现为两个生态系统服务间相互促进、同增同减,而权衡关系表现为相互抑制、此消彼长(Swallow et al.,2009;李双成等,2013)。在研究内容上,主要包括类型特征、尺度效应和驱动机制。在研究方法上,主要包括统计学分析、空间制图分析、驱动力分析以及情境分析。通过客观分析国内对于生态系统服务权衡与协同的相关研究发现,与国际上的研究仍存在一定差距,表现在以下几点:①以传统的统计学手段对项目区整体权衡与协同关系分析为主,缺乏对权衡与协同关系空间的定量化分析;②对生态系统服务权衡与协同关系变化成因的研究略显不足;③忽视了对特定区域等小尺度权衡关系长时间的观测。

　　本书在前面研究成果的基础上，根据地理位置和地貌类型选取 25 个典型低丘缓坡项目区，深入项目区调研和访谈，记录目前典型项目区的开发进展和规划完成情况，总结目前低丘缓坡项目区存在的问题，为各地区开展低丘缓坡建设开发工作提供一定参考。在此基础上，筛选规划完成度高的项目区，选取山地生态系统中最主要的水源涵养、土壤保持和净初级生产力(NPP)三项生态系统服务功能(丁雨睎等，2016)，分析建设开发影响下生态系统服务及权衡与协同关系的时空演变规律，并揭示权衡与协同关系产生空间分异的影响机制，为构建提升生态系统服务功能的低丘缓坡开发模式提供科学依据。

5.1　数据与方法

5.1.1　研究区概况

　　本书以山地资源丰富的云南省为例，以通过低丘缓坡建设审批的项目区为案例总体，根据云南省地貌成因等特征，将地貌类型划分为构造侵蚀浅切割中山和低中山、不规则山地、丘陵和其他四种，通过抽样的方式选取 25 个项目区作为样本进行研究。这些项目区分布在昭通市(2 个)、昆明市(6 个)、曲靖市(6 个)、玉溪市(3 个)、楚雄彝族自治州(4 个)、大理白族自治州(2 个)和西双版纳傣族自治州(2 个)7 个市(州)内。所选项目区主要集中分布在滇中区域，部分零散分布在滇东北、滇西和滇南部，各项目区之间的气候和地形等自然条件以及所属行政区如表 5-1，项目区的空间分布特征在一定程度上间接反映出经济差异导致用地需求差异。

表 5-1　项目区概况

项目区代号	项目区	面积/hm²	地形曲率	降水/mm	功能定位
1	西邑	363.45	2.49	831.54	工业
2	小团山茶花谷	622.54	14.10	890.55	山地城镇
3	新平	343.74	10.07	1020.39	工业
4	宜良北古城	1210.50	6.78	941.99	工业
5	金麟湾	978.31	10.92	1006.01	房地产
6	晋城	990.18	10.30	926.73	工业
7	景洪景大	1069.55	9.10	1607.79	旅游
8	龙泉山	626.26	8.92	894.29	山地城镇
9	陆良太平哨	693.94	1.23	1006.53	工业
10	沾益太和山	294.21	13.05	911.92	旅游
11	南华老高坝	281.49	7.78	890.55	工业
12	西山长坡	583.81	12.53	1004.77	工业

项目区代号	项目区	面积/hm²	地形曲率	降水/mm	功能定位
13	寻甸仁德	671.53	12.43	852.13	旅游
14	昭阳塘房	987.84	6.16	786.65	工业
15	五华沙朗	550.98	14.24	1004.77	旅游
16	昭通镇雄	626.46	8.20	880.64	工业
17	五华落水洞	544.24	9.91	1004.77	山地城镇
18	楚雄苍岭	1019.52	17.82	791.04	工业
19	大理海东	2159.50	9.34	870.12	山地城镇
20	楚雄富民	202.68	8.53	890.55	工业
21	富源城北	663.81	10.35	1211.59	工业
22	富源中安后	597.30	8.38	911.92	工业
23	嘎洒	1274.48	12.98	1572.76	旅游
24	高家屯	649.62	8.54	911.92	工业
25	红塔工业园	1281.61	28.16	894.29	工业

1. 项目区所属行政区的基本经济概况

昆明市、曲靖市、玉溪市和楚雄彝族自治州属于滇中城市群，该区域位于全国"两横三纵"城市化战略格局中，是我国连接东南亚、南亚国家的陆路交通枢纽，是我国面向东南亚、南亚对外开放的重要门户，也是全国重要的烟草、旅游、文化、能源和商贸物流基地，以及以化工、冶金、生物为重点的区域性资源精深加工基地，该城市群 GDP 占全省总量大于 50%，是云南的经济核心区和云南发展的重要引擎。因此，项目区的功能定位多以工业和山地城镇建设为主。大理白族自治州位于滇西，具有悠久的历史文化底蕴，以旅游产业为主的第三产业发达，因此项目区功能定位多以观光旅游和山地城镇为主。西双版纳傣族自治州位于云南省最南端，处于北热带边缘，是中国热带生态系统保存最完整的地区，生物多样性丰富，是中国热点旅游区之一，也是中国第二大天然橡胶生产基地。因此，该地区以第一产业和第三产业为主导，项目区的功能定位以观光旅游为主。昭通市位于云南省东北部，是通往四川和贵州的重要门户，以及云南连接长江经济带和成渝经济区的重要通道，且矿产资源丰富，煤、硫储量居全省首位，为中国南方第二大褐煤田，因此昭通市以第二产业为主导，项目区的功能定位以工业园区为主。

2. 项目区自然条件概况

昆明市、曲靖市、玉溪市和楚雄彝族自治州所处的滇中地区属于滇东高原盆地，以山地和山间盆地为主，地形起伏缓和；在气候上属于亚热带气候区，表现为四季如春、遇雨成冬的特点，植被以云南松、华山松等针阔混交林为主，土壤类型以山原红壤和紫色土为主。大理白族自治州地处云贵高原和横断山脉接合区，地势西北高、东南低，地貌复杂多样；气候特征方面，由于其地处低纬高原，形成低纬高原季风气候特点，四季温差小，雨旱分明。西双版纳傣族自治州地处横断山脉的南延部分，处于怒江、澜沧江、金沙江褶皱系的末端,山地丘陵约占 95%,山间盆地(坝子)和河流谷地约占 5%。全州周围高,中间低,西北高,东南低;在气候特征上,属于北热带季风气候,具有高温多雨、干湿季分明而四季不明显的气候特点。植被类型复杂多样,包括热带雨林、热带季雨林、亚热带常绿阔叶林、苔藓常绿阔叶林、南亚热带针叶阔叶混交林等。昭通市地势西南高、东北低,属典型的山地构造地形,具有山高谷深的特点;气候方面,昭通境内群山林立,海拔差异较大,具有高原季风立体气候特征,随着海拔逐渐升高,从亚热带气候逐渐过渡到温带气候。

5.1.2 数据源及研究方法

1. 数据源及预处理

本书的数据类型主要包括:土地利用类型数据、土壤数据(土壤类型、深度、有机质含量及容重等)、气象数据(降水量、潜在蒸散量及太阳辐射等)及地形数据,具体内容见表 5-2。研究中数据像元统一为 5m,空间坐标系统一为 Xian_1980_3_Degree_GK_Zone_33。根据各项目区的建设开发规划,将 2010 年作为建设基期,2020 年作为建设末期。

表 5-2 源数据及处理

数据名称	数据类型	数据来源及处理过程
地类数据	Vector	由国家自然科学基金课题提供,其中,基期地类数据源于全国第二次土地利用调查统一时点变更数据,土地利用规划数据源于土地利用总体规划(2010~2020 年)
土壤数据	Vector	源于全国第二次土壤调查数据,通过裁剪的方式,提取出项目区范围内的土壤数据(包括土壤深度、有效含水量、容重、有机碳含量、砂粒含量、粉粒含量和黏粒含量)
气象数据	Txt/Gird	源于国家气象科学数据中心(http://data.cma.cn/site/index.html)的月降雨格点数据、太阳辐射、日值和月均气温等气象数据,利用掩膜的方式提取项目区气象栅格
项目区实施方案及评估文本	Word	由国家自然科学基金课题提供,包含低丘缓坡项目区开发方式、功能定位和布局、建设时序安排等内容
地形数据	Grid	①开发前:源于国家课题所提供的低丘缓坡项目区开发前的矢量图件,包括 1:10000 的地形图以及等高线等矢量数据。②开发后:利用我国资源三号卫星(ZY-3)立体像对数据,提取项目区 DEM,结合实地项目区平整区域高程测量点,根据实际情况对 DEM 进行修正
遥感数据	Grid	①资源三号卫星(ZY-3)多光谱影像,与高分辨率全色影像融合后,空间分辨率为 2.1m。后期用于地类解译和植被覆盖百分率计算。②Sentinel-2 源于欧空局哥白尼数据中心/美国地质调查局网站。预处理:利用 sen2cor 插件和对影像进行大气校正、辐射定标、融合等(由于获得的 Level-1C 的产品已进行正射校正和亚像元级几何精校正,所以后续不重复处理)。数据用于计算项目区开发后净初级生产力(NPP)。③Landsat 5 TM 源于中国地理空间数据云(http://www.gscloud.cn/)的 Level 1T 产品,后期可能需要的预处理包括大气校正和融合等。用于生成项目区开发前净初级生产力(NPP)

2. 研究方法

1)生态系统服务功能量化方法

(1)水源涵养功能。

生态系统的水源涵养指在一定的时间和空间范围内生态系统中水分保持过程及能力,

其是一项重要的生态系统服务功能，尤其是在山地生态系统服务中（丁雨暄等，2016）。目前，涵养水源能力的定量评估主要包括蓄水能力、林冠截流剩余量、水量平衡、降水量储存等方法。其中，利用 InVEST 模型，基于水量平衡原理计算流域产水量，并在此基础上综合考虑土壤渗透性、地类的地表径流差异和地形等因素计算水源涵养量，在近年来得到广泛运用，具体方法如下（傅斌等，2013）：

$$WC = \min\left(1, \frac{249}{Velocity}\right) \times \min\left(1, \frac{0.9 \times TI}{3}\right) \times \min\left(1, \frac{K_{soi}}{300}\right) \times Y \tag{5-1}$$

式中，WC 为水源涵养量，mm；Velocity 为径流系数；TI 为地形指数，根据式(5-2)计算；K_{soi} 为土壤饱和导水率，cm/d，利用 Neuro Theta 软件计算得到；Y 为产水量，mm，根据式(5-3)计算。

$$TI = \lg\left(\frac{Watershed\ area}{Soil\ depth \times Percent\ slope}\right) \tag{5-2}$$

式中，Watershed area 为集水区汇流累积面积，mm^2；Soil depth 为土壤深度，mm；Percent slope 为百分比坡度，%。

$$Y_{x,j} = \left(1 - \frac{AET_{x,j}}{P_x}\right) \times P_x \tag{5-3}$$

式中，$Y_{x,j}$ 为年产水量，mm；P_x 为栅格单元 x 的年均降水量，mm；$AET_{x,j}$ 为土地利用类型 j 上栅格单元 x 的年平均蒸散发量，mm。

(2)土壤保持功能。

土壤保持功能指的是地表植被能够对降水进行截留以减少或避免降水对土壤表面的直接冲刷，减缓地表径流对土壤的冲蚀力度。目前研究表明 RUSLE 的输入参数易于获取，模拟效果较好（武国胜等，2017）。根据我国《土壤侵蚀分类分级标准》（SL190—2007），云南省处于西南土石山区，侵蚀类型为水力侵蚀，所以本书采用 RUSLE 计算项目区的土壤保持量。通过对项目区的潜在土壤侵蚀量和实际土壤侵蚀量求差，计算得到项目区年均土壤保持量。由于项目区建设开发会导致地形发生显著变化且不能忽略，因此项目区开发后土壤保持量公式应进行相应的变形和调整，计算公式如下：

$$Q_1 = S_q - S_a = R_1 \times K \times L_1 \times S_1 \times (1 - C_1 \times P_1) \tag{5-4}$$

$$Q_2 = S_q - S_a = R_2 \times K \times (L_1 \times S_1 - L_2 \times S_2 \times C_2 \times P_2) \tag{5-5}$$

式中，Q 为项目区年均土壤保持量，$t \cdot (hm^2 \cdot a)^{-1}$；字母下标 1 和 2 分别代表开发前和开发后的状态；S_q 为原始状态下项目区潜在土壤侵蚀量，$t \cdot (hm^2 \cdot a)^{-1}$；$S_a$ 为项目区实际土壤侵蚀量，$t \cdot (hm^2 \cdot a)^{-1}$；$R$ 为降雨侵蚀力因子，$MJ \cdot mm \cdot (hm^2 \cdot a)^{-1}$；$K$ 为土壤可蚀性因子，$t \cdot (MJ \cdot mm)^{-1}$；$L$ 为坡长因子，S 为坡度因子，C 为植被覆盖和管理因子，P 为水土保持措施因子，均为量纲一因子。

(a)降雨侵蚀力因子 R。

降雨侵蚀力能够反映项目区内的降水引起土壤流失的潜在能力，对比前人的研究，本书采用 Wischmeier 和 Smith(1978)提出的方法计算降雨侵蚀力，计算公式为

$$R = 17.02 \times \sum_{i=1}^{12}\left(1.735 \times 10^{1.5 \times \lg\frac{P_i^2}{P} - 0.8088}\right) \tag{5-6}$$

式中，P_i 表示某年第 i 月的降水量，mm；P 为年降水量，mm。

(b) 土壤可蚀性因子 K。

土壤可蚀性因子是衡量土壤颗粒能够被水分分离和搬运的难易程度，反映土壤抗蚀性能的指标。本书运用 Williams 等(1984)在前人基础上建立的 K 值估算模型，即 EPIC 模型，但考虑到该公式在中国地区的兼容性，参考张科利等(2007)的研究成果对 EPIC 模型进行修正，以更好地反映项目区的土壤可蚀性。

$$
\begin{aligned}
K_{\text{epic}} = &\left\{0.2 + 0.3\exp\left[-0.0256 \times m_s - \frac{m_{\text{silt}}}{100}\right]\right\} \times \left[\frac{m_{\text{silt}}}{m_c + m_{\text{silt}}}\right] \\
&\times \left\{\frac{1 - 0.25 \times \text{orgC}}{\left[\text{orgC} + \exp(3.72 - 2.95 \times \text{orgC})\right]}\right\} \\
&\times \left\{1 - \frac{0.7\left(1 - \frac{m_s}{100}\right)}{\left\{\left(1 - \frac{m_s}{100}\right) + \exp\left[-5.51 + 22.9 \times \left(1 - \frac{m_s}{100}\right)\right]\right\}}\right\}
\end{aligned}
\tag{5-7}
$$

$$K = (-0.01383 + 0.51575) \times K_{\text{epic}} \times 0.1317 \tag{5-8}$$

式中，K_{epic} 为采用 EPIC 模型计算的土壤可蚀性因子；m_s 为砂粒百分比含量；m_{silt} 为粉粒百分比含量；m_c 为黏粒百分比含量；orgC 为有机碳百分含量；0.1317 为美制向公制转换系数(Xie et al.，2008)。

(c) 地形因子 LS。

LS 因子计算公式参考 RUSLE 方程，同时考虑到低丘缓坡项目区地形的特殊性，为了使坡度因子算法有效反映低丘缓坡地形特征，采用刘斌涛等(2012)的修正算法对 RUSLE 中默认的坡度因子计算公式进行修正，该算法通过误差检验和精度校验，结果表明更适用于西南山区。LS 因子计算公式如下：

$$LS = L \times S \tag{5-9}$$

$$L = (\lambda / 22.13)^m \tag{5-10}$$

$$m = \begin{cases} 0.2 & \theta \leqslant 1° \\ 0.3 & 1° < \theta \leqslant 3° \\ 0.5 & \theta > 5° \end{cases} \tag{5-11}$$

$$S = \begin{cases} 10.8\sin\theta + 0.03, & \theta \leqslant 5° \\ 10.6\sin\theta - 0.5, & 5° < \theta \leqslant 10° \\ 20.204\sin\theta - 1.2404, & 10° < \theta \leqslant 25° \\ 29.585\sin\theta - 5.6079, & \theta > 25° \end{cases} \tag{5-12}$$

式中，L 为坡长因子；S 为坡度因子；θ 为坡度值；λ 为坡长；m 为坡长指数。

(d) 植被覆盖和管理因子 C。

植被覆盖和管理因子为量纲一数据，该指数反映土地表面植被覆盖和作物管理措施对土壤侵蚀的影响。本书利用蔡崇法等(2000)的坡面产沙与植被覆盖百分率关系式，并根据项目区实际地类状况，得到水域和建设用地植被覆盖百分率均值小于 2%，且不产生土壤侵蚀，所以将水体和建设用地的 C 值赋为 0。计算公式如下：

$$C = \begin{cases} 0, & F_c \leqslant 2\% \\ 1, & 2\% < F_c \leqslant 10\% \\ 0.6508 - 0.3436 \times \lg F_c, & 10\% < F_c \leqslant 78.3\% \\ 0, & F_c > 78.3\% \end{cases} \tag{5-13}$$

$$F_c = \frac{\text{NDVI} - \text{NDVI}_{\min}}{\text{NDVI}_{\max} - \text{NDVI}_{\min}} \tag{5-14}$$

式中：F_c 为植被覆盖百分率；$\text{NDVI}_{\max}$ 和 $\text{NDVI}_{\min}$ 为 NDVI 统计中置信度为 95%和 5%的 DN 值(像元亮度值)。

(e)水土保持措施因子 P。

水土保持措施因子指项目区土壤采取特定的水土保持措施后的土壤侵蚀量与未采取措施或顺坡种植时土壤侵蚀量的比值，其值为 0~1。通过对项目区的地类进行现状调查后发现，项目区内的耕地基本是种植玉米且无人看管的旱地，所以耕地的 P 值按旱地进行赋值(表 5-3)，其他地类赋值如下：林地(1)、园地(1)、草地(1)、水田(0.15)。

表 5-3　旱地水土保持措施因子与坡度关系

坡度范围	P 值
<5°	0.11
5°~10°	0.22
10°~15°	0.31
15°~20°	0.58
20°~25°	0.71
≥25°	0.8

(3)净初级生产力(NPP)。

NPP 是陆地生态系统重要调节服务之一，在固碳释氧、调节气候变化以及追踪全球变暖现象方面起到重要作用。NPP 指绿色植物在单位时间单位面积通过光合作用产生的有机物质总量扣除自养呼吸后的剩余部分。本书将使用朱文泉等(2007)改进的 CASA 模型来估算 NPP，NPP 的估算由植被的吸收光合有效辐射(absorbed photosynthetic active radiation，APAR)和光能转化率(ε)确定：

$$\text{NPP}(x,t) = \text{APAR}(x,t) \times \varepsilon(x,t) \tag{5-15}$$

$$\text{APAR}(x,t) = \text{SOL}(x,t) \times \text{FPAR}(x,t) \times 0.5 \tag{5-16}$$

$$\varepsilon(x,t) = T_{\varepsilon 1}(x,t) \times T_{\varepsilon 2}(x,t) \times W_{\varepsilon}(x,t) \times \varepsilon_{\max} \tag{5-17}$$

式中，$\text{APAR}(x,t)$ 为 t 月份像元 x 所吸收的有效光合辐射，$\text{MJ·m}^{-2}\text{·a}^{-1}$；$\varepsilon(x,t)$ 为 t 月植物在像元 x 处的光能实际利用率，%；$\text{SOL}(x,t)$ 表示 t 月植物在像元 x 处的太阳总辐射量，

MJ·m^{-2}·month^{-1}；FPAR(x,t) 为植被层对入射光合有效辐射的吸收比例；常数 0.5 表示植被所能利用的太阳有效辐射占太阳总辐射的比例；$T_{\varepsilon 1}(x,t)$ 和 $T_{\varepsilon 2}(x,t)$ 表示低温和高温对光能利用率的胁迫作用；$W_\varepsilon(x,t)$ 为水分胁迫影响系数，反映水分条件的影响；$\varepsilon_{\max}$ 是理想条件下的最大光能利用率，g·C·MJ^{-1}。

2）生态系统服务功能空间格局分析方法

（1）热点分析。

热点分析被广泛用于空间格局研究中，可有效识别具有统计显著性的高值（热点）和低值（冷点）的空间聚类现象。该分析不同于原始根据数值的高低分区分类的表示方法，而是考虑属性值在一定空间距离范围内的空间滞后性和相关性，并考虑某要素与距离阈值内的相邻要素的局部方差与总体方差的数值差异，当局部方差远小于总体方差时，表明原假设（随机分布）不成立，并以具有统计学意义的 Z 值和 P 值表示空间分布模式和置信区间。当 $Z>0$ 时，Z 值越大，P 值越小，表明该要素在空间上表现为显著的高度聚集状态；当 $Z<0$ 时，Z 值越小，P 值越小，表明该要素在空间上表现为显著的高度离散的状态，反之则表明要素在空间上表现为随机分布。本研究利用 ArcGIS 10.2 软件中 Spatial Statistics Tools 下的 HotSpots、Incremental Spatial Autocorrelation 工具实现各生态系统服务功能的空间相关距离阈值的确定以及开发前后冷热点的识别。

（2）空间变化趋势分析。

利用线性回归方法逐栅格计算三个项目区开发前后各种生态系统服务的变化趋势。趋势的斜率代表各种生态系统服务的变化方向和速度（吴珊珊等，2016；李晓荣等，2017）。斜率根据以下公式计算：

$$\theta = \frac{x_2 - x_1}{t_2 - t_1} \tag{5-18}$$

式中，θ 代表回归趋势的斜率；x_i(i=1,2) 代表第 i 年各种生态系统服务功能物质量；t_i(i=1,2) 代表年份。在变化趋势栅格图中，$\theta>0$ 表明研究期间生态系统服务的增加趋势，反之亦然。

3）权衡与协同分析方法

一般地，生态系统服务权衡即指某种生态系统服务供给的增加，是以另一或多种生态系统服务供给减少为代价的状况，反映的是生态系统服务间此消彼长的相互作用关系。而生态系统服务协同是指两种或者多种生态系统服务同时增强或减弱的状态。目前的研究主要通过统计学中的相关系数反映生态系统服务间的权衡与协同关系。后续有学者对生态系统服务权衡关系的概念进行延伸，例如 Bradford 和 D'Amato（2012）提出利用均方差偏差法（the root mean square deviation，RMSD）表示两个生态系统服务的权衡强度，反映生态系统服务间的不均匀率；杨薇等（2019）提出基于生产可能性边界（production possibility frontier，PPF）湿地生态系统服务权衡强度计算方法，该方法反映生态系统服务均值点与生态系统服务最优组合形成的 PPF 曲线间的最短距离。通过对生态系统服务权衡关系概念的延伸，有利于从不同视角反映生态系统服务权衡的变化情况，为生态系统服务权衡优化提供多元化的建议。

（1）权衡关系识别和强度量化。

（a）Spearman 相关分析。

Spearman 相关分析是心理学专家 Spearman 为"证明和测量两个事物之间的联系"而提出的一种非参数检验的方法，通过计算 Spearman 秩相关系数，并根据系数来判断两随机变量的关系及强弱。这与传统的 Pearson 相关系数法相关，Spearman 秩相关分析对两随机变量的分布约束性较小、普适性更高，且广泛应用于生态系统服务功能权衡与协同的研究中（傅伯杰和于丹丹，2016；刘玉等，2021）。本书利用 SPSS 软件对项目区的三大生态系统服务功能的频率分布进行分析，结果显示三大生态系统服务功能均表现为非正态非线性的特点。因此，借助 Spearman 相关分析方法识别典型项目区在建设开发影响下各生态系统服务功能间的权衡与协同关系。Spearman 相关分析的公式如下，本研究通过 SPSS 软件实现。

$$R_s(X_i, Y_i) = 1 - \frac{6\sum_1^n (P_i - Q_i)^2}{n(n^2 - 1)} \tag{5-19}$$

式中，P_i 为位于序列 $\{(X_i)\}$ 中第 i 个位置即 X_i 的秩；Q_i 为 Y_i 的秩次。R_s 为正（负）则表示两个生态系统服务功能间存在协同（权衡）关系，不显著或 R_s 趋于 0 则表示两功能间存在独立关系。

（b）均方差偏差法。

RMSD 量化单个生态系统服务标准差与平均生态系统服务标准差之间的平均差异，通过某一对生态系统服务坐标点到 1∶1 线的距离来表征生态系统服务之间的权衡度，反映与平均生态系统服务标准差的分散幅度（Zhou et al.，1995）。

$$ES_{nd} = \frac{(ES_i - ES_{min})}{(ES_{max} - ES_{min})} \tag{5-20}$$

$$RMSD = \sqrt{\frac{1}{n-1} \times \sum_{i=1}^n \left(ES_{nd} - \overline{ES}_{nd}\right)^2} \tag{5-21}$$

式中，ES_{nd} 表示生态系统服务归一化值；ES_i 表示第 i 种生态系统服务值；ES_{max} 和 ES_{min} 表示第 i 种生态系统服务最大值和最小值。为了剔除异常值，选取 1% 和 99% 作为最小值和最大值的阈值。

（2）权衡强度空间格局驱动力分析。

空间分异是自然和社会经济过程的空间表现，也是自亚里士多德以来人类认识自然的重要途径。地理探测器是探测空间分异性，以及揭示其背后驱动因子的一种新的统计学方法（王劲峰和徐成东，2017）。该方法的假设前提为：如果某个自变量对某个因变量有重要影响，那么自变量和因变量的空间分布应该具有相似性。基本思想是：假设研究区分为若干子区域，如果子区域的方差之和小于区域总方差，则存在空间分异性；如果两变量的空间分布趋于一致，则两者存在统计关联性（栾博等，2017）。地理探测器 q 统计量可用以度量空间分异性、探测解释因子分析变量之间的交互关系，已经在自然和社会科学多领域应用（王劲峰和徐成东，2017）。

(a) 分异与因子探测。

$$q = 1 - \frac{\sum_{h=1}^{L} N_h \sigma_h^2}{N \sigma^2} = 1 - \frac{\text{SSW}}{\text{SST}} \tag{5-22}$$

$$\text{SSW} = \sum_{h=1}^{L} N_h \sigma_h^2, \text{SST} = N\sigma^2 \tag{5-23}$$

式中，$h=1, \cdots, L$，为变量 Y 或因子 X 的分层(Strata)，即分类或分区；N_h 和 N 分别为层 h 和全区的单元数；σ_h^2 和 σ^2 分别是层 h 和全区 Y 值的方差；SSW 和 SST 分别为层内方差之和以及全区总方差；q 的值域为 $[0,1]$，表示 X 对 Y 的解释力度。

(b) 交互作用探测。

识别不同风险因子之间的交互作用，即评估因子 X_1 和 X_2 共同作用时是否会增加或减弱对因变量 Y 的解释力，或这些因子对 Y 的影响是相互独立的(王劲峰和徐成东，2017)(图 5-1)。

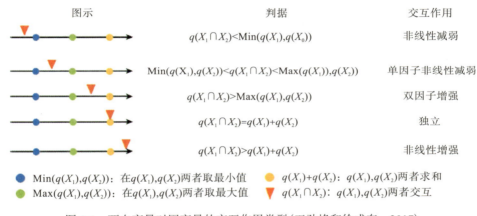

图 5-1　两自变量对因变量的交互作用类型(王劲峰和徐成东，2017)

5.2　实地调研分析

本研究团队于 2014 年 7～9 月及 2020 年 7～9 月对抽样的项目区进行实地调研，记录各项目区的自然基础条件、当地政策力度和规划实施情况，并建立评价指标体系分析自然基础条件和当地政策力度对项目区规划执行情况的影响，试图揭示项目区建设开发实施的限制因素，并总结目前项目区规划实施中存在的问题。在此基础上，选取建设开发较好的项目区，分析项目区建设开发前后生态系统服务间的权衡与协同关系的演变，从而为后续有效地制定项目区管理以及生态系统服务功能提升措施提供基础和支撑。

5.2.1　指标体系的构建

从自然基础条件、政策力度和规划实施情况三方面对项目区进行评价，目的在于通过评分的高低来反映目前低丘缓坡项目区建设开发中存在或面临的问题（指标体系如表 5-4 所示）。

表 5-4　指标体系

分类	指标	依据	分值设定
自然基础条件	地势起伏频率	地势起伏频率表示单位面积地表起伏次数，反映项目区整体的不平整情况，地势起伏频率越高，表明建设开发时填方或挖方量越大，从而增加开发成本、开发难度及原始地形的破坏程度	$[0.48,0.63)$,　1 $[0.63,0.79)$,　3 $[0.79,0.93)$,　5 $[0.93,1)$,　　7
自然基础条件	坡度（≤25%）占比	行业标准《城乡建设用地竖向规划规范》（CJJ 83—2016）中指出建设用地最大适宜的自然坡度为25%。坡度过大不适宜进行建设开发，而土地平整会产生额外费用并增加地质灾害风险	$[0,6)$,　　7 $[6,12)$,　　5 $[12,19)$,　3 $[19,29)$,　1
	抗震设防烈度	抗震设防烈度反映地震活动的频率、新构造运动的强度和区域地壳稳定性，这对项目区能否开展建设开发活动、开发强度以及建设用地的选址具有重要影响。本研究依据《中国地震动参数区划图》和《建筑抗震设计规范》（GB 50011—2010）确定	6级,　　7 7级,　　5 8级,　　3 ≥9级,　　1
	地质灾害危险性	反映地质灾害易发程度，对建设用地的选址、建设开发采取的工程措施以及建设开发后的防护措施具有显著影响，从而会对规划执行情况产生影响	低,　　　7 中低,　　5 中,　　　3 中高,　　1
政策力度	土地一级开发负责方	当地政府是否对项目区进行土地一级开发，反映政府的财政实力和对项目区的重视情况，政府统筹进行道路规划和土地平整等，对项目的实施和落地具有促进作用	政府负责土地一级开发（7分），负责土地平整和道路建设（5分），负责土地平整或道路建设（3分），企业负责土地平整和道路建设（1分）
规划实施情况	规划完成度/%	通过项目区新增建设用地面积与规划建设用地面积的比值，能直观地反映项目区的规划执行情况	$[0.05,0.26)$,　7 $[0.26,0.42)$,　5 $[0.42,0.81)$,　3 $[0.81,1)$,　　1

　　自然基础条件反映项目区内的地质、地形和水文条件对建设开发的适宜程度。本书通过地势起伏频率、坡度小于15°占比、抗震设防烈度和地质灾害危险性指标来表示自然基础条件。地势起伏频率和坡度小于15°占比通过自然间断点分类法划分为四级；抗震设防烈度根据《中国地震动参数区划图》和《建筑抗震设计规范》（GB 50011—2010）分为6、7、8、≥9四级，等级越高，分值越低；地质灾害危险性根据《项目区规划项目地质灾害危险性评估报告》分为低、中低、中、中高四级，等级越高，分值越低。用分值1、3、5、7 表示四个等级，分值越高表示适宜性越高。

　　政策力度反映了政府对低丘缓坡项目区的帮扶力度，这对推进低丘缓坡项目区建设开发起到重要作用。本书选择土地一级开发的负责方表示政府帮扶力度，政府负责土地一级开发（7分）、政府负责土地平整和道路建设（5分）、政府负责土地平整或道路建设（3分）、企业负责土地平整和道路建设（1分）。

规划实施情况反映项目区的建设开发进度,通过实际开发面积与规划开发面积的比值表示。根据自然间断点分类法将建设开发进度分为四类。建设开发进展越快,分值越高。

5.2.2　评价结果分析

为了直观地反映不同项目区之间在自然基础条件、政策力度和规划执行情况方面存在的差异,以及探究自然基础条件、政策力度与规划执行情况是否存在某种规律,利用非监督学习的 K 均值聚类(K-means clustering)分析方法,对三者进行数据挖掘和三维聚类,通过对聚类数进行调试,发现 $K=4$ 时各聚类中心间的平均距离最远,区分度最大,区分效果最好。

如图 5-2 所示,横坐标为自然基础条件分值,纵坐标为政策力度分值,圆圈的大小则表示规划完成情况,圆圈的颜色表示项目区的聚类类型,25 个典型项目区可分为四大类,各类型项目区的占比如图 5-3。其中,蓝色圆圈表示约束型项目区,共 3 个项目区,占比为 12%(项目区代码分别为 13、15、23),该类项目区与其他项目区相比,自然基础条件和政策力度均较差,因而受到自然和政策的双重制约,导致规划实施也受到限制。红色圆圈表示自然条件约束型项目区,共 2 个,占比为 8%(项目区代码分别为 12、25),该类项目区往往地方政府的政策力度较强,但自然基础条件相对于其他项目区较差,因而规划执行完成度往往低于双优型项目区。绿色圆圈表示政策缺乏型项目区,共 9 个,占比为 36%(项目区代码分别为 1、3、4、5、6、8、19、20、21),该类项目区虽具有较好的自然基础条件,但是政府的帮扶力度不够,需要企业自行进行土地开发,因此最终规划实施情况不理想。深灰色圆圈表示双优型项目区,共 11 个,占比为 44%(项目区代码分别为 2、7、9、10、11、14、16、17、18、22、24),该类项目区不仅具有良好的自然基础条件,政府的政策力度也较大,因此项目区最终的规划完成度高。

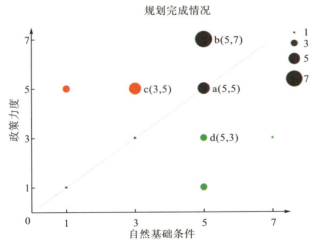

图 5-2　项目区自然、政策和规划完成度分值聚类图

通过图 5-3 可知,制约型和自然条件约束型的项目区占比较低,仅占项目区的 12% 和 8%。而数量较多的是双优型项目区和政策缺乏型项目区,分别占 36% 和 44%。因此,从

25 个典型项目区的类型占比来看，目前主要的问题是项目区的政策力度不够，导致项目区的建设开发进度放缓。结合实地调研发现，导致政策力度不足的原因主要有以下几点：①政府财政紧张并缺乏融资渠道，无法预先支付高昂的土地平整和道路铺设成本；②规划的建设用地指标不足，导致规划无法正常实施；③部分项目区征地拆迁和安置存在问题和矛盾。另外，通过图 5-2 中的 1∶1 直线两侧的 c 点、d 点、a 点以及 b 点能看出，当 a 点保持政策力度不变时，降低自然基础条件分值到达 c 点，其规划完成度并没发生改变；而在 a 点保持自然基础条件分值不变的条件下，提高政策力度(或降低政策力度)到达 b 点(或 d 点)，规划完成情况发生明显变化，b 点相对 a 点，规划完成情况出现提升，而 d 点相对 a 点出现降低。因此，对于通过低丘缓坡建设审批的项目区而言，评价结果一定程度上反映了政策力度对规划实施的促进或抑制作用要强于自然基础条件。

图 5-3　项目区各聚类类型占比

5.3　生态系统服务功能空间变化分析

5.3.1　热点分析

根据项目区的自然、政策和规划完成度的评价结果，从 9 个双优型项目区中选取功能定位各不相同的 3 个项目区，分别为工业项目区(昆明晋宁晋城项目区，代码 6)、山地城镇项目区(大理海东项目区，代码 19)和房地产项目区(曲靖金麟湾，代码 5)，作为下一步进行生态系统服务功能空间格局变化和权衡与协同关系研究的典型项目区。对典型项目区中各生态系统服务功能进行热点分析，直观且有效地揭示各生态系统服务功能在建设开发前后其高值和低值的空间聚集和分布规律，从而为探究导致该空间格局产生变化的因素提供数据支撑，并为后续生态服务功能的提升提供重要依据。

首先，利用 InVEST 模型、RUSLE 和改进的 CASA 模型对水源涵养、土壤保持和净初级生产力进行量化。然后，利用 ArcGIS 10.2 软件根据典型项目区范围生成样本点，并利用样本点对各生态系统服务功能属性值进行提取。最后，利用 ArcGIS 10.2 软件中的 Incremental Spatial Autocorrelation 工具确定各生态系统服务功能的空间影响阈值［土壤保持：150m（项目区代号：6、19）、190m（项目区代号：5）；水源涵养：130m；NPP：100m］，并将阈值参数和样本点导入 HotSpots 工具中，生成热点图（图 5-4）。

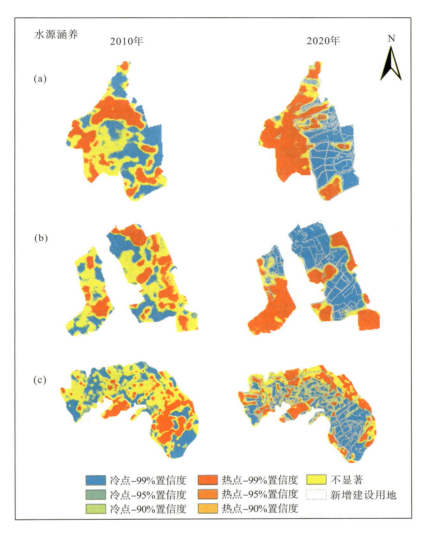

图 5-4　项目区开发前后水源涵养功能冷热点空间格局

(a)～(c)分别表示项目区代号 5、6、19

　　水源涵养功能的热点图（图 5-4）表明三个项目区在建设开发前后冷热点的空间分布发生了显著的变化，建设开发前水源涵养的热点区整体呈现出离散的空间分布特征，而建设开发后热点区呈现集中连片的聚集分布状态，且不显著区域大量减少，形成了冷热点区非此即彼的争夺局面。同时，通过分析项目区建设开发前后冷点区的空间分布差异发现，建设开发后的冷点区的空间分布与项目区的建设开发边界基本吻合。这表明，项目区的建设开发对水源涵养功能的影响较大，很大程度上削减了建设开发范围的水源涵养功能的供给，从而导致项目区建设开发范围内冷点区的聚集。

从土壤保持功能热点图(图 5-5)可以看出项目区建设开发前后的冷点区和热点区分布基本保持一致，在新增建设用地范围内冷热点区变化也不显著。因此，可以推断建设开发对土壤保持功能的高值和低值的聚集效应的影响小于水源涵养功能。为了探究产生这一现象的原因，对 RUSLE 进行拆解，并对影响因子进行叠加分析后发现，土壤保持主要受 LS 因子(代表地形)、C 因子(代表植被覆盖百分率)、P 因子(代表水土保持措施)影响，其中无论开发前或开发后 LS 因子起到了主要或基底的作用，除此之外，开发前还受到 C 因子影响，而开发后 P 因子影响更大。因此，在地形起伏大的区域，开发前植被覆盖百分率高，土壤侵蚀小；开发后植被覆盖百分率降低，但由于建设开发导致的地面硬化，土壤侵

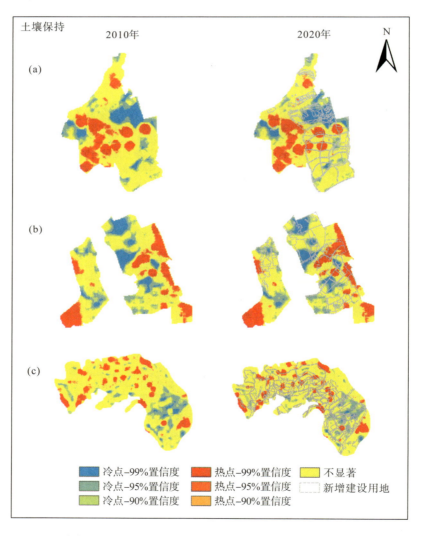

图 5-5   项目区开发前后土壤保持功能冷热点空间格局

(a)～(c)分别表示项目区代号 5、6、19

蚀量显著下降，土壤保持量增加，导致开发后热点区空间重合的现象。在地形起伏小的区域，基本不产生土壤侵蚀，因此土壤保持量变化较小，开发前后冷点区空间分布保持一致。值得注意的是，虽然项目区建设开发前后冷热点空间分布格局具有高度重叠性，但是在具体的土壤保持功能物质量上仍存在差异。

从净初级生产力的热点图(图 5-6)中发现，该功能在项目区开发前后的冷热点分布格局上与水源涵养功能具有高度相似性，开发前净初级生产力冷热点区空间分布离散，开发后冷热点区相对于开发前更为聚集。同时，开发后冷点区与新增建设用地范围基本一致。因此，建设开发对净初级生产力影响较大，导致新增建设用地范围内净初级生产力功能供给下降，从而在很大程度上抑制了该功能的固碳释氧过程。

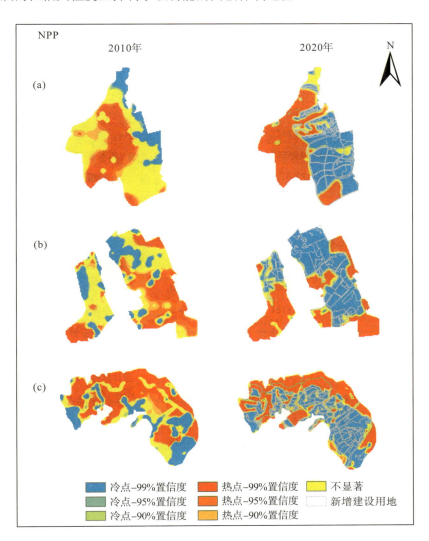

图 5-6　项目区开发前后水源涵养功能冷热点空间格局

(a)～(c)分别表示项目区代号 5、6、19

综上，通过对典型项目区开发前后的水源涵养、土壤保持和净初级生产力功能进行热点分析后表明，建设开发对水源涵养和净初级生产力的冷热点分布的影响远大于土壤保持功能，导致新增建设范围内水源涵养和净初级生产力的冷点区聚集，两功能的供给能力下降。因此，在项目区建设开发后，采取植被复绿和生态廊道重建的措施，恢复该区域的水源涵养和净初级生产力功能是有必要的。

5.3.2　空间趋势分析

虽然以上热点分析能直观地反映建设开发对生态系统服务功能在空间上冷热点分布的影响，但是在生态系统服务功能上的具体变化量和变化趋势的刻画略有不足。因此，为了进一步探究水源涵养、土壤保持和净初级生产力功能物质量的变化趋势，本书利用逐像元线性回归方法来反映三大功能在建设开发后的变化方向和强度(图5-7)。

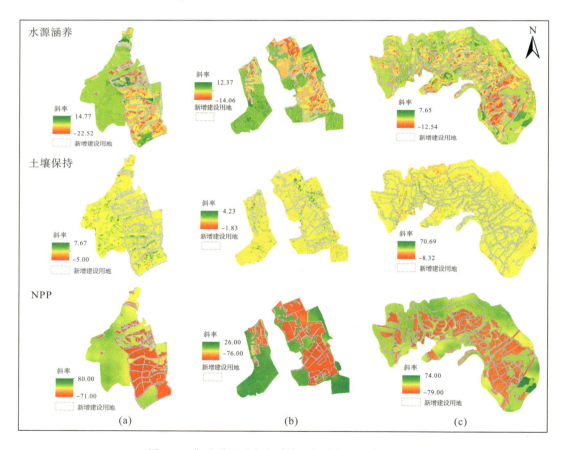

图 5-7　典型项目区生态系统服务功能空间变化趋势

由图5-7的水源涵养功能空间变化趋势可知，三个项目区的水源涵养功能供给减少的区域都分布在新增建设用地范围内，但该范围内水源涵养功能降低的程度存在明显差异。

如图 5-7(c)所代表的 19 号项目区,其水源涵养功能显著降低的区域主要分布在项目区的东南部,根据对项目区实地调研并结合项目区内部的功能分区分析后得知该区域属于工业物流园区,因此对水源涵养的破坏较大。图 5-7(a)代表的 5 号项目区属于房地产开发项目区,该项目区的新增建设用地类型普遍为住宅用地,用地类型单一,但其在新增用地范围内水源涵养功能的降低程度上仍存在差异。结合项目区开发前的土地利用类型分析得知,由耕地、林地转为建设用地的区域,往往开发后水源涵养功能损失更为严重,由裸地或水域转为建设用地的区域,其水源涵养功能损失的程度则较小。因此,水源涵养的功能不仅受到不同用地类型的影响,同时也会受到同一用地类型的不同用地性质的影响。

由土壤保持功能的空间变化趋势可得,项目区内除建设开发范围内的大部分区域的土壤保持功能在开发后都保持较为稳定的状态,在建设开发范围内的土壤保持功能局部得到不同程度的提升,这是建设开发过程的路面硬化措施导致土壤侵蚀量的降低,使土壤保持量出现一定程度的增加。但需要注意的是,在建设开发的边缘处,出现了土壤保持量下降的情况,根据对项目区的实地调研和对管理委员会工作人员的访谈,得知这是由建设开发所采取的局部“削山填谷”的开发方式所导致的,该开发方式会导致建设的边缘区陡坡面积占比增加,若不及时采取护坡措施,会加剧土壤侵蚀强度,从而引起土壤保持功能下降。因此,在建设开发的过程中,需重视开发方式的选取,并贯彻落实边开发边保护的原则。

由净初级生产力(NPP)的空间变化趋势发现,其与图 5-6 中项目区开发后的热点图的冷热点区分布高度相似,项目区建设开发区域内,净初级生产力功能的物质量显著降低,这与建设开发后植被覆盖百分率急剧下降有关,在建设开发范围外,由于季节因素或是退耕还林政策的实施,出现局部增加。这在图 5-6(b)所代表的 6 号项目区中表现得较为明显。

综上,通过对典型项目区建设开发后的三项生态系统服务功能的空间变化趋势分析表明,虽然建设开发区域内土壤保持功能的物质量得到一定程度的提升,但通过对水源涵养功能和净初级生产力功能叠加分析可发现,这是以降低这两种功能为代价实现的。因此,对于这三个项目区而言,在建设开发后如何科学有效地优化这三项生态系统服务功能间的权衡关系尤为重要。

5.4　生态系统服务权衡与协同分析

5.4.1　权衡与协同关系演变

通过对典型项目区建设开发前后各生态系统服务功能的空间格局对比分析后,发现土壤保持与水源涵养和 NPP 功能之间存在一定的高-低聚集的现象,因此,为了进一步探究在建设开发前后及建设开发影响下各生态系统服务功能的权衡与协同关系的演变,本书在 SPSS 软件下通过 Spearman 秩相关分析法,识别 2010 年(开发前)、2020 年(开发后)项目区整体的权衡与协同关系,同时为了更有效地反映建设开发对各功能权衡与协同关系的影响，将开发后与开发前的生态系统服务功能物质量进行求差后再进行 Spearman 秩相关分析，从而得到建设开发驱动下的典型项目区各生态系统服务功能的权衡与协同关系（图 5-8）。

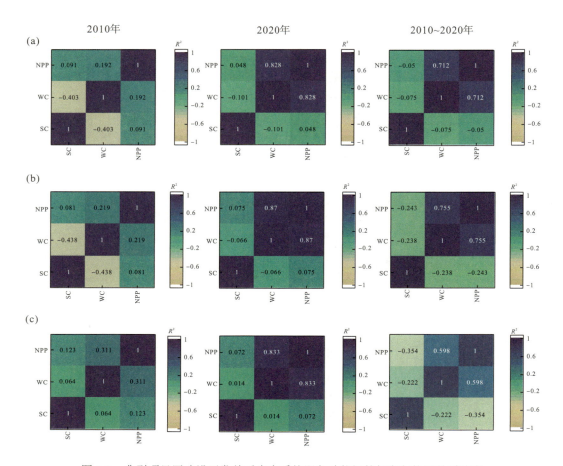

图 5-8   典型项目区建设开发前后生态系统服务功能间的权衡与协同关系演变

注：以上相关系数均在置信度（双侧）为 0.01 水平下显著。
图中，SC 表示土壤保持，WC 表示水源涵养，NPP 表示净初级生产力，后同。

    通过图 5-8 可发现，在建设开发前（2010 年），各项目区的 NPP 与水源涵养功能均表现出显著的协同关系，其中 5 号项目区相关性较弱，为 0.192；19 号项目区相关性最强，为 0.311。这表明 NPP 与水源涵养功能在一定程度上存在相互促进的协同关系。在 NPP 与土壤保持功能上，均表现为显著的极弱的协同关系，导致这一现象的原因可能是土壤保持受地形、植被管理措施和水土保持措施等多因素的影响，而研究表明 NPP 与植被覆盖百分率具有显著相关性（Liquete et al.，2015），同时通过式（5-13）可知土壤保持中植被管理措施正是通过植被覆盖百分率来反映，因此 NPP 与土壤保持在一定程度上表现为极弱的相关促进的协同关系。在土壤保持与水源涵养功能上，5 号项目区与 6 号项目区中二者均表现为相互抑制的权衡关系，而 19 号项目区土壤保持与水源涵养功能的相关系数趋于 0，二者表现为独立关系。通过对水源涵养和土壤保持功能进行叠加分析并结合热点分析图 5-4、图 5-5 发现，水源涵养的热点区（高值）与土壤保持的冷点区（低值）重合度较高，且在坡度大或地形起伏的区域更为明显，这是由于坡度大的区域地表径流再分配现象显著，导致水源涵养量相对于地形平坦区域更低，而在土壤保持上，由于植被根系的固土作用，导致实际土壤侵蚀量显著减少，则潜在土壤侵蚀量与实际土壤侵蚀量差值增大，因此表现为土壤保持量增加，最终水源涵养与土壤保持间表现为权衡关系，并猜测该关系在地形起伏大的项目区表现得更为明显，结果表明 5 号项目区和 6 号项目区的地形曲率分别为 10.92 和 10.30，大于 19 号项目区的 9.34，在一定程度上印证了这一猜测。

建设开发后（2020 年），各项目区的 NPP 与水源涵养功能的协同关系进一步增强，二者的平均相关系数由开发前的 0.24 上升至开发后的 0.84。结合生态系统服务空间变化趋势（图 5-7），可明显看出建设开发后，水源涵养与 NPP 功能的供给量都被不同程度削弱，二者低值区均聚集在新增建设用地范围内，从而导致二者的协同关系增强。同时，受到建设开发的影响，在开发后 NPP 与土壤保持功能的相关系数趋于 0，协同关系被进一步削弱，从而表现为无序的独立关系。而水源涵养和土壤保持功能在 5 号项目区和 6 号项目区中整体仍表现为权衡关系，19 号项目区则表现为相互独立关系。

低丘缓坡项目区开发后与开发前的生态系统服务功能的差值结果（2010～2020 年）突出了建设开发对项目区生态系统服务功能间的权衡与协同关系的影响。结果表明，在人为建设开发的作用下，项目区整体的土壤保持与水源涵养、土壤保持与 NPP 功能的关系表现为权衡关系，而与开发前相比，水源涵养与 NPP 功能协同关系表现为增强趋势。其中土壤保持与 NPP 功能由原来的协同关系转为相互抑制的权衡关系。这是由于建设开发过程中路面硬化措施导致土壤侵蚀降低，土壤保持量增加，但同时由非建设用地转为建设用地过程中，植被覆盖百分率出现显著下降，导致 NPP 功能物质量降低，从而使土壤保持与 NPP 表现出了权衡关系，即建设开发促进土壤保持功能物质量提升是以 NPP 功能的供给量下降为代价，二者出现供给失衡现象。

Spearman 秩相关系数从各项目区整体的角度反映了各生态系统服务功能间的权衡与协同关系，但一定程度上也忽略了项目区内部各生态系统服务功能间权衡与协同关系的空间分异。因此，为了探究各生态系统服务功能基于像元尺度下的权衡与协同关系空间分布情况，利用 GeoDA 软件以各生态系统服务功能开发前后的变化量为数据源，对两个生态系统服务功能进行局部空间自相关分析（图 5-9）。

结果表明，在土壤保持与水源涵养间的权衡与协同关系的空间分布中，5 号项目区和 6 号项目区在新增建设用地范围内表现为同增同减的协同关系，而 19 号项目区主要表现为相互抑制的权衡关系。为了探究不同项目区在新增建设用地范围内所表现出不同相互作用关系的原因，对水源涵养和土壤保持功能进行叠加分析，结果表明在 5 号项目区、6 号项目区和 19 号项目区新增建设用地范围内，土壤保持水平均在 0～0.1 的范围内，而水源涵养功能受到建设开发影响均表现为负值。但通过各项目区的土壤保持总量对比发现，5 号项目区和 6 号项目区开发后土壤保持量出现了净增长，分别为 814.95t 和 256.96t，而 19 号项目区土壤保持总量出现降低，为 -283.54t。这是由于在建设开发过程中采取的开发方式及原始地貌类型的差异，导致 19 号项目区开发后陡峭的边坡占比增加，从而使土壤保持总量出现降低趋势。因此，0～0.1 的水平土壤保持量在不同项目区的含义发生的变化，对于 5 号项目区和 6 号项目区而言，0～0.1 的土壤保持量在整体上属于低水平，因此在建设开发区域，水源涵养和土壤保持表现为低低聚集的协同关系。对于 19 号项目区，0～0.1 的土壤保持量属于中高水平，因此在建设开发区域，水源涵养和土壤保持表现为高低聚集的权衡关系。这在一定程度上也反映了开发方式的差异会影响生态系统服务的供给水平，从而使生态系统服务间的权衡与协同关系产生转变。

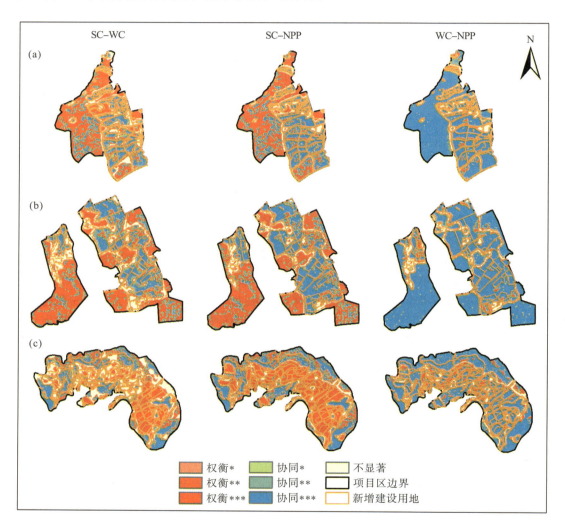

图 5-9　项目区三项生态系统服务功能权衡与协同关系空间分布

注：*、**、***分别表示在 0.05、0.01、0.001 水平下显著。

　　土壤保持与 NPP 间的权衡与协同关系的空间分布格局与土壤保持和水源涵养功能的分布格局相似，均表现为在建设开发区内 5 号项目区和 6 号项目区以协同关系为主导，而19 号项目区以权衡关系为主导。但同时 5 号项目区和 6 号项目区新增建设用地范围内，存在零散分布的权衡区，经过分析发现该区域是项目区主要的土地平整区，因此开发后土壤保持量增加显著，从而土壤保持与 NPP 表现为高低聚集的权衡关系。

各项目区在水源涵养与 NPP 间的权衡与协同关系的空间分布上统一表现为协同关系为主导关系的特点，项目区协同关系平均占比为 0.82。结果表明，建设开发对水源涵养和 NPP 功能的作用具有一致性。

综上，通过 Spearman 秩相关系数对项目区三大生态系统服务功能间整体的相互关系以及局部空间自相关方法对生态系统服务功能间的权衡与协同关系的空间分异特征进行分析后，得出以下结论。①水源涵养与 NPP 表现出稳定的协同关系，而土壤保持与 NPP 受到建设开发的影响，由协同转为权衡关系。②项目区的地貌条件和土地开发方式的差异，会影响生态系统服务功能的供给水平(尤其是在土壤保持功能上)，从而可能导致不同项目区同一对生态系统服务表现出截然相反的相互关系。这一现象表明，在项目区建设开发过程中，应尽量选取对生态系统服务功能影响较小的开发方式，开发后应及时对生态系统失衡的脆弱区进行修复，从而保证项目区生态系统的稳定。

5.4.2　权衡强度分布格局

一般生态系统服务间的权衡关系以统计学中的负相关系数反映，其表示的是两个生态系统服务间相互抑制的作用关系。但后续有学者对生态系统服务权衡关系的概念进行延伸，如 Bradford 和 D'Amato(2012)提出利用均方差偏差法(RMSD)表示两个生态系统服务的权衡强度，反映生态系统服务间的不均匀率。因此，本书为进一步探究项目区在建设开发后各生态系统服务功能的供给水平的差异和不均衡程度，将利用 RMSD 对开发后的各生态系统服务功能间的权衡强度进行量化，揭示各功能间权衡强度空间演变规律和分异特征，从而进一步剖析在建设开发影响下功能间权衡强度产生空间分异的影响机制。

研究中利用 RMSD 计算各功能权衡强度前需对数据进行标准化处理。数据标准化采用最大最小值标准化法，同时为了剔除过高的异常值对结果的影响，以 95%作为提取各功能物质量最大值的阈值，计算各功能间权衡强度。随后通过 ArcGIS 软件中的创建渔网功能生成均匀的空间样本点阵，提取各功能权衡强度属性值并剔除无效异常点，分析权衡强度的数量结构特征和分布格局。

由图 5-10 可得，在水源涵养与土壤保持(WC-SC)的权衡强度关系中，水源涵养功能的分布曲线呈现多波峰分布，而土壤保持功能表现为正态分布。在项目区建设开发前水源涵养功能的最大波峰集中在 0.35±0.1 范围内(其中 5 号项目区>6 号项目区>19 号项目区)，而土壤保持功能则集中在 0.1±0.05 范围内。因此，在项目区建设开发前水源涵养与土壤保持供给关系中，水源涵养占主导地位，二者整体的权衡强度较大，尤其是在水源涵养供给量高的区域，供给失衡严重。在项目区建设开发后，土壤保持功能的波峰对应的供给量上升，供给能力增强，其中 19 号项目区土壤保持功能增强最为明显。而水源涵养功能的波峰左移，供给能力出现一定幅度的削弱，其中 5 号项目区水源涵养量削弱最为明显，19 号项目区水源涵养分布曲线在 0 值范围内的波峰最高，波长最小，供给量在三个项目区内最少。在空间分布上，5 号项目区和 6 号项目区在建设开发区域，水源涵养与土壤保持表现为低权衡集聚，而在 19 号项目区内表现为中度权衡集聚，这表明 19 号项目区建设开发后坡度变化较大，土壤保持功能出现较大提升。

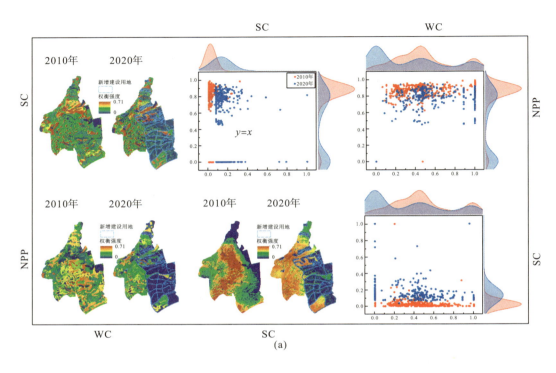

(a)

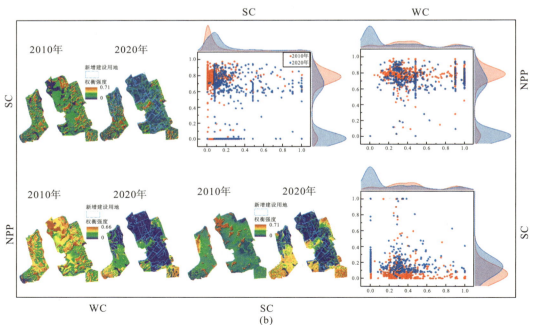

(b)

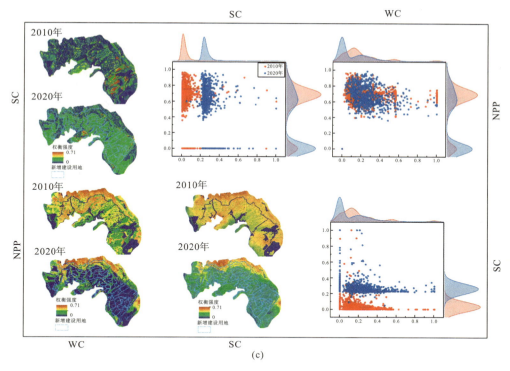

图 5-10　项目区三项生态系统服务功能权衡强度空间分布

注：(a)、(b)、(c)为三个典型项目区的三种生态服务功能

在水源涵养与净初级生产力(WC-NPP)的权衡强度关系中，水源涵养功能与净初级生产力功能呈现多波峰分布，在建设开发前后，各项目区两功能的供给量表现出较为相似的数量结构特征，组合点基本分布在 $y=x$ 直线的左上方。因此，二者呈现出以净初级生产力供给为主导的低权衡强度关系。从权衡强度的空间分布上看，开发前高权衡区域主要在 5 号项目区的中部、6 号项目区的西北部和 19 号项目区的北部的东西方向，这部分区域包含地势陡峭的山脊，在水土流失较为严重的同时植被覆盖百分率较高，因此二者在该区域表现出供给不均衡的现象；项目区开发后，在新增建设用地范围内，二者呈现低权衡强度关系，且由于路面硬化和植被数量急剧减少，水源涵养和净初级生产力功能供给量几乎为 0。而在 6 号项目区的东南部和 19 号项目区的东部水源涵养与净初级生产力功能的权衡强度相较开发前进一步加大，权衡强度在空间上呈现显著的各向异性。

在土壤保持与净初级生产力(SC-NPP)的权衡强度关系中，项目区建设开发前土壤保持与净初级生产力的组合点呈现两种聚类分布，第一类主要聚集在 $y=x$(图中散点图坐标为 x 与 y)直线的左上方，特点是净初级生产力功能高供给，而土壤保持功能低供给状态(净初级生产力主要分布在 0.7±0.3 范围内，土壤保持分布在 0.1±0.1 范围内)，形成以净初级生产力为主导的高权衡关系，其在空间上，主要分布在地势平坦的台地或坡度大的山脊上，该区域尚未开发，故植被覆盖百分率高，如 19 号项目区的中部和北部的局部区域。第二类主要聚集在 $y=x$ 直线的右下方，其表现为净初级生态力和土壤保持功能低供给的状态，在空间上主要分布在沿等高线建设的公路和农村宅基地上。项目区建设开发后，两功能的组合点相比开发前出现了整体右移的现象，总体的土壤保持功能供给量整体增加0.15±0.05，这与开发后对生态保护用地采取水土保持措施有关，在空间上分布在 5 号项目区的北部和 19 号项目区的东南部等。净初级生产力功能供给情况通过分布曲线的波峰变化情况能直观看出，低供给的占比相对于开发前大幅增加，这主要与建设开发导致植被数量大幅度下降有关，在空间上基本分布在新增建设用地范围内。

　　通过对项目区各功能间权衡强度的空间分布进行分析后，发现项目区各功能间均存在供给失衡的情况，为了进一步探究各项目区建设开发后的主导/弱势生态系统服务功能以及权衡强度的效益类型，通过采用逐像元比较的方式，对各功能物质量的标准化值进行比较，并统计项目区各主导生态系统服务功能的面积占比，从而得到各项目区内的主导生态系统服务功能。同时，将标准化后的各功能与其平均值相比较，若三大功能均高于平均值5%，则处于高效益的权衡状态；若处于平均值±5%范围内，则处于中等效益权衡状态；否则属于低效益权衡状态，结果如图 5-11、图 5-12 所示。

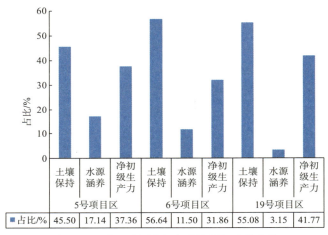

图 5-11　项目区主导生态系统服务功能占比

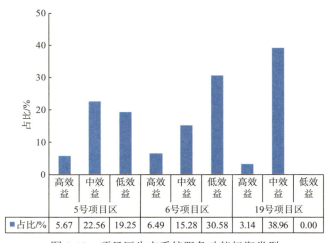

图 5-12　项目区生态系统服务功能权衡类型

从图 5-11 可知，各项目区的土壤保持、水源涵养与 NPP 的面积占比均呈现 U 形，主导生态系统服务功能的面积占比表现为土壤保持＞NPP＞水源涵养。所以，项目区开发后的主导生态系统服务功能为土壤保持，其次是 NPP，而水源涵养功能由于建设开发过程中路面硬化措施下不透水表面的面积增加，导致供给大幅度下降。其中 19 号项目区以水源涵养为主导的生态系统服务功能的占比远低于 5 号项目区和 6 号项目区，占比为 3.15%。因此，19 号项目区在建设开发后期应有针对性地提高水源涵养功能。

从图 5-12 可以看出，项目区各生态系统服务功能间以中效益的权衡类型为主，普遍达到了平均水平，其中以 19 号项目区占比最高，为 38.96%。但是项目区各功能间高效益权衡类型占比较小，平均占比 5.1%，其中 19 号项目区最低，仅为 3.14%。此外，应重点关注以工业为功能定位的 6 号项目区，该项目区的低效益、中效益和高效益权衡呈现阶梯式下降，其中低效益权衡类型占比最高，约为中效益权衡的两倍，这表明项目区各功能普遍处于低供给状态。因此，6 号项目区建设开发后，应采取均衡提升各生态系统服务功能的措施，尽可能地降低低效益权衡的占比。

综上，各项目区开发后水源涵养功能严重缺乏，后续应重点关注水源涵养功能，采取针对性的措施，提高水源涵养功能的供给。如在坡度大的自然保留地内采取水土保持工程，提高水源截留的能力，对于黄土裸露地块和荒山荒坡进行植被复绿，提升土壤蓄水能力，有条件地加强蓝色基础设施建设，如建设雨水花园、收集地表径流并实现水资源的再分配利用等。同时，要注重多功能间的均衡提升，保证各功能的稳定供给，从而提高项目区的生态系统服务功能间的综合效益。其中，应该重点关注功能定位为工业的 6 号项目区。

5.4.3　权衡强度空间分异的影响机制分析（通过自变量梯度分析来验证）

通过图 5-10 可明显看出，水源涵养、土壤保持和净初级生产力功能之间的权衡强度存在显著的空间分异特征，通过地理探测器的分异、因子探测器和交互作用探测器，探究项目区开发前后的生态系统服务功能间权衡强度空间格局产生差异的影响因素及影响因素间的交互作用类型，并筛选出导致各功能间权衡强度产生变化的驱动因子，为后续项目区缓解各功能间不平衡供给现象提供重要的数据基础和参考。由于所选典型项目区的空间分异影响机制基本一致，且内容冗余，因此以 19 号项目区为例进行分析。

1. 影响因素的选取

依据景观生态学和人文地理学等相关理论，结合众多学者对于生态系统服务功能间权衡与协同关系方面的研究成果，并考虑指标因素的客观性、科学性与可获得性等原则，项目区开发前选取海拔、坡度和植被覆盖百分率等自然因素以及道路密度、土地利用类型等社会因素，开发后的影响因素在原来的基础上增加了功能分区，以便反映在政策驱动下规划作用的影响。

各影响因素的选取理由如下。①海拔。海拔能反映植被类型在垂直方向的差异以及人类活动强度，植被类型和覆盖度对净初级生产力存在影响，同时人类活动强度可能影响各生态系统服务间的权衡强度。因此，海拔可能会对各生态系统服务间的权衡强度的空间分异产生影响。②坡度。坡度对地表径流量的大小以及地表水的再分配有显著影响，地表径流量大小反映了对地表土壤的冲刷强度及水土流失状况，同时，坡度大小也是限制项目区建设开发的重要因素，因此坡度会直接或间接地对生态系统服务权衡强度的空间分异产生影响。③植被覆盖百分率。植被覆盖百分率是反映净初级生产力的重要指标之一，同时植被在拦截雨水、减缓地表流速和固持水土方面发挥了重要作用。④道路密度。道路是重要的区位因素，道路密度能更有效地反映人类活动频率以及建设用地的空间分布格局。⑤土地利用类型。土地利用类型反映用地性质，对生态系统服务的供给以及权衡强度的分布格局产生直接影响。⑥功能分区。功能分区反映了规划作用下各类分区的主要功能，包括住宅区、工业区和生态保留区等，相比土地利用类型中各类用地界线明确的特点，功能分区更为综合，在某一分区中存在主要用地类型和次要用地类型，是对土地利用类型这一因素的补充，能反映各分区内生态系统服务整体的权衡强度。

地理探测器解释自变量对因变量产生空间分异的贡献程度是通过空间分布的相似性来反映，为了能有效地反映变量间的分布格局，需要对自变量中连续数值型的数据进行离散化处理（即分类），如表 5-5 所示。

表 5-5　影响因素指标体系

因素类型	指标	分类方法	分类范围	
			开发前	开发后
自然因素	海拔	自然间断点	[1979.84,2031.78)，[2031.78,2092.63)，[2092.63,2143.10)，[2143.10,2205.44)，[2205.44,2,358.30)	[1927.52,1995.64)，[1995.64,2046.34)，[2046.34,2093.86)，[2093.87,2160.4)，[2160.41,2331.49)
	坡度	参考《水土保持综合治理 规划通则》（GB/T 15772—2008）	[0,5)，[5,8)，[8,15)，[15,25)，[25,35)，[35,67)	[0,5)，[5,8)，[8,15)，[15,25)，[25,35)，[35,67)
	植被覆盖百分率	自然间断点	[0,20.40)，[20.40,43.92)，[43.92,61.57)，[61.57,81.18)，[81.18,100.00)	[0,13.33)，[13.33,34.51)，[34.51,55.69)，[55.69,80.00)，[80.00,100.00)
社会因素	土地利用类型	根据用地性质划分	耕地、林地、园地、草地、水源、建设用地	耕地、林地、园地、草地、水源、建设用地
	道路密度	线密度分析、自然间断点	[0,0.35)，[0.35,1.00)，[1.00,1.60)，[1.60,2.28)，[2.28,345)	[0,0.76)，[0.76,2.12)，[2.12,3.33)，[3.33,4.57)，[4.57,7.72)
	功能分区	根据规划成果中的功能区划分		居住用地区、教育用地区、商业用地区、工业用地区、生态保留区

2. 权衡强度空间分异探测

1）因子探测

利用地理探测器中的因子探测器，分析项目区 2010 年和 2020 年各影响因素对水源涵养、土壤保持和净初级生产力服务间权衡强度产生空间分异的影响程度（表 5-6）。

表 5-6　生态系统服务权衡强度影响因素探测结果

生态系统服务权衡对	影响因素	2010 年		2020 年		q 值变化量
		q 值	q 值排序	q 值	q 值排序	
WC-NPP	海拔	0.051***	4	0.043***	5	−0.008
	坡度	0.260***	2	0.164***	3	−0.096
	植被覆盖百分率	0.078***	3	0.044***	4	−0.034
	土地利用类型	0.554***	1	0.723***	1	0.169
	道路密度	0.008*	5	0.029***	6	0.021
	功能分区	—	—	0.518***	2	—
	影响因素	2010 年		2020 年		q 值变化量
		q 值	q 值排序	q 值	q 值排序	
WC-SC	海拔	0.038***	3	0.010**	6	−0.028
	坡度	0.335***	2	0.094***	3	−0.241
	植被覆盖百分率	0.008*	4	0.012	5	0.004
	土地利用类型	0.371***	1	0.275***	1	−0.096
	道路密度	0.003	5	0.019***	4	0.016
	功能分区	—	—	0.257***	2	—
	影响因素	2010 年		2020 年		q 值变化量
		q 值	q 值排序	q 值	q 值排序	
SC-NPP	海拔	0.042***	4	0.044***	4	0.002
	坡度	0.058***	3	0.084***	3	0.026
	植被覆盖百分率	0.068***	2	0.025**	6	−0.043
	土地利用类型	0.614***	1	0.554***	1	−0.060
	道路密度	0.003***	5	0.027***	5	0.024
	功能分区	—	—	0.338***	2	—

注：***表示在 0.001 水平显著、**表示在 0.05 水平显著、*表示在 0.1 水平显著。

在 2010 年水源涵养与净初级生产力中，土地利用类型、坡度、植被覆盖百分率、海拔和道路密度对两服务间的权衡强度的解释力度逐渐降低。在自然因素中，坡度的解释力度最高；在社会因素中，土地利用类型的解释力度最高，且高于坡度。在显著性方面，除道路密度外，其余影响因素均通过显著性检验。在 2020 年，土地利用类型的解释力度仍是最高，其次是功能定位、坡度、植被覆盖百分率、海拔和道路密度。通过比较两个时间点影响因素的解释力度的变化可发现，在项目区建设开发后 (2020 年) 土地利用类型的解释力度有显著上升，增加 0.169，而自然因素中的坡度因素的解释力度出现明显降低，由开发前的 0.260 降至 0.164，q 值排序由第二位降至第三位，被社会因素中的功能分区所替代。这一结果反映了水源涵养与净初级生产力权衡强度的空间分布格局由开发前的坡度这一自然因素和土地利用类型这一社会因素共同影响，转变为开发后以土地利用类型和功能分区为代表的社会因素占主导的状况。

在 2010 年水源涵养和土壤保持中,土地利用类型、坡度、海拔、植被覆盖百分率和道路密度对两服务间的权衡强度的解释力度逐渐降低。坡度和土地利用类型的解释力度较高且相近,表明在项目区建设开发前,坡度对水源涵养与土壤保持服务在空间上的供给量均匀度有显著影响。在项目区建设开发后(2020 年),土地利用类型和功能分区等因素对两服务的权衡强度的解释力度较大,同时由于受到人为建设开发的影响,以坡度为代表的自然因素的影响力被大幅度削减,其中坡度的 q 值变化量为−0.241,降幅为 71.94%。

在 2010 年土壤保持和净初级生产力中,土地利用类型、植被覆盖百分率、坡度、海拔、道路密度的解释力度逐渐降低。其中,社会因素中土地利用类型解释力度最大,自然因素中植被覆盖百分率的解释力度最大。在建设开发后(2020 年),土地利用类型、功能分区、坡度、海拔、道路密度和植被覆盖百分率的解释力度依次降低,土地利用类型和功能分区仍是主要驱动因素。

综上,关于影响因素对三对生态系统服务权衡强度的空间分异的驱动力,土地利用类型和功能分区是主要社会驱动因素,坡度和植被覆盖百分率是主要的自然驱动因素。在项目区建设开发后,土地利用类型和功能分区对各服务的权衡强度的空间分布格局的贡献最大,远远超过自然因素,这表明人为的建设开发导致的不透水表面比重和人类活动频率的增加会定向地改变各服务的供给水平和供给平衡,且具有强制性。因此,项目区的发展规划应契合生态文明建设的核心思想,做到保护与开发同步进行,有针对性地保护重要生态源地,减少对重要生态廊道的破坏,维持生态系统的稳定。

2) 交互探测

利用地理探测器中的交互探测器工具,测度 2010 年和 2020 年任意两个影响因素对水源涵养、土壤保持和净初级生产力之间的权衡强度空间分区的驱动作用(图 5-13)。结果表明,2010 年和 2020 年中两影响因子的交互作用下的影响力均高于单因子,各影响因素的交互作用类型包括双因子增强型和非线性增强型两类。在水源涵养与净初级生产力服务中,各影响因子间的交互作用以双因子增强型为主;在水源涵养与土壤保持中,影响因子交互作用以非线性增强型为主;在土壤保持与净初级生产力中,2010 年以双因子增强型为主,2020 年以非线性增强型为主,这表明开发前后任意两影响因子的交互作用对所研究的生态系统服务间权衡强度的空间分异现象的解释力度都有所增加。

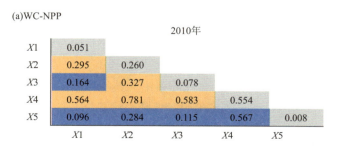

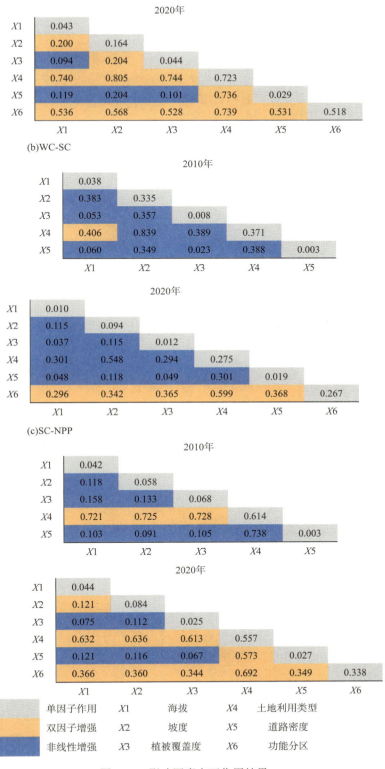

图 5-13　影响因素交互作用结果

在 2010 年水源涵养与净初级生产力中，双因子增强型和非线性增强型占比相同，均为 5 项。土地利用类型与其他因子的交互作用最强，交互后平均解释力为 0.643。其中，土地利用类型与坡度交互后解释力最高，达 0.781，平均增幅 120.49%。土地利用类型与植被覆盖百分率交互后的解释力度也有较大提升，平均增幅超过 300.00%。其次，坡度与植被覆盖百分率和海拔交互后，解释力度也出现较为明显的增加，平均解释力为 0.422。2020 年，影响因素间表现为双因子增强型的共 11 项，占比 73.33%，非线性增强型共 4 项，占比 26.67%。土地利用类型与其他因子交互后的解释力度提升最明显，平均解释力为 0.759，其次是功能分区及坡度，与其他因子交互后平均解释力分别为 0.581 和 0.445。土地利用类型与坡度交互后解释力最高，达 0.805，平均增幅 201.12%，其次是与植被覆盖百分率和海拔因子的交互，解释力分别达到了 0.744 和 0.740。值得注意的是，虽然在单因子中土地利用类型与功能分区等社会因素的解释力最高，但二者交互后的解释力低于土地利用类型与坡度、植被覆盖百分率和海拔等自然因素交互后的解释力。这表明在水源涵养与净初级生产力间的权衡强度中，社会因素与自然因素间的交互效果优于自然因素与自然因素、社会因素与社会因素的交互效果，同时也反映出项目区建设开发后，虽以社会因素的影响为主导，但自然因素的作用也不可忽略。

在 2010 年水源涵养与土壤保持中，因子交互类型以非线性增强型为主，共 9 项，占比 90.00%，双因子增强型仅为 1 项，占比 10.00%。土地利用类型与其他因子交互后解释力度提升最大，平均解释力为 0.505，其中，土地利用类型与坡度交互后解释力最高，达到 0.839，平均增幅 138%。土地利用类型与海拔在交互后解释力达 0.406。在 2020 年，因子交互类型仍以非线性增强型为主，共 10 项，占比 66.67%，双因子增强型共 5 项，占比 33.33%。土地利用类型与其他因子的交互作用效果最佳，平均解释力为 0.408，其中土地利用类型与功能分区交互后解释力提高至 0.599，其次是土地利用类型与坡度的交互作用，交互后解释力达 0.548。

在 2010 年土壤保持与净初级生产力中，因子交互类型以非线性增强型为主，共 7 项，占比 70.00%，双因子增强型共 3 项，占比 30.00%。土地利用类型与其他因子交互后效果最好，平均解释力为 0.728，其中，土地利用类型与植被覆盖百分率交互后解释力最高，达 0.728，平均增幅超 400%，其次是土地利用类型与坡度和海拔因子交互，交互后解释力达 0.725 和 0.721。在 2020 年，因子交互类型以双因子增强型为主，共 10 项，占比 66.67%，非线性增强型共 5 项，占比 33.33%。土地利用类型与其他因子交互效果最佳，平均解释力为 0.629，其中，土地利用类型与功能定位交互后解释力度最高，达到 0.692，其次是土地利用类型与坡度和海拔因子交互，交互后解释力分别为 0.636 和 0.632。

综上，比较 2010 年和 2020 年影响因素交互结果，在交互作用解释力方面，土地利用类型、功能分区以及坡度与其他因子交互效果较好，交互后解释力占全部项的前三名，表明这三个因素是导致项目区各服务间权衡强度产生空间分异的主要驱动因子。从自然因素与社会因素的交互效果来看，在水源涵养和净初级生产力的影响因子交互中，自然因素与社会因素间的交互效果比自然与自然因素、社会与社会因素的交互效果更佳；在水源涵养和土壤保持的影响因子交互中，社会因素间的交互作用效果占主导；在土壤保持与净初级生产力中，社会与自然因素的交互效果与社会因素间的交互效果相当。在交互作用提升幅度上，坡度、海拔和植被覆盖百分率与其他因子交互后的解释力的平均提升幅度超 100%，居所有因子总体提升幅度的前三位，表明这三个因子在交互后对各服务间权衡强度分布的解释力度有显著的提升。由图 5-13 可得，所有因素与其他因子交互后解释力均值都有不同程度的提升，说明各自变量的影响都不是独立的，而是具有协同增强的作用，这表明各生态系统服务间的权衡强度分布是多因素非线性耦合的结果。

5.4.4　讨论与结论

1. 讨论

本章以云南省低丘缓坡项目区为例，通过对项目区进行实地调研，分析并总结目前项目区存在的不足及其原因。进一步筛选建设开发完成度较高的项目区作为典型项目区，分析这一类项目区建设开发前后水源涵养、土壤保持和植物净初级生产力(NPP)生态系统服务功能的空间分布特征，并有效识别各功能间内在的权衡和协同关系以及权衡强度，从而掌握各项目区内水源涵养、土壤保持和植物净初级生产力(NPP)功能的供给特征，为项目区实现生态系统服务功能提升提出针对性建议，进而促进项目区的可持续发展。

但本书只考虑了具有自然属性的生态系统服务，忽略了具有社会属性的文化服务。对于低丘缓坡项目区而言，其建设开发源于"城镇上山"的政策，与建设开发前相比，开发后生态系统服务的社会价值和社会效益会得到显著提升，其中生态系统所具有的娱乐、休憩和教育功能的文化服务不可忽视。因此，在后续研究中，将会考虑将文化服务纳入生态系统服务功能测算中，分析文化服务与供给和调节等服务的相互作用关系。

2. 结论

本书以"实地调研分析—典型项目区开发前后生态系统服务功能格局变化特征—生态系统服务功能权衡与协同关系识别—生态系统服务功能权衡强度量化—权衡强度空间分异探测—生态系统服务功能提升理论框架构建"为研究主线，通过研究得出以下几点结论。

(1)根据实际调研，低丘缓坡项目区可分为"制约型""自然条件约束型""政策缺乏型""双优型"四类，其中"政策缺乏型"项目区和"双优型"项目区占比最高。通过对各类型项目区与规划完成度结合的分析发现，"双优先"项目区规划完成情况最好，其次是"政策缺乏型"项目区和"自然条件约束型"项目区，并且在一定程度上政策对规划完成度的贡献或重要性高于自然基础条件。

(2)项目区建设开发前后水源涵养、土壤保持和 NPP 功能的空间格局特征表明，建设开发对水源涵养和净初级生产力的冷热点分布的影响远大于土壤保持功能，在新增建设用地范围内水源涵养和净初级生产力的冷点区聚集，两功能的供给能力下降及供应不足。项目区建设开发前后各功能的空间变化趋势表明，建设开发区域内，土壤保持功能的物质量得到一定程度的提升，但这是以降低水源涵养和 NPP 功能为代价实现的。

(3)生态系统服务功能的权衡与协同分析结果表明：①水源涵养与 NPP 表现出稳定的

协同关系,而土壤保持与 NPP 受到建设开发的影响,由协同关系转为权衡关系。②项目区的地貌条件和土地开发方式的差异会影响生态系统服务功能的供给水平(尤其是在土壤保持功能上),从而可能导致不同项目区同一对生态系统服务表现出截然相反的相互关系。③各项目区在新增建设用地范围内和新增建设用地范围外,各功能权衡强度存在明显差异,新增建设用地内各功能间一般表现为低供给水平的低权衡强度状态。此外,各功能间权衡强度空间分布的影响因素有所差异。土壤保持与水源涵养之间主要受到地形和土地利用格局的影响,而土壤保持与 NPP 或水源涵养与 NPP 之间除了受到土地利用格局和地形影响外,还受到植被覆盖百分率的影响。④各项目区开发后水源涵养功能减少严重,为项目区内弱势生态系统服务功能,后续应采取针对性的措施,提高水源涵养功能的供给。同时,要注重多功能之间的均衡提升,保证各功能的稳定供给,从而提高项目区的生态系统服务功能的综合效益。

(4)生态系统服务权衡强度空间分异的驱动力分析结果表明,土地利用类型、功能分区以及坡度与其他因子交互效果较好,交互后解释力占全部项的前三名,说明这三个因素是导致项目区各服务间权衡强度产生空间分异的主要驱动因子。同时,所有因素与其他因子交互后解释力均值都呈不同程度地上升,说明各自变量的影响都不是独立的,而是具有协同增强的作用,这表明各生态系统服务间的权衡强度分布是多因素非线性耦合的结果。

(5)通过对项目区进行实地考察、生态系统服务功能测算以及分析总结后,以项目区目前存在的问题为导向,引入国外绿色基础规划成功案例和模型,基于压力-状态-项目模型,以本书研究所得的数据为数据源,构建低丘缓坡项目区生态系统服务功能提升模式理论框架。这一框架贯穿项目区整个建设开发过程,契合项目区边开发边保护的原则,理论上能有效提升项目区生态系统服务功能,促进项目区建设开发与生态保护的协同发展,对云南省其他低丘缓坡项目区建设开发具有一定借鉴和参考作用。

第6章 低丘缓坡山地开发生态功能提升的模式研究

6.1 山地生态系统及其特征

6.1.1 山地生态系统概念

1981年9月14日~9月19日在瑞士Beme-Riederalp举行的山地生态系统的稳定性和不稳定性专题讨论会上，O'Connor对山地生态系统如下定义：由山地景观内活跃的物理-化学-生物过程组成的系统。如果说这个定义是在强调山地环境及其物理-化学过程的基础上，充分考虑到了生态系统概念的完整性，同时指出了在这种环境中的生物作用，那么Amare Geun研究埃塞俄比亚的农业系统及Seleshi Sisave评论埃塞俄比亚的农业系统时所给出的定义就完全省略或简化了人们熟知的生态系统的含义，直接将埃塞俄比亚山地生态系统定义为"在1500m以上且位于大于500mm等雨量线的地形上的隆起的高地地块"。不难看出，Amare Geun和Seleshi Sisave所谓的山地生态系统实际上就是依据于"山地环境"特点或性状来命名的生态系统，换言之，"山地"本身就是一个生态系统。

一般来说，上述有关山地生态系统的阐述和定义与人们通常将山地生态系统理解为在山地(区)的生态系统是一致的。人们研究山地生态系统的真实对象绝不是概念化的生态系统，而是一个个具体、实用的或有理论研究意义的山地生态系统。为此，人们常常将山地生态系统按照某种理论研究和应用实践的需要进行分类。通常是着眼于山地生态系统中无机环境的物质-能量运动条件和特点(地形-地貌特点)、人类利用方式(景观特点)、系统运转对外部投入的依赖程度(人类影响程度或功能特点)三个系列分类。

1)按生态系统所处空间位置及其间(无机环境)物质、能量运动特点分类

山地生态系统可分为分水岭生态系统(山脊区生态系统)、斜坡生态系统(可进一步分为侵蚀区生态系统和堆积区生态系统)、山谷或谷地生态系统。

2)按山地土地利用方式和景观特点分类

一般可分为山地农业系统、山地林业系统、山地牧业系统、山地混农林(牧)系统、山地刀耕火种系统等。

3）按人类影响（压力或干扰作用）程度分类

可分为山地自然生态系统、山地适应（自然）型农业系统、（由自然生态系统向人工系统转变的）转变型农业系统、（自然生态属性发生蜕变的）蜕变型农业系统。

6.1.2　山地生态系统特点

1．平面空间分布特点

平面空间分布的突出特点是山地岛生态系统出现频率高——山地生态系统的岛屿效应明显。岛屿原是针对凸出于汪洋大海中的斑块状陆地而言的自然现象。水和陆是两种不同的介质。从这个意义上说，在一个相对大范围"均质区域"内出现斑块状异质区域的现象可称为"岛屿效应"。以此特性来观察分析山地生态系统，其结构类型的二维空间分布亦具有与之相似的岛屿效应特征。典型山区即多山（头）连绵分布区具有使生物种群和群落结构产生岛屿效应的环境条件。"岛生态系统"的空间尺度有大有小，有显有隐。山脊、深谷、峡谷、山坳及人类活动频繁的山体的其他部位都会成为生物迁移的障碍，是产生岛生态系统的重要界限。但山地岛生态系统的产生尚不止于此。可以说，这只是显性岛生态系统的表象特征。事实上在山地还有更多的隐性岛生态系统。所谓隐性岛生态系统是指那些在人们的视觉上不易感知到的生态异质性区域，如虫草（菌类）生态系统常常被局限在一个非常有限的山地环境中就属于隐性岛生态系统。许多天然动植物资源如天麻、贝母生态系统也存在岛性现象。显性岛生态系统的实例更多，如大熊猫-箭竹生态系统、红豆杉优势种群落生态系统等。

2．立面空间分布特点

从宏观层面说，山地生态系统（具体体现在景观、结构、功能上）的空间分布特点主要表现在随海拔变化的垂直分带性和相邻带间的相嵌-重叠（过渡）性。从生境影响生物、生物反作用于生境意义上说，山脊、斜坡、谷地等生态条件有明显差异的生境，必然导致相应的山地生态系统亚类，使生态系统随高度而变化，其生物-地理具有垂直地带性。垂直地带性格局下山地生态系统的空间分布表现出镶嵌梯变性特征，每种生物都有其对应的生态位，按照竞争原理，没有生态位完全相同（重叠）的生物种。也就是说，任意两种生物的生态位需求都不可能完全相同，对一个具体生境（一个高度带可能出现许多各具特质的生境单元）来说，只有那些相互不构成生态位竞争的生物种才具有较稳定的群落关系。在环境（生境生态位）的垂直镶嵌性递变前提下，生物种群个体和群落也会相应变化。由此形成了生态系统结构和功能的镶嵌梯变。

3．山地生态系统的功能-结构特点

山地生态系统的功能-结构也会相应地具有上述特点，即垂直地带性、镶嵌性、岛性、廊道性（如沿山脊或沟谷出现线性生态景观）。此外，山地生态系统功能结构还有以下几个特点。

（1）脆弱性。山地生态系统脆弱性的本质是山地环境的脆弱性。山地环境先天脆弱，抗扰动力（包括自然扰动力和人为扰动力）弱，环境的恶化、退化也将导致整个山地生态系统的结构和功能恶化、退化。山地生态系统的脆弱性特点对山地生态系统的稳定性影响极大，因此，其在很大程度上限制了人们开发山地自然资源的方式、程度和效果，因为山地自然资源育于山地生态系统之中，山地自然资源开发实质上是在扰动山地环境、干扰胁迫山地生态系统。山地环境和山地生态系统一旦遭到破坏，恢复的难度远远大于平原区和丘陵区。即使没有人类活动干扰，山地环境特有的山地地质灾害也很容易导致山地生态系统的破坏。因此，如何维护和加强山地环境和山地生态系统的稳定性，弱化其脆弱性，是人类在开发利用山地自然资源过程中必须高度重视的理论问题和技术难题。

（2）系统基质中物质的单向性输出。从分水岭（山脊）沿斜坡向谷地、由上一级小流域谷口向下游更高一级流域谷地输出物质的作用显著。由于重力势能作用，山地生态系统的物理环境（地面和地下）中物质运动方向总是由上部向下部移动，同时，由于这种作用广泛发生在表土层即生态系统的营养库，导致山地生态系统的物理环境中活性物质（包括蕴含其中的化学能）易地迁移作用较强；而"输入"的无机物质实际上只是由系统自身基质——暴露的基岩和土壤母质分解、释放，因此，其不仅速度慢而且活性相对较低。虽然通过微生物对死有机物的分解也能向系统补充物质和能量，但严格地说，这不是外部输入的。由此可见，山地生态系统的物质输出作用强于输入作用。为此，山地生态系统容易出现营养缺乏和亏空。山地生态平衡需要人工补充输入或者人工破坏自然输出机制，减缓输出速度，减少输出量，同时人工促进基岩和母质分解从而弥补输出损失。

（3）生态位空位多、余位丰。其原因主要在于"最小因子定律"的限制作用。例如，山区谷地应该是结构复杂、稳定、生产力高的山地生态系统亚类，但是有一些谷地系统因为"水"的限制，成为生物种类少，生物量和经济生产力低，结构相对简单、功能不健全的低效和脆弱生态系统。因此，这里有大量生态位（营养、光热、空间、时间）未被利用和占据。水是大多数斜坡生态系统的"最小因子"。在山地，除水以外，成为关键性限制因子的还有光、热以及某些微量营养元素。

6.1.3　山地生态系统的水循环

山地水循环主要包括林冠层截留、枯枝落叶层截持和土壤层蓄水三个部分。大气降水经过林冠层，一部分被林冠和枯落物截留，一部分进入地表；地表水一部分形成地表径流，一部分蒸发回到大气，还有一部分渗入土壤；土壤中的水分一部分蒸发，一部分入渗补给地下水，形成地下径流，具体过程见图 6-1。

在山地地区，除林冠层截留、枯枝落叶层截持和土壤层蓄水会对水循环产生影响外，地形也对水循环存在直接影响和间接影响。直接影响表现在：坡度影响水流速度，在其他条件一致时，水流流速与山体坡度成正相关关系。一般来说，坡度越陡，流速越快，越容易产流、汇流；坡度越缓，产流、汇流能力越弱。

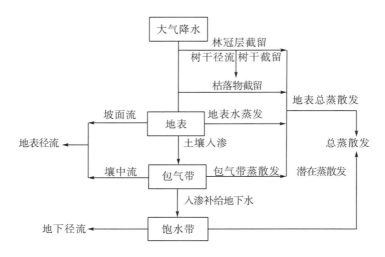

图 6-1　山地水循环过程图

　　间接影响表现在：山地地貌导致气候、植被、土壤的垂直分异，这种差异间接对水循环中的截留、入渗、蒸散发、产流、汇流等过程造成影响，而且这几种因素是相互作用、密不可分的。①海拔影响气温和水分。通常认为海拔每升高 100m，气温下降 0.6℃，但实际情况却不这么简单。气温变化也会受到水分条件的影响，当空气较干燥时，气温受海拔的影响较大，且在不同的坡向、不同季节，海拔变化程度对气温的影响也存在一定差异。②气温影响植被、土壤、水体的蒸散量。一般来说，气温越高，植物需要越多水分来降温，叶片气孔开度越大，蒸散量越大；气温越高，水分子越活跃，越容易从土壤和水体中蒸发，蒸发量越大。③地形和气候共同影响土壤的形成和发育，不同的土壤类型对水循环过程有着不同的影响。砂质土、粉质土、黏质土颗粒由大到小，孔隙越大透水性越好，持水性越差。从土壤结构上看，与粉质土和黏质土相比，砂质土团粒结构稳定，水分传导速度更快。

　　山地的重要生态功能是水源涵养功能。人类对水源涵养功能的认识是动态变化的。其中，森林水源涵养功能最受关注，相关研究更是数不胜数。在 20 世纪 60 年代，前苏联学者认为森林可以均衡地释放水资源。森林通过林冠层截留、枯枝落叶层截持、土壤层水分入渗，调节净径流、补充地下水和涵养水源。后来，森林与降水、森林与蒸散发、森林与水质的关系得到重视。

　　目前，人们对于水源涵养内涵的理解更加多元化，其不仅涉及森林生态系统中的水循环过程，还包括多个水文过程所带来的综合效用（Ferreira and Ghimire，2012）。例如，森林的水土保持能力、森林的调节径流能力、森林的削减洪峰和补给枯水能力。

　　(1)调节径流和削减洪峰。首先，降雨穿过林冠进入枯枝落叶层，一部分渗入土壤，另一部分形成地表径流。其次，土壤包气带将对渗入水分进行二次调蓄。雨水被林冠层、枯枝落叶层和土壤层拦截、吸收和蓄积。过往研究表明，流域的森林覆盖率每增加 2%，能够削减洪峰 1%。

　　(2)净化和改善水质。雨水被林冠层分配的过程中伴随化学元素的交换，体现在雨水对树木表面分泌物的溶解等。当雨水到达林地后，主要表现在土壤对雨水中金属元素的吸附和沉淀等。由密云水库水源林的研究可知，雨水经过森林后，溶解氧和总盐度等成分增多，pH 和浑浊度等下降，表明水被净化。

在低丘缓坡山地开发过程中，保持一定量的林地植被，可以有效提升其生态系统的水源涵养功能。

6.1.4　山地生态系统的坡地

山地生态系统中占据绝对优势的斜坡生态系统，其植物以斜面(广义地理解为曲面、分维面)而不是平面为立地环境。"斜面"不仅降低了植物立地环境的稳定性，而且对水分和植物营养的储存、供给及对太阳能的吸收、反射都具有特殊效果。如由于侵蚀、淋溶导致某些微量元素缺乏；由于太阳光切入坡地生态系统的角度变化和山脊、山峰的遮挡使某些地段光照不足。阴坡、阳坡的存在导致两坡生态位差异，如在阳坡从早晨到傍晚太阳光切入山地生态系统[以系统的下界面(即坡面)或上界面(即植被冠层顶面)为依据]的夹角变化为大—小—背阳。这一特点对于研究山地生态系统吸收-反射太阳能、太阳能推动功能运转的时间序变化及生态位时间序变化至关重要。

美国学者威廉·M.马什(2006)在《景观规划的环境学途径》中指出：山地上的植被、场地地形和水体特征富于变化，并能够为其上的住宅提供绝佳的景色和私密空间。然而，我们在山坡上的成功建设和不同形式的土地利用方式并不等价于我们对坡地的"爱"。事实上，对于很多土地利用情况来说，坡地绝不是好的建设用地，因此在利用时应得到更多关注。现代的土地规划中出现了越来越多的坡地被误用的例子。通常有两种类型的坡地误用：①把建筑物安放在不稳定或潜在不稳定的坡地上；②建筑对坡地稳定性的影响导致土壤流失加速，坡地生态环境受到破坏。

第一种类型的误用是源于没有对地形中原本存在的不稳定性因素进行充分的调查和分析，在发展中缺少充分的规划控制。

第二种类型的误用表现为以下三种破坏类型。

(1)机械挖填。机械挖填即坡地被重型机械重整。这包括使之更陡或更平，导致原本的自然条件失去平衡。

(2)山地的森林砍伐。由于伐木业、农业和城市化发展导致山地森林被砍伐。山地上植被的减少直接降低了坡地的稳定性，并且导致排水量增加，增加了地表径流和地下水的压力。

(3)排水方式的改变。坡地上不适当的建筑物和设施导致山地排水方式发生改变，坡地平衡受到破坏，加速了径流对地表的侵蚀。

在坡地限制标准方面，有一套是针对各种社区活动最大坡度和最小坡度的限制标准，另一套是针对坡地自身的自然限制。就场地的各项利用活动而言，必须清楚地知道用于停车场、住宅、街道、运动场地、草地等建设的最适宜坡度(表 6-1)。

表 6-1　不同类型土地利用对坡度的要求

土地利用类型	最大坡度	最小坡度	最适坡度
居住用地	20%～25%	0%	2%
运动场	2%～3%	0.05%	1%
公共场所的阶梯	50%	—	25%
草场(能使用割草机)	25%	—	2%～3%
排污场地	15%*	0%	0.05%
铺装表面			
停车场	3%	0.05%	1%
人行道	10%	0%	1%
街道和道路		—	1%
20 英里/小时	12%		
30	10%		
40	8%		
50	7%		
60	5%		
70	4%		
工业场地			
工厂	3%～4%	0%	2%
仓库	3%	0.05%	1%
人行道与街道间的草坪分隔带	3%	0.05%	1%

注：引自《景观规划的环境学途径》(2006)，[美]威廉·M. 马什著。

　　威廉教授认为：在进行坡地规划时，为提供土地利用的合理解释，通常还必须知道除坡度外的其他信息。首先，应该考虑坡地的组成成分和岩石性质，即坡地的岩石成分。对每一种地表物质而言，其都具有一个可承受的特定最大坡度，这一坡度被称为物质的休止角，物质在这个倾斜度以下是安全的，否则就会崩塌。休止角是物质所具有的特定属性，不同的物质具有不同的最大倾斜度，如坚硬的岩床具有 90°休止角，而坡体中疏松的非固化组分的休止角却只有 10°。另外，这些非固化组分的休止角还会随水分含量、植被覆盖百分率和颗粒结构的变化而变化。其次，植被对坡地的影响具有很大的差异，这主要取决于植被类型、植被覆盖百分率和土壤类型三个因素。具有发达根系的植被无疑能增加由黏土、泥沙土和卵石组成的坡地的稳定性，但这种影响只是发生在地表下 1～2m 处，这一深度是植物根系最为集中的范围。而对于那些由非常粗糙、大块的材料(如鹅卵石、砾石或岩床等)组成的坡地，植被对其影响很小，除非是大树长在疏松的岩石上。砂质坡地如沙丘，其原本的休止角大约为 33°，而当有森林覆盖时，休止角可再增加 10°～15°，并依然处于准稳定状态。植被覆盖百分率是判断坡地是否稳定的另一重要标准，很显然，有植被覆盖的坡地比没有植被覆盖的坡地稳定。

6.2　欧洲经验：基于自然的解决方案

在社会高速发展的背景下，我们面临着各种各样的挑战，例如不可持续的城市化和相关的人类健康问题、自然资源的退化和损失、生态系统服务(净化空气、水和土壤)功能的丧失、气候变化、自然灾害风险的增加等。目前，70%以上的欧洲人口居住在城市，预计到 21 世纪中叶将增长到 80%以上。这意味着到 2050 年，需要住房、就业和照料的新城市公民有 36 万人①。

人们逐渐认识到自然可以帮助其提供可行的解决方案，可以利用自然生态系统的特性，以智能、"工程"的方式提供的服务。这些基于自然的解决方案为各种目标提供了可持续、成本效益高、多用途和灵活的备选方案。与自然合作而不是反对自然，可以进一步为资源效率更高、更具竞争力和更环保的经济铺平道路。还可以通过制造和提供新的产品和服务来创造新的就业机会并促进经济增长，这些产品和服务加强了自然资本，而不是耗尽自然资本。

通过基于自然的解决方案(NbS)去解决这些问题，是近些年欧洲学术界和政府应对城市化带来的自然环境退化、生态服务功能丧失的重要发展方向，在构建我国低丘缓坡山地开发生态功能提升模式过程中也可以借鉴。

6.2.1　概述

1. NbS 的概念

NbS 这个术语最早是在 2002 年由生态学专家提出，2005 年发表的《千年生态系统评估报告》中重点强调了基于自然的解决方案的重要性，在这之后引起了各国专业学者的重视，他们纷纷参与到 NbS 的研究中，并逐渐给予实践。迄今为止，NbS 一词主要用于针对决策者的交流，最近几年开始在科学文献中广泛出现。

世界自然保护联盟和欧盟委员会等组织越来越多地发展和应用 NbS 的概念。世界自然保护联盟在其 2009 年关于《联合国气候变化框架公约》缔约方大会第十五届会议的立场文件中积极宣传了 NbS 的概念，并于 2012 年正式通过了 NbS，作为其 2013～2016 年三个工作领域之一。欧盟委员会已将 NbS 纳入其 Horizon 2020 研究和创新计划，并投资了一系列项目，以加强 NbS 的证据基础(Maes and Jacobs，2015)。

世界自然保护联盟和欧盟委员会将 NbS 的总体目标定为通过有效利用生态系统和生态系统服务来应对重大社会挑战，但两者对其定义仍有一些显著差异。世界自然保护联盟的定义强调，一个管理良好或恢复良好的生态系统必须成为任何 NbS 的核心；欧盟委员会的定义则更为宽泛。

世界自然保护联盟认为基于自然的解决方案是为保护、可持续地管理和恢复自然或经

---

① https://ec.europa.eu/research/environment/index.cfm?pg=nbs.

过修改的生态系统的行动，这些行动能够有效和具有适应性地应对社会挑战，同时提供人类福祉和生物多样性利益。世界自然保护联盟与相关专业的专家根据 NbS 的概念制定了以下 8 条原则：①接受自然保护规范（和原则）；②可以单独实施，也可以与解决社会挑战的其他解决办法（例如，技术和工程解决方案）相结合；③由包括传统、地方和科学知识在内的特定地点的自然和文化背景确定；④以促进透明度和广泛参与，以公正和公平的方式产生社会利益；⑤维持生物和文化多样性以及生态系统随时间演变的能力；⑥在景观尺度上应用；⑦认识并处理为发展带来的一些直接经济利益的生产和各种生态系统服务的未来备选方案之间的权衡；⑧应对具体挑战的政策、措施或行动的总体设计（Cohen-Shacham et al.，2016）。

2. NbS 相关的应用

基于自然解决方案的干预措施具有多种形式，例如：①恢复和可持续地管理湿地和河流，以维持或增加鱼类种群和以渔业为基础的生计，减少水灾风险，并提供娱乐和旅游效益；②保护森林以支持粮食和能源安全、地方收入，适应和缓解气候变化以及生物多样性；③恢复旱地，以加强水安全、当地生计和抵御气候变化影响的能力；④在城市环境中发展绿色基础设施，例如绿墙、屋顶花园、街道树木、植被排水系统，以改善空气质量，支持废水处理，减少雨水径流和水污染，以及改善居民的生活质量；⑤利用天然沿海基础设施，如屏障岛、红树林和牡蛎礁，保护海岸线和社区免受沿海洪水的影响，并降低海平面上升的影响（Cohen-Shacham et al.，2016）。

3. NbS 与其他相关生态系统管理方法

NbS 的概念旨在明确地将社会的积极结果（"解决方案"）与"自然"的概念联系起来形成。表 6-2 分析了 5 个这类概念以及相关的定义、目标和实例。我们把重点放在当代文献中最常用的关于可持续性、社会效益和人类福祉的生态系统管理方面。它们都没有一个确定的不可争辩的定义，但通常在科学、政策和实践中使用（Nesshöver et al.，2017）。表 6-2 的分析包括：生态工程（EE）和集水系统工程（CSE）、蓝绿色基础设施（GI/BI）、生态系统方法（EA）、基于生态系统适应（EBA）、生态系统服务方法（ES）。

生态工程（EE）、集水系统工程（CSE）、蓝绿色基础设施（GI/BI）属于解决具体活动或者土地利用问题的有针对性的方法，其涵盖了各种活动和干预措施，采用自然替代办法来补充以技术为基础的基础设施，因此可被视为 NbS 的应用程序。

生态系统方法（EA）和基于生态系统适应（EBA）属于管理方法，是设法以平衡自然和社会利益的方式管理自然环境的方法。与前两个概念不同，EA 和 EBA 采用了一种系统的方法来理解这些关系。因此，其更加强调生态系统的复杂性、变化和复原力。

表 6-2 的最后一栏表明 NbS 与这 5 个概念是相互包含的，EE、CSE 以及 GI/BI 属于解决具体社会生态问题的手段和方法，而 EBA 和 EA 为 NbS 提供思维框架和管理方法，是考虑解决方案的好方法。

表 6-2　与基于自然的解决方案相关的不同概念的简略概述

概念	解决问题的方法			管理方法	
	生态工程 (EE) 和集水系统工程 (CSE)	蓝绿色基础设施 (GI/BI)	生态系统方法 (EA)	基于生态系统适应 (EBA)	生态系统服务方法 (ES)
定义	生态工程最早由定义来自美国生态学家奥德姆 (Eugene Pleasants Odum),在这种情况下,人类所提供相对于天然资源来说虽然很小,但还是能在所产生的模式和过程中产生一定的影响。此后,它被重新定义为"将人类社会与其自然系统结合起来而对持续生态系统系统起作用"(Mitsch and Jorgensen,1989)。它也被定义为"行动"利用或为自然来采取行动(Rey et al., 2015)。由 Quinn 等开发的 CSE 被定义为"通过操纵水文流动速径以可持续方式管理水质和水量来改变汇水规模以供更好处的同时降低洪水风险"。在更广泛的背景下,生态恢复的概念和做法也可以以联系起来 (Aronson et al., 2007)。	绿色基础设施 (陆地基础设施) 可以包括陆地保护区、密集农田的农田边缘、城市中动物、公园和绿色屋顶的管道和隧道。此外,蓝绿色基础设施 (与水有关) 包括沿海地区、河流、湖泊、湿地,也包括如人工湖塘,水库、蓄水池以及城市废水网络。	一项权力下放,参与性的自然资源管理的战略。其基础是应用适当的科学方法,将重点放在生物组织的层次上,其中包括生物体及其环境之间的基本过程、功能和相互作用。该方法认识到,人类与其文化多样性,是生态系统的一个组成部分。	考虑到生态系统服务在减少社会对气候变化的脆弱性方面的作用,以多部门和多尺度方式开展适应政策和措施。国家和地区政府、地方社区、私营公司和非政府组织参与对土地使用和变化、气候和生态系统服务面临的不同压力,以提高人民和经济部门对气候变化的适应能力。	通过"生态系统结构与过程功能之间的联系及由此产生的直接或间接导致人类福祉 (得失) 的结果",解释自然系统如何造福人类。生态系统提供的这些商品和服务是"生态系统服务"。其包括供应服务 (如食物、水和建筑材料等)、文化服务 (如娱乐、旅游、教育、地方意识)、监管服务 (如防止洪水或侵蚀、气候调节) 和支助服务 (如土壤形成或营养循环)。如果说自然资本是资产存量,那么生态系统服务就是从这些资产产生的利益。
例子	植被被用来缓解山坡水土不稳定性,从而减少了一些生态和人类问题。英国使用一系列的自然洪水风险管理措施,在提供许多种好处的同时降低洪水风险。	比利时 Scheldt 河口利用天然湿地吸收和减缓缓降雨的流动,从而降低洪水风险。	多利益攸关方系统管理 Thanet Natura 2000 网站。	德班"城市气候保护方案"。	西班牙维托利亚-加斯泰兹的规划者恢复了城市主要干道之一的河流生态系统,改善了城市的污水系统,增强了城市生态恢复能力。这一河流修复将减缓雨水的流动,并防止干净的雨水进入污水系统。
与 NBS 的潜在关联	CSE 是 NbS 的一个版本,两者都专注于应对社会问题的挑战,但 CSE 特别关注流域规模的工作和操纵水文过程,以造福人类。	与一些地区的 NbS 类似,有时也可能是"基础设施"与"解决方案"之间的差异的同义词。	EA 的目的是平衡对人类需求保护和管理。它不等同于 NbS,但它的原则可用于 NbS 的设计,以改善参与的利益相关者的利益并平衡不同的利益。	EBA 应该是 NbS 的一部分,以确保解决方案的极好适应气候。	在 NbS 设计和评估期间,ES 可以是考虑解决方案的极好方法;然而,其使用不应局限于单个或少数 ES 及其受益人。

6.2.2　NbS 在城市规划和生态社区建设中的应用

1. NbS 对城市规划的必要性

近年来，人们越来越重视通过审查生态系统方法与空间规划框架之间的交叉关系，了解规划提供生态无害成果的潜在途径，并从社会生态系统的角度考虑城市。由于空间规划关注社会-生态相互作用，这被认为是互动整体系统的一部分，确认知情规划可以在增强生态系统有益功能方面发挥作用(Scott et al.，2016)。

基于自然的解决方案已成为欧洲一些国家在空间规划政策和做法中实施生态系统服务的一个概念，以便将生态层面与传统规划问题充分结合起来。这一措施超越了传统基于土地的"保护和维护"办法，转向更全面的生态系统办法，其中不仅包括保护，还包括加强、恢复、建立和设计以多功能和连通性为特点的新生态网络。在这种背景下，"以自然为基础的解决方案"已经成为涵盖自然与城市之间不断演变关系的多种方式。在城市规划和设计过程中，绿色基础设施、蓝色基础设施和生物模拟作为 NbS 工具，促进生态敏感的城市发展(Scott et al.，2016)。

欧共体出版的《基于自然的解决方案和再自然城市》[①]概述了基于自然的方法的四个相互关联的目标：①通过确保基本的生态系统功能得到保护，以及以自然为基础的方法促进城市复兴，加强城市可持续性。②恢复退化生态系统及其服务的功能。③发展气候变化适应和缓解措施，包括重新设计人为的基础设施和生产系统为自然生态系统，或开发基于自然的"节俭技术"，通过将灰色与蓝绿色基础设施集成来降低能源使用。④通过利用基于自然的设计提高风险管理和复原力，该设计结合了多种功能和益处，如减少污染、碳储存、生物多样性保护、减少热应力和增强保水能力。

因此，在城市规划上应用的基于自然的解决方案强调了在服务和职能方面的多功能，包括排水管理、生境提供、生态连接、卫生和福利、娱乐空间、减少能源和气候变化、缓解和适应。这就提出了一系列标量干预措施，从城市范围生态网络的设计到提供娱乐功能和冷却/防洪服务的地方多功能城市公园，以减少热应力的微尺度设计(Scott et al.，2016)。

在大城市，如大曼彻斯特，2011 年曾面临城市热岛效应使高温加剧，城市地区由于建筑物和硬表面的热质量以及人为活动所释放的热量，相对于周围环境显示出较高的温度。在曼彻斯特市中心，气温可能比城市周边地区高出 5℃，这可能加剧极端气温对市中心社区福祉的影响。通过高质量系统审查发现，绿地对改善影响和减少热量都有积极的作用。其影响状态和热量与心血管疾病的死亡率密切相关，根据现有的评论，也有适量的证据表明其与精神疾病和所有原因的死亡有关(van den Bosch and Sang，2017)。这引起地方政府的重视，但是由于当地用地紧张并且城市规划不合理，最终导致大曼彻斯特只有一小部分的褐土地被提议作为休憩用地(31 处土地，或总共 609hm^2)，并且其绿

---

① European Commission. (2015). Towards an EU Research and innovation agenda for nature-based solutions and renaturing cities. Brussels: CEC.

化开放空间往往位于热岛效应覆盖范围之外，因此，它们的冷却效益可能不是最佳的（Scott et al.，2016）。

由此看出，在城市规划过程中增加绿色和蓝色区域面积是有必要的，因为绿地和水域会大大减轻城市高温的影响，从而减少弱势群体的健康风险。而 NbS 似乎提供了一个良性的技术或生态修复方案来解决城市的可持续性难题，所以在城市规划过程中有必要将 NbS 及绿色基础设施的应用纳入其规划框架内。

2. 案例

1）NbS 在城市生态社区建设的应用

近期欧盟通过了基于自然的解决方案，以及改造城市的研究和创新政策议程，旨在将欧盟定位为"与自然一起创新"的领导者，建立更具可持续性和更具复原力的社会，丰富欧盟政策层面的基于自然的解决方案的框架条件。为基于自然的解决方案开发一个欧洲研究和创新社区，为基于自然的解决方案提供证据和知识库，推动以创新为基础的解决方案的发展、吸收和升级[①]。如今在欧盟的大部分地区已经对 NbS 进行了大量的试点工作，目的是为基于自然的解决方案提供证据，促进其研究和发展。

以下将列举欧洲三个地区 NbS 在城市生态社区建设的案例，对案例采取的措施和取得的成效进行分析比较，探索其成功的原因和存在的限制性因素，并为 NbS 在城市生态建设方面提供建议，以显示 NbS 在土地管理和生态恢复方面的优越性。

通过对阿姆斯特丹市、柏林市以及布达佩斯市的案例研究[②]发现，其在城市中采取 NbS 措施的目的存在着显著的相似性，即提高城市规划的质量，增加绿地面积，提升整个城市的生态连通性，以此作为城市增长的边界并且防止城市过度蔓延和扩展。同时加强水资源管理，以降低灾害的风险。城市当局根据要达到的目标制定相应的综合发展战略，编制绿色基础设施清单，对投资方向进行分析，并确定发展目标和行动领域。

根据表 6-3 可知，NbS 的措施往往不是单独发挥作用，它是与其他基于生态系统的方法相结合，以提升城市的水源涵养功能，调节地表径流等生态系统服务功能，达到促进可持续城市化，改变城市环境的形象，增加社区的主人翁感，增加公民幸福感，吸引 NbS 相关投资，提供健康福利。加强城市再生地之间的生态连通性，增加生物多样性，提高绿色和蓝色基础设施的质量和数量，增加文化的丰富性和生物多样性。减缓气候变化，降低中尺度或微型尺度的温度；增加降雨入渗/蓄水，减少对下水道系统的负荷。

通过对案例的分析，可以发现 NbS 应用取得成功的因素包括：政府积极鼓励利益相关方参与，促进各方的有效合作，并举行会议和讨论，而市政当局提供资金的能力也至关重要。另外，公众也参与城市地区绿色政策的设计，并有机会发表自己的观点和言论，鼓励当地人民和组织自行维护。通过这种自上而下的方式倡导合作，为公民提供绿色空间。

---

① https://ec.europa.eu/research/environment/index.cfm?pg=nbs.
② https://oppla.eu/casestudy/19449.

表 6-3　案例分析对比

案例	阿姆斯特丹： NbS 绿化城市和提高复原力	柏林： NbS 促进城市绿色连通性和生物多样性	布达佩斯： 用于气候恢复力和污染控制的 NbS
采取 NbS 措施	城市公园、绿化城市、绿色街区、绿色走廊	城市绿化：雨水综合管理、改造空置的城市地区、混交林种植、绿色步行	口袋公园和城市花园、更新城市公园、保护郊区和现有绿地的森林
生态系统服务功能的提升	水管理：水流调节和径流缓解； 空气质量：城市树木和森林城市温度调节，空气质量调节； 公共卫生福利：基于自然的娱乐； 社会正义凝聚力：以自然为基础的教育遗产，文化； 绿地管理：生境和基因库监管，生命周期管理； 与其他基于自然的方法的联系：基于生态系统适应(EBA)、绿色基础设施(GI)	水管理：防洪调蓄； 空气质量：城市树木和森林的空气质量调控、城市温度调控； 公共卫生福利：基于自然的娱乐； 可持续城市再生：以自然为基础的教育遗产，文化； 绿地管理：生境和基因库调控的生命周期； 与其他基于生态系统的方法的联系(EBA)、蓝绿色基础设施(GI/BI)；基于生态系统(EE)和集水系统工程(CSE)	水管理：水流调节和径流缓解； 空气质量：通过减少二氧化碳来调节气候，城市温度调节； 公共卫生福利：以自然为基础的娱乐； 社会正义凝聚力：以自然为本的教育遗产，文化； 可持续城市管理：粮食供应； 绿地管理：生境与基因库调控； 与其他基于生态系统的方法的联系(EBA)、绿色基础设施(GI)；自然保水措施(Nwrm)等
NbS 产生的多重效益	加强可持续城市化：增加绿色开放空间的可及性，增加生物多样性； 恢复生态系统及其功能：增加绿色基础设施的质量和数量，更节能的； 减缓气候变化：碳固存和储存，改善风险管理和复原力；减少径流，降低细观尺度或微型尺度下的温度 建筑：气候变化适应，降低微型尺度下的温度	促进可持续城市化：改变城市环境的形象，增加社区的主人翁感，吸引 NbS 相关投资，提供健康福利，降低水处理费用； 恢复生态系统及其功能：城市再生地之间加强生态连通性，提高绿色和蓝色基础设施的质量和数量； 增加生物多样性，增加文化的丰富性； 减缓气候变化，碳固存和储存； 改善风险管理和复原力：增加入渗蓄水，减少对下水道系统的负荷，降低微型尺度下的温度	促进可持续城市化：改变城市环境的形象，改善空气质量，增加社区的主人翁意识，增加社会互动，福利的提供； 恢复生态系统及其功能：改善绿色基础设施的连通性和功能性，增加生物多样性，增加文化丰富性； 适应气候变化，改善风险管理和复原力：增加入渗蓄水，减少气候中观尺度微型尺度的径流，降低温度

续表

案例分析比较

案例	阿姆斯特丹： NbS 绿化城市和提高复原力	柏林： NbS 促进城市绿色连通性和生物多样性	布达佩斯： 用于气候恢复力和污染控制的 NbS
成功和限制性因素	在城市中实施以自然为基础的解决方案所需的实际知识(如对土壤条件的了解)往往存在(所以需要跨学科);城市与当地社区之间的关系	维持绿地增加了各地区的负担,因为它们没有得到足够的资源来维持,甚至被迫减少在绿地上的开支,以便能够支付其他开支(Rosol, 2006)。然而,有限的资金迫使实施创新措施,并与自下而上的倡议合作,为公民项目提供了空间。在柏林,城市规划和绿色规划似乎很好地与地区结合在一起,采用创新的规划方法,例如利用生物多样性因素来执行 NbS。以往的开创性试验,土地占用和针对以往绿性地区的民间抗议,导致人们更广泛地了解绿色基础设施的重要性,这在一定程度上反映在目前的城市规划系统中	NbS 的关键成功因素是不同城市和利益攸关方之间的有效合作。市政当局合作和提供资金的能力也至关重要,由于匈牙利依赖欧盟资金,因此必须在有关呼吁中明确提及 NbS,以便进一步发展 NbS 项目。该项目另一个主要困难是,虽然成功创建了一个软件工具,但在改进该工具时没有适当的后续行动。NbS 的发展机制的其他障碍包括城市管理缺乏能力及筹资机制的狭隘。
监测与评价	没有对城市如何实现其战略目标进行全面监测	对城市社会和环境状况的监测没有考虑到具体项目的影响	尚未执行一致的监测和评价

2）NbS 在应用中存在的问题和挑战

通过上述的案例对比分析发现，NbS 在城市规划与生态社区建设应用过程中仍存在诸多限制性因素，导致城市对 NbS 项目投资的减少，出现项目竣工后监管不足的情况。归纳起来，NbS 面临的问题和挑战有以下几点。

首先，从概念看，NbS 作为生物多样性和生态系统管理的一个新的总括概念，其面临着一定的挑战。NbS 作为一个"伞式结构"的中心，面临如何或者在哪里划定其"自然"的界限或者范围的问题。许多干预措施可能涉及生物体或者生态系统过程的具体用途或者操作，因此需要人们根据项目的干预水平或者程度做出决定，是否应将其归于"自然"的范畴（Nesshöver et al.，2017）。例如，转基因生物或生物模仿的发展是否被认为是 NbS。此外，多种可能使用自然的解决方案，包括小规模土地管理、生态系统恢复、人造表面的绿化（如城市的绿色屋顶或绿色墙壁），或广泛的气候变化缓解和适应措施（如植树造林、自然洪水控制等工程），是否被认为是 NbS。所以自然的框架是具有挑战性的，即其是否将生态系统作为一个整体看待，项目中是仅包含生物特性还是同时存在非生物特性（生物、化学、物理）（Nesshöver et al.，2017）。

其次，从设计看，NbS 设计、成本、地点、规模以及管理强度的关键决策将涉及各种各样的利益相关者，他们可能有不同的想法和预先存在的方法来处理他们的问题，所以"解决方案"由于具有多种权衡的系统性问题，不可轻易地分解为"简单"的解决方案（Frantzeskaki et al.，2019）。NbS 如何确保所有相关利益相关方都得到考虑和民主参与，同时兼顾社会凝聚力和公平？在为 NbS 创建和选择选项时，如何协调相互冲突的目标和利益？如何预测和评估 NbS 的不同结果以及如何判断公平？应该确保多个利益相关方的参与，他们的参与被认为可以为规划和提供环境管理改进的过程带来三种类型的好处（Nesshöver et al.，2017）。

再次，从多学科知识合理利用看，NbS 项目将需要与跨科学领域的跨学科工作结合起来。因为在设计 NbS 时，不确定性将是普遍的特征，在许多情况下，NbS 处理复杂的社会-生态系统，其对管理和自然因素的响应通常是非线性的、异构的和不完全的（Suding et al.，2004）。将生态问题与社会科学相结合，构造出社会-生态模型，社会-生态模型可以成为跨学科学习过程的一部分，在这种过程中，解决问题和解决办法，包括价值观和目标，由专家、实践者和利益相关方进行审议，并在需要时加以调整。这种做法可为公民的参与创造重要机会，并相应地会纳入地方知识、环境和地方经济，增进对不确定性和复杂性的理解。把社会因素考虑在内也将确保 NbS 在生态方面起作用，还避免了它们在经济上不可行或在社会上站不住脚。

最后，从项目投资的资金供应看，基于自然的解决方案其投资全部或部分由公共投资支持。NbS 项目在获得投资过程中存在风险和挑战：一是私人投资也将产生公共利益（如防洪）；二是投资回报通常比其他投资机会的风险更高，期限更长。特别重要的是要认识到，只有在建立业务模式（利润或非营利组织）的情况下实现投资回报，才能实现私人投资（Frantzeskaki et al.，2019）。所以如何找到新投资和融资模式尤为重要。

6.3　低丘缓坡山地开发生态功能提升的模式研究

6.3.1　低丘缓坡山地建设开发的理想模式

1. 空间布局

与平原地区建设开发不同，低丘缓坡山地开发必须依据山体不同位置和坡度，布局不同的土地利用类型，宜建则建，宜林则林。这就要求低丘缓坡山地开发是在生态安全约束下的土地立体开发。

1) 优先布局生态用地

低丘缓坡山地开发前，必须根据山地的生态限制因子开展建设项目区生态适宜性评价，明确开发适宜性等级及其空间分布，优先布局生态用地，形成低丘缓坡山地开发的生态约束。低丘缓坡山地开发只能选取建设开发最适宜等级作为拟开发区域，其他区域留作维系生态系统的用地(图 6-2)。

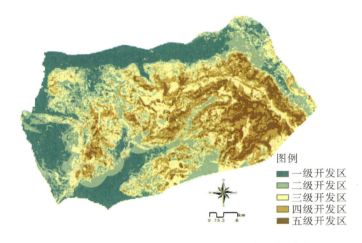

图例
- 一级开发区
- 二级开发区
- 三级开发区
- 四级开发区
- 五级开发区

图 6-2　大理市海东区开发前生态适宜性空间分布

2) 生态约束下构建低丘缓坡山地立体开发布局

在对低丘缓坡山地生态安全影响因子进行分析的基础上，低丘缓坡山地开发建设区采用立体开发模式，充分利用地上空间和地下空间，并将地上和地下结合起来对整体进行竖向分区，在竖向分区的基础上，对居住、生产、绿地、交通、沟渠及生态廊道等用地再进行具体的立体开发。

可以采取以下具体开发模式。

(1) 模式一：区域协同，构建"山环海抱城相融"的总体格局(图 6-3)。

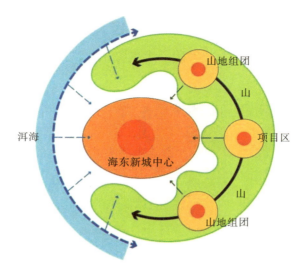

图 6-3　模式一：区域协同——大理海东案例研究

从区域视角出发，整合大区域山水生态资源、城市人文资源等，构建"山-水-城"和谐相融的总体格局。

(a)山环海抱。群山、湖泊或河流构成山地城镇建设项目区所在区域的天然生态基底，背山面水，是项目区最大的空间特质。

(b)山城相依。低丘缓坡山地城镇工业建设项目区应依山就势，或建城于半山，或筑城于高台，建设层次丰富的山地城市工业空间，形成山城相依的整体格局。

(2)模式二：生态优先，划定生态红线，维护山地生态环境(图 6-4)。

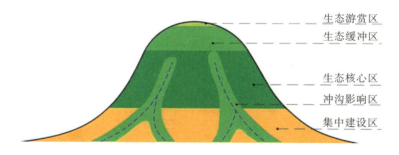

图 6-4　模式二：生态优先

根据低丘缓坡山地城镇工业建设项目区的地形条件、地貌特征等，以生态保护为优先准则，划定生态游赏区、生态缓冲区、生态核心区、集中建设区四类土地利用区域，构建多层次的生态保护体系。

(a)生态游赏区。山顶区域，作为一定区域的制高点，地形较为平坦，景观视域极佳，适合低密度建设，打造成游赏节点。

(b)生态缓冲区。山顶周边区域，地形相对平坦，坡度一般在 25°以下，具有单侧较好的景观视域，适合低强度开发，保证较高的绿化率，作为生态缓冲区域。

（c）生态核心区。山腰区域，地形坡度大，多在 25°以上，工程难度大，不适合开发建设，宜作为生态保育的核心区域。

（d）集中建设区。山脚区域，地形较为平坦，集中的宜建设用地面积较大，适合较大规模的城镇开发建设，但需预留冲沟附近的生态缓冲区域，防止山洪等地质灾害的影响。

（3）模式三：依山就势，分台布局（图 6-5）。

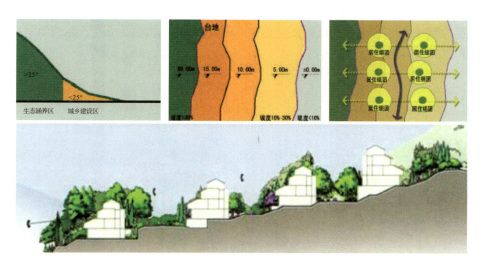

图 6-5　模式三：依山就势

（a）用地选择。结合低丘缓坡城镇工业项目区地形特征，划定不受地质灾害影响、坡度在 25°以下、规模较大集中连片的区域作为项目区建设的主要区域；坡度在 25°以上、受地质灾害影响等不适合建设的区域作为生态涵养区域。

（b）依山就势。建设用地的布局宜结合地形采用平坡式、台阶式和混合式三种形式，其中自然坡度小于 8°时，宜规划为平坡式；自然坡度大于 15°时，宜规划为台阶式；自然坡度为 8°～15°时，宜规划为平坡式与台阶式混合式。

（c）有机布局。分组团布局建设用地空间，通过合适的交通组织方式将各组团有机连接。

2. 竖向分层

与平原地区建设开发不同，低丘缓坡山地开发更加关注山地高程差对建设用地空间布局的影响，必须实行建设用地竖向分层开发模式，包括项目建设场地的竖向布局、道路和公共设施系统的竖向布局、绿化的竖向布局，以适应山地立体特征。

在低丘缓坡山地建设开发中，地块划分首先要考虑的是保证城镇工业项目安全，避让山体滑坡、塌陷、山洪等自然灾害，明确其防护边界。地块划分应以相对平整的台地作为基准，兼顾防护坡的合理性和等高距的应用，同时融入用地性质等多种要素共同来完成，不应局限于地块形状的完整度和规模的一致性。山体地形的特点决定了低丘缓坡山地城镇工业的面貌不是平整的、平面的，而是立体的，具有多维度特征。绿化也应从二维的平面中突围，跟随多维度特征向多维度立体的绿化发展，尊重和服从山地小空间地势特点，通过多维度、层次错落的立体绿化改变整个低丘缓坡城市工业项目区绿化面积与建筑硬地面积的比例，打破传统建筑、景观绿化的孤立关系的界面。

低丘缓坡山地城镇工业项目区不可能像平原一样进行网格式道路系统布局，其更多采取结合地形的分散组团式结构与灵活自由式道路组织系统。竖向规划设计过程中，路网布局及竖向规划是核心，作为低丘缓坡建设项目区的骨架，重点应厘清道路竖向与其他竖向的关系及控制方法。进行路网布局及道路竖向设计过程中需考虑周边地块的使用，两者相互联系和制约(图 6-6)。

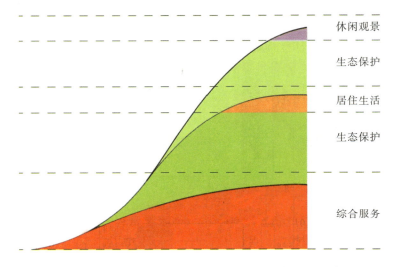

图 6-6　低丘缓坡项目区土地立体开发的功能布局示意

低丘缓坡山地城镇工业项目区应该采取立体化开发方式。即位于同一平面坐标的土地空间在地表、地上、地下分层进行不同形式的开发利用。从利用形式上看，低丘缓坡山地城镇工业项目区的立体化利用形式呈现多样化。地上空间利用主要包括高压线走廊、立交桥、高架桥、空中步行连廊、骑街楼等，地下空间利用主要包括地下人防工程、地下步行通道、地下停车场、地下交通枢纽、地下商业街、地下市政管线系统、地下市政场站等。

6.3.2　提升低丘缓坡山地开发生态功能的理论模式

1. 提升低丘缓坡山地开发生态服务功能的理论框架

通过对低丘缓坡山地开发项目区进行实地考察、生态系统服务功能测算以及分析、总结后，以项目区存在的问题为导向，提出低丘缓坡项目区生态系统服务功能提升模式理论框架(图 6-7)。该框架主要分为建设开发和生态系统服务功能两方面，二者之间相互联系、相互作用。以低丘缓坡项目区建设开发的三个阶段为时间轴，根据不同的开发阶段，有针

对性地提出相应的生态系统服务功能保护措施,能够为构建云南低丘缓坡山地开发与生态
保护协调发展的土地利用与建设开发管理新机制和政策提供一定的参考。

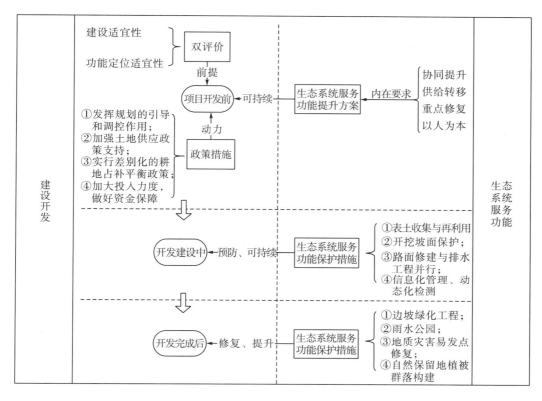

图 6-7　低丘缓坡项目区生态系统服务功能提升理论框架

1) 第一阶段是项目开发前,这是该框架成立的前提条件,即低丘缓坡项目的成功落地

这一阶段,主要从项目区的选址、政策措施以及生态系统服务功能提升方案三方面展
开。首先是项目区的选址。建设开发具有极强的不可逆性,因此项目区的选址应结合当地
的自然资源条件、社会经济条件和政策建立评价指标体系,通过"双评价"进行确定。"双
评价"包括建设适宜性评价和功能定位适宜性评价。通过对项目区进行实地调研和查阅项
目区开发文本后发现,项目区只进行了建设开发适宜性评价,确定了项目区内适宜开发的
区域和等级,而缺乏项目区功能定位适宜性评价。而项目区的功能定位需要结合当地市场
的需求以及自然基础条件等要素共同决定,若项目区的功能定位存在问题,将会影响项目
区后续的进度和发展。其中,以地形这一自然基础条件对功能定位的影响为例,不同的功
能定位对地形的适应性程度存在明显差异。以观光旅游和房地产为主要功能定位的项目
区,对地形的适应性较强,而以工业为主的项目区由于生产工艺和机械精度的缘由,对地
形的要求较为苛刻。若在地形起伏大的低丘缓坡进行以工业为主导的项目区的开发,除了
会加大建设开发成本,也会加剧对原始地形的破坏,从而对生态系统的稳定产生扰动,而
这会进一步加大生态保护措施的投入,从而形成恶性循环。因此,对待开发的项目区补充

功能定位适宜性评价是非常必要的。

其次是政府的政策措施。通过实地调研分析发现，政府的政策帮扶对保证项目区的顺利实施起到重要作用，并且在一定程度上其重要性大于自然基础条件。因此，本书提出以下四条能促进项目区实施的政策措施。①发挥规划的引导和调控作用。按照加强坝区优质耕地保护、节约集约用地和城乡建设向山地发展的要求，与国土空间规划、林地保护利用规划、产业规划等保持充分的衔接，科学合理地确定片区低丘缓坡土地综合开发利用规模，优化用地空间布局。②加强土地供应政策支持。根据实施方案确定的土地利用布局和结构调整目标，将拟建山地、未利用地等优先纳入储备，进行统一的前期开发管理，积极引导各类城乡建设向适建山地发展，提高各类建设占用山地比例。对使用山地发展城市和各类产业项目的，可适当降低建筑密度和建设用地基准地价。对使用未利用地发展工业项目的，土地出让金最低标准可按照《全国工业用地出让最低价标准》进行一定比例的降低。③实行差别化的耕地占补平衡政策。严格执行建设占用耕地补偿制度，杜绝占优补劣等降低耕地质量的不良现象，实行差别化的耕地占补平衡政策。项目区内经批准的各类城市、产业建设用地，对占用坡度为25°以上劣质耕地的，不计入补充耕地范围。④加大投入力度，做好资金保障。各级各类基础设施、服务设施、有关产业建设资金要向山地城镇和产业项目建设倾斜，引导社会资金更多地投向山地城镇建设。各级财政部门要将国土空间规划和林地保护利用规划的编制完善经费纳入预算，积极给予其保障。发挥市场化运作机制作用，多渠道筹措资金，加强项目资金使用情况审计，确保资金专款专用；金融机构要研究多样化的金融服务方式，加大对"城镇上山"建设项目的信贷支持。

最后是生态系统服务功能提升的内在要求，包括协同提升、供给转移、重点修复和以人为本。协同提升是指在采取生态系统保护措施时，应注重多功能的提升，而非只关注某一功能，保证各功能间的稳定供给。供给转移是指在建设开发区域生态系统服务功能的供给存在一定程度的降低，为保证建设开发前后总供给不变或提升建设开发后的供给，应加强对项目区非建设区自然保留地的生态保护建设，如对荒山荒坡进行植被复绿治理，种植当地本土地带性植物，完善生态廊道，从而实现生态系统服务供给的转移。重点修复是指通过生态系统服务功能间的权衡与协同分析，识别项目区的弱势生态系统服务，有针对性地加强该服务供给，保证各生态系统服务供给的稳定和平衡。以人为本是指低丘缓坡山地开发的最终目的应落实到人的身上，让人们能切实感受到低丘缓坡开发能有效提高人民幸福感。因此，在提升具有自然属性的生态系统服务的同时，也应相应提升具有社会属性的文化服务，增强项目区的娱乐和休憩功能，让人们能直观感受到生态系统服务带来的好处，从而提高人们保护生态的意识。

2) 第二阶段是项目区开发建设过程

这一阶段将不可避免地引起水土流失，若不采取切实可行的措施，将对项目区周边及取土区，弃土场附近的农田、果园、湖塘等造成严重影响。在考虑节省工程投资的同时，还应重视生态环境的保护及修复，最大限度地减少因工程建设引起的水土流失对项目所在区域生态环境的影响。因此，所采取的生态系统保护措施应该以预防和可持续为重点。主要措施包括以下几点。①表土收集与再利用。表层土的有机质含量较高，尤其对于地表植物生长和底层土的酸碱度都具有很好的适应性,注意将表土收集后回填,用于项目绿化。②开挖坡面保护。土壤侵蚀主要发生在多雨季节,因而合理规划施工期很有必要。施工单位应和气象部门联系,事先掌握项目区的降雨时间和特点,合理制定施工计划,及时掌握暴雨等灾害性天气情况,以便在雨前及时将填铺的松土压实,用沙袋、废纸皮、稻草或草席等遮盖坡面进行临时应急防护,减缓暴雨对山坡面的剧烈冲刷,同时对临时排水沟进行必要的疏通、整修,减少水土流失。③路面修建与排水工程并行。在进行土方工程的同时,对于路面的排水工程,尽量争取同步进行,预防雨季路面形成的径流直接冲刷坡面而引起水土流失。④信息化管理、动态化监测。建立低丘缓坡土地综合开发利用实施方案的管理信息系统,对片区建设进行动态管理,实现数据共享和快速检索。及时准确地为相关管理部门提供多层次、高质量的成果。运用计算机和"3S"技术,建立实施方案的动态监测、分析、调控运行系统。通过运用"3S"技术,扩大遥感监测的覆盖面,实现对方案的实施情况进行快速监测和跟踪管理,有效解决管理信息不对称的问题,增强实施方案的可行性和可操作性,实现管理信息化,监测动态化。

3) 第三阶段是项目区开发完成后

这一阶段项目区内的建设开发基本完工,对生态系统的扰动逐渐减小,因此应进一步采取生态系统服务功能提升措施,有针对性地提高各生态系统服务的供给,从而加强项目区这一社会-自然生态系统的稳定性。主要措施有以下几点。①边坡绿化工程。低丘缓坡的建设开发将不可避免地进行土石方开挖,由此将形成裸露边坡,破坏原有生态环境,导致水土流失,边坡的不稳定性会留下安全隐患。因此,边坡的治理和绿化是低丘缓坡项目区景观塑造和安全保障的重点。在控制水土流失的基础上,应选取适合当地气候条件的、根系发达、分生能力强以及抗逆性强、耐贫瘠及轻管型植被等本土植被进行边坡绿化,并注重乔、灌、草多重植物配置,提高植物群落稳定性。通过这一措施,不仅能有效缓解土壤侵蚀,而且能提高水源涵养和植被固碳释氧的供给,有效实现各功能间的协同提升。②雨水公园。低丘缓坡区项目区地形高低落差大、雨急坡陡径流快、土薄高湿持水难,导致雨水流失非常快,但山水生态空间却非常足,有较大的消纳和利用空间。结合山地自然特征,综合采用"净、蓄、滞、渗、用、排"等措施结合景观生态技术,将大部分降雨就地消纳和利用。雨水花园是自然形成或人工开挖的浅口绿地,用于汇聚并吸收来自屋顶或地面的雨水,是一种生态可持续的雨洪控制与雨水利用设施。其兼具雨天及非雨季的双重景观特征,通过合理的植物配置,为昆虫与鸟类提供良好的栖息环境,丰富生物多样性,又通过植物的蒸腾作用实现环境中空气的湿度、温度调节和小气候环境的改善。③地质灾害易发点修复。现状冲沟由于长年被雨水冲刷,导致水土流失严重,是地质灾害的频发点。通过在冲沟内加强绿化植被的恢复,形成固土含水的保护层。在提升低丘缓坡项目区景观效果的同时,可优化廊道内物种生境,形成良性循环,促进生态平衡。④自然保留地植被群落构建。在项目区内的自然保留地中,大多为本土地带性植被,具有较强的适应能力,能有效地避免水土流失,但存在绿化单一和植被种类匮乏的缺点,因此在自然保留地的绿化配准中,引入丰富的地方性植物种类,加大乔、灌木的栽植量,采用成片、成林的植物栽种方式,以形成稳定的植被群落,并注重种植的乔、灌、草的层次,加大带状绿化的宽度，使其真正成为联系各个绿地斑块的绿色廊道，有助于形成整个生态绿地系统的网络结构，维持生态系统的稳定。

以上是低丘缓坡项目区生态系统服务功能提升理论框架。这一框架贯穿低丘缓坡山地开发项目区的整个建设开发过程，契合项目区"边开发边保护"的原则，在理论上能够有效提升低丘缓坡项目区生态系统服务功能，促进项目区建设开发与生态保护的协同发展，对全国相关省(区、市)低丘缓坡项目区建设开发具有一定借鉴和参考作用。

2. 提升低丘缓坡山地开发生态服务功能的理论途径

以项目区目前存在的问题为导向，引入国外绿色基础规划成功案例和模型，基于压力-状态-项目模型，以本书研究所得的数据为数据源，提出低丘缓坡项目区生态系统服务功能提升模式理论途径，即加强低丘缓坡山地开发绿色基础设施建设。

1) 绿色基础设施的概念

绿色基础设施(green infrastructure，GI)是在全球经济快速增长，城市人口急剧上涨，城镇化进程加快，导致建设用地无序扩张和下垫面硬化比例不断增加，引发城市热岛效应、景观破碎、生物多样性减少和洪涝灾害频发等一系列城市病，严重威胁了城市的可持续性这一重要背景下提出的。GI 作为"生命支持系统"，于 1990 年在美国马里兰州的运动中被正式提出和运用，其希望通过利益相关者的科学管理和规划，为城市提供生态、社会和经济多重效益，为促进城市和生态保护协同发展提供有效方案(赵力强，2013)。1998 年，可持续发展总统理事会(President's Council on Sustainable Development，PCSD)首次对 GI 的概念和内涵进行界定，表明 GI 是用于推广基于地方的方法来保护、恢复和管理当地或区域的自然生活网络以及环境资源的设施(周骏，2011)。GI 的提出成为生态学、地理学和规划学等多学科研究的重点和热点，学者们从景观生态系统、城市规划学和环境科学等不同角度对其概念进行阐述，这为 GI 规划的"多功能性"与"多目标性"提供了理论支撑(吕杰等，2013；李家志，2013；王卫林等，2016)。2013 年，欧盟委员会综合了不同学者的观点，对 GI 进行了明确的定义，即"通过战略性规划，由自然、半自然区域连接而成的空间网络，为人为管理和设计的环境要素共同提供多项生态系统服务"(吕杰等，2013)。经历 30 余年的理论研究和实践探索，GI 经历了从人居环境到生态保护和绿色技术的发展阶段(朱晓芸，2008)，现已逐渐成为国家和地区控制城市无序扩张与生态保护的重要手段和空间框架(刘焱序等，2014；李靖等，2018)。

2) 绿色基础设施在国内外城市建设中的应用

绿色基础设施根据作用对象可分为人居环境和生态保护两大类，所采取的措施和作用过程以及发挥的生态系统服务也不尽相同。由于绿色基础设施具有多功能和多目标的特点，某一种绿色基础设施可同时实现不同生态系统服务的供给，具体见表 6-4 所示。在人居环境中，绿色基础设施规划主要通过建设城市公园、绿地系统等开放空间，提供生态系统文化服务中的景观美学和娱乐休憩功能，从而通过调节情绪、降低压力水平和缓解疲劳，改善居民的健康和福祉，提高居民的幸福感和认同感。在生态保护方面，绿色基础设施通常与绿色技术相结合，实现自然生态系统服务的供给，如通过过滤、吸收和蒸腾实现水质净化服务；通过增加植被数量、种类和垂直结构层次，提供绿荫和增加植物蒸散发，改善城市热环境，实现小气候调节服务；采取边坡绿化的生态基础措施，实现坡面的生态植被恢复和根系生长，固定土层，缓和雨水冲击，减少径流量，抑制土壤流失，实现土壤保持服务等。

表 6-4　绿色基础设施功能

GI 功能	措施	作用过程	生态系统服务
改善人体健康	公园和绿道、开发空间系统	研究表明，人类健康与绿色空间的数量、质量密切相关，绿色空间在调节情绪、减轻压力和缓解疲劳方面发挥重要作用，从而提高居民幸福感和认同感	文化服务(休闲娱乐和景观美学)
缓解气候变化	人工混交林、绿色走廊	通过增加植被数量、种类和垂直结构层次，提供绿荫和增加植物蒸散发，增加植被固碳量，从而降低城市温度，改善城市热环境	调节服务(气候调节)
提升雨洪调节与净化能力	雨水花园、人工湿地、可持续雨洪管理	通过绿色屋顶、雨水花园、植被过滤带和人工湿地，拦截降水，减缓地表径流，加强蒸散发、径流的浅层入渗和地下水补给，实现缓解洪涝，减轻径流污染以及加强水资源利用的目标	供给服务(水源涵养)、调节服务(水质净化)需要进一步确定分类
改善空气质量	绿色建筑、绿色走廊	根据研究区的风向和风速对 GI 进行合理布局，构建通风廊道疏散污染物，同时植被通过叶片吸附空气粉尘和污染物，降低空气中有害固体颗粒含量	调节服务(空气净化)
减缓坡面侵蚀	植被护坡、生态基础工程	通过对侵蚀强度大的坡面，采取边坡绿化的生态基础措施，实现坡面的生态植被恢复和根系生长，缓和雨水冲击，减少径流量和降低流速，固定土层，抑制土壤流失。	调节服务(土壤保持)
生物多样性保护	生态廊道和生态网络	识别并保护重要生态源地，构建生态廊道和生态节点，设置生态缓冲带，降低人类活动的干扰，促进源地内各物种间的信息交流和能量交换	支持服务(生物多样性)

　　绿色基础设施已经成为"灰色基础设施"(如下水道、水管和污水处理厂等)的重要补充，这很大程度上是因为其可能增强社会和自然环境的弹性。学者认为，绿色基础设施通过增加多样性、灵活性、冗余、模块化和分散化来增强城市的韧性(王旭熙等，2016)。在强降水期间，绿色基础设施可以帮助缓解洪水对老化或小型下水道系统的压力并降低总体雨水径流和水污染水平(杨远琴等，2019)。投资绿色基础设施在某些时候往往比传统的公共工程项目更具成本效益。例如，20 世纪 90 年代，纽约市斥资约 15 亿美元购买保护卡茨基尔山脉的分水岭土地，从而避免了要花费 60 亿～80 亿美元修建新的水过滤和处理工厂(李红波等，2014)。同样，美国密苏里州阿诺德通过在洪水平原上修建绿道，大幅降低了纳税人在救灾和洪水破坏修复方面的成本(李红波等，2014)。因此，绿色基础设施对于提升城市的韧性和复原力、促进城市的可持续发展具有巨大潜力。

　　3) 绿色基础设施规划模型

　　为了科学合理地在城市中对绿色基础设施进行布局，需要建立指标体系，构建绿色基础设施评估框架，征求各利益相关方对各类生态系统服务的需求程度，确定需要的绿色基础设施，并通过空间制图的方式，实现绿色基础设施的选址。因此，本书从国外学者所开发的绿色基础设施模型中，筛选并引入了认可度和使用率高且科学有效的绿色基础设施模型，通过案例的方式对各模型的作用、优缺点和认可度进行介绍。为低丘缓坡项目区选取绿色基础设施规划模型提供了便利。

（1）绿色基础设施空间规划模型。源于缺乏利益相关者知情的、城市规模的方法来系统地识别与绿色基础设施及其选址相关的生态系统服务权衡与协同作用和"热点"这一现实问题，Sara 等提出了绿色基础设施空间规划（green infrastructure spatial planning，GISP）模型，这是一种基于绿色基础设施的多标准和多功能的方法，集成了六个功能：雨水管理、社会脆弱性、绿地、空气质量、城市热岛改善和景观连通性。根据利益相关者权衡不同功能的需求，以确定最需要的绿色基础设施功能。该模型被应用于底特律，结果表明绿色基础设施没有被安置在雨水减排的高度优先区域，更难以改善城市热岛效应、改善空气质量或提高栖息地连通性，并且发现选址在实现雨水管理效用最大化的区域和景观连通性之间存在权衡，该模型揭示了绿色基础设施的布局的不合理性，以及绿色基础设施在恢复某一生态系统服务过程中可能会损害其他服务。GISP 模型的优点在于为规划未来的绿色基础设施提供了一个具有包容性的、可复制的方法，用于评估特定景观的竞争性和互补性生态系统服务优先事项，从而使社会和生态复原力最大化。GISP 模型的缺点在于它并不是对选择特定绿色基础设施技术的决策支持，因为这需要考虑许多其他因素。例如，过滤技术将只适用于地下水未受污染的地区。相反，该模型最适合识别绿色基础设施发展的重点领域，作为城市总体或目标规划的一部分，进行更精细规模的分析。从宏观层面，该模型对于研究总体规划和社区重建及规划层面都非常有用。

（2）潘多拉插件（Pandora 3.0）。由于城市系统的复杂性，景观连通性评估和与景观连通性相关的生态系统服务分析在城市规划中往往不够充分，甚至完全缺乏，面对这一现状，Raffaele 等开发了 QGIS（Quantum GIS）的插件——Pandora。该插件旨在成为一个通用和创新的工具，用于评估绿色基础设施在生态连接和生物多样性方面的价值，对可持续规划和有弹性的景观和城市规划有辅助作用。通过该插件主要可以实现以下三个规划目标：①从自然资源保护者的角度支持生态网络内的优先排序；②通过确定向网络添加新元素的最佳位置来提高连通性；③从连通性降低的角度评估开发项目的潜在影响。该模型的优点有两个：一是具有实用性，能有效反映项目选址以及绿色基础设施的选址对景观连通度的影响，从而实现项目位置的择优选择，同时通过生态景观能图确定对生物多样性影响最大或重要性最高的区域，为生态源地的划定提供参考和借鉴，对可持续规划和有弹性的景观和城市规划具有重要意义；二是具有扩展性，其主要体现在代码开源上，可根据项目的实际需求，对插件进行完善，以达到实际目的。其缺点在于该插件无法模拟具体物种迁移的景观连通性，当需要对特定物种进行保护时则需要具体和详细的功能连接评估。

（3）绿色基础设施评估（green infrastructure assessent，GIA）。美国马里兰州快速的城市化，以及低密度发展的分散模式消耗了大量土地，破坏了景观，影响了本地物种的生存，损害了生态系统功能。因此，马里兰州自然资源部（Department of Resources，DNR）开发了一个工具，旨在帮助识别那些在全州范围内生态最重要的地区，以及那些面临发展损失风险最大的地区（李红波等，2014）。通过该模型确定了大量相邻的自然土地（枢纽），通过自然走廊相互连接，允许动物和植物的繁殖传播和迁移。对中心和走廊生理区域上的生态和发展风险参数以及这些参数的组合进行了排序。对于生态重要性和开发的脆弱性，也在更精细的尺度下进行了优先级分析，并对网络内的站点优先级进行更详细的分析。该模型已被证明是该州保护和恢复生态工作的有用工具(李红波等，2014)。因为该模型是根据马里兰州的真实数据开发的，并经过了全州规划和保护领域专业人士的广泛审查，其在该州各级政府中获得了一定程度的认可，已被纳入马里兰州的战略森林土地评估，并作为德尔马瓦半岛(德尔马瓦保护走廊)、切萨皮克湾流域(资源土地评估)、马里兰州各个县的绿色基础设施评估的原型，以及用于维吉尼亚州(rirginin)(维吉尼亚保护区)土地评估等。

(4)绿色基础设施评估系统(green infrastructure assessment system，GIAS)。由于各种人类活动造成的景观不利变化导致自然景观质量下降和功能退化，危及各种物种的自然栖息地，而目前开发的空间规划实际决策系统较少。因此，为了满足研究要求，Lee 等开发了绿色基础设施评估系统(GIAS)，其是景观的结构、功能和动态表现的指标体系，用于综合评估各种景观生态价值，以便在空间规划和管理中使用。结果表明，GIAS 模型可作为规划支持工具，在宏观和微观尺度上对景观生态价值和绩效进行具体评价，并可适用于不同的空间规划阶段。通过利用地理信息系统，可以预先审查发展项目所造成的频繁人为影响，并可以制定积极主动的替代方案。为科学、系统地规划和管理绿色基础设施提供有效的决策依据。

通过对以上的绿色基础设施规划模型对比分析可知，模型都是基于城市的无序扩张，导致大量承担重要生态系统服务的景观被破坏这一现实问题开发的，其目的是通过模型识别重要的生态源地、生态廊道，预测遭到破坏的风险，以及通过选址实现绿色基础设施效用最大化，或通过情景模拟来选择影响程度最小的开发地点。但由于各模型的理论基础和侧重点有所差异，构建的指标体系和测算方法具有较大差异。因此，使用这一模型的前提是充分了解模型的理论基础和运行原理，以及与自身所研究和解决问题的契合程度，并根据实际情况对模型进行选择性修正和验证。

4)低丘缓坡山地开发提升生态系统服务功能的理论途径

低丘缓坡山地通常指的是地表起伏不大、坡度较缓、地面崎岖且由连绵山丘组成的土地资源，坡度在 8°～25°的丘陵地带，是未来国土空间优化开发的重心。相对于平原地区，低丘缓坡地区地形、地质地貌更为复杂多样，具有脆弱性、高生态敏感性等特征，同时其开发建设的难度大，基础设施的建设成本高，开发过程中遭到不同程度的破坏。如建设开发使地表下垫面被破坏，植被数量减少，从而导致植物净初级生产力服务降低，植被固碳释氧功能供给不足，局部气温上升形成城市热岛效应；而不透水表面积的增加，导致水源涵养服务供给不足，造成水土流失，引发洪涝灾害以及水源污染，从而导致各生态系统服务中的部分服务由协同关系转为权衡，供给的不均匀性被进一步加剧，这些情况在前文分析中得到了印证。因此，迫切需要通过建设生态基础设施来有效恢复项目区多项生态系统服务的供给，提高生态系统的稳定性。绿色基础设施的目标是通过战略性规划为人为管理和设计的环境要素共同提供多项生态系统服务，这正与低丘缓坡的需求相契合。因此，本书试图借鉴国外绿色基础设施以及规划模型，构建提升低丘缓坡山地开发生态系统服务功能的理论途径。

　　面对低丘缓坡建设开发导致项目区生态系统服务供给减少、生态系统服务间供给失衡这一现实问题，本书构建了压力-状态-响应(pressure state response，PSR)模型，以期提供一个从理论上能恢复或提升低丘缓坡生态系统服务的方法或思路，PSR 模型如图 6-8 所示。

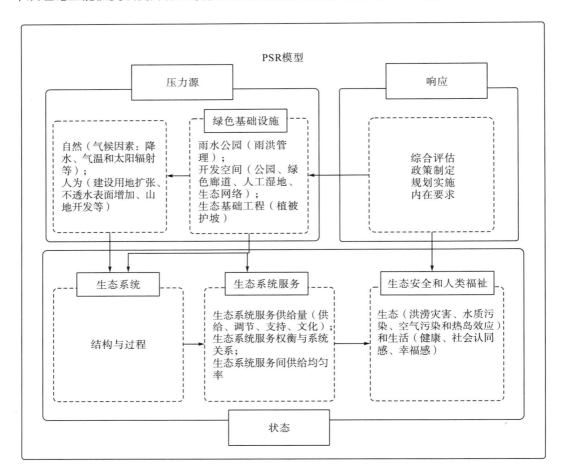

图 6-8　低丘缓坡山地开发项目区生态系统服务功能提升理论途径

　　(1)压力源。PSR 模型中外界压力源主要包括人为和自然两方面。自然压力源包括降水、气温、太阳辐射等方面。人为压力源则包括建设开发对重要自然景观的破坏、建设用地无序地扩张和不透水表面的增加。

　　(2)状态。状态表现在外界压力对项目区生态系统服务的结构和过程产生的影响，从而对生态系统调节服务、供给服务、支持服务和文化服务的供给量以及各服务间的相互作用关系和供给均匀率产生影响，最后影响到项目区的生态安全、人类福祉(季节性洪涝灾害、水质污染、空气质量和热岛效应、人类健康)。项目区状态特征的测度方法和流程，即建设开发对各生态系统服务空间分布聚集特征的影响，对整体和空间上生态系统服务间的权衡与协同关系的影响，各生态系统服务间供给的平衡率变化以及空间格局产生的驱动因素，全方位反映项目区在压力源影响下的状态特征，为下一步采取响应措施提供重要的数据源和参考依据。

（3）响应。响应措施主要包括四部分：综合评估、政策制定、规划实施、内在要求。在综合评估中，状态的响应特征的测度尤为重要。包括四部分：摸清家底，即对生态系统服务物质量进行动态评估，作用是监测项目区的生态安全；权衡分析，即明晰各服务间的作用关系，并从供给端角度揭示各服务的供需均匀率，找到弱势生态系统服务，确定供给失衡区域；驱动力分析，即揭示导致供给不稳定的影响因素；对号入座，即根据以上三步计算获得的重要数据，选取相应的绿色基础设施，进行适宜性评价，确定最优或需求最强区域，为绿色基础设施规划提供科学依据。而响应措施的内在要求主要包括：协同提升、供给转移、重点修复和以人为本。协同提升，指的是在采取生态系统保护措施时，应注重多功能的提升，而非只关注某一功能，保证各功能间的稳定供给。供给转移，指的是在建设开发区域生态系统服务功能的供给受到一定程度的影响，为保证建设开发前后总供给不变或提升建设开发后的供给，应加强对项目区非建设区自然保留地的生态保护建设，如对荒山荒坡进行植被复绿治理，种植当地本土地带性植物，并完善生态廊道，从而实现生态系统服务供给的转移。重点修复，通过生态系统服务功能间的权衡与协同分析，识别项目区的弱势生态系统服务，有针对性地加强该服务供给，保证各生态系统服务供给的稳定和平衡。以人为本，是指低丘缓坡山地开发的最终目的应落实到人身上，让人们能切实感受到低丘缓坡开发能有效提高幸福感。最后，根据综合评估结果和内在要求制定相应的政策措施，保证绿色基础设施规划的顺利实施。

6.3.3　提升低丘缓坡山地开发生态服务功能的具体要求

1. 低丘缓坡山地开发项目区生态基础设施布局的要求

1）贯彻"生态优先"的规划思想，坚持绿地建设的延续性

适应生态文明建设的要求，结合低丘缓坡项目区实际，制定切合实际的分期实施目标，逐步完善建设项目区绿地系统，实现提高低丘缓坡项目区整体绿化水平和综合生态效应的目标。

2）坚持绿地分布均匀性原则，健全项目区的公园绿地系统，满足居民康体娱乐需求

采用"见缝插绿"的绿化模式，从居民的需求出发，根据可达服务半径分级均衡建设各类绿地，增强绿地的可达性，真正达到"让居者享其乐"的效果，为项目区居民创造更多、更方便的游憩场所和生活环境。

3）因地制宜，合理利用土地资源

应合理利用自然地形地貌及植被资源，绿地建设尽可能与山地、湿地、非耕地、河岸、湖池结合，挖掘潜力，开拓空间，发挥绿地的多重效益。

（1）生态基质。自然生态系统的重要组成部分是山、水，生态基础设施建设就是要立足于良好的生态基质，构筑低丘缓坡项目区宏观的绿色生态背景（包括河流水系、滨水地

区、山地土丘、生物栖息地等)。在项目区的公园、水系及中心城外围建设森林、湿地、果园等形式的生态基质，既保持系统的完整性，又可环绕项目区保护中心片区的生态绿化环境，引导项目区环境与周边区域的半自然生态环境共生。

(2)绿色廊道。连接相对孤立的绿地斑块之间的线性结构称为廊道。项目区绿色廊道由以河流绿带为主体的水道和以道路绿化为主体的绿道组成，形成网状的绿色走廊，连接散布的块状公园和自然山体、河道，共同形成低丘缓坡项目区绿色网络。

(3)绿地斑块。根据服务等级、服务半径，形成遍布低丘缓坡项目区的内小外大、内密外疏的绿地斑块系统。中心片区绿地斑块系统包括风景公园及若干居住区级公园、街头绿地广场、小游园，共同构成"珠落玉盘"的格局。绿地斑块系统与绿色廊道系统相结合，形成"线上缀珠"的绿色空间体系。

2. 低丘缓坡项目区绿化与生态景观设计的要求

1)发挥项目区内及周边多功能基本农田的作用

生态系统服务功能，是指自然生态系统及其物种所提供的能够满足和维持人类生活需求的条件和过程，其在为人类提供物质资料的同时，还创造和支持了地球生命支持系统，形成了人类生存所必需的环境条件。项目区提供生态系统服务功能的用地类型主要包括林地、水体、湿地、农田、人工绿地等。基本农田生态功能，是指把生态重要程度较高的土地资源所在的区域划入基本农田保护区，从而使区域内农地与其他生态用地共同起到维持项目区生态环境的作用，其包括两层含义：一是基本农田保护区内的农用地所具有的生态服务功能；二是基本农田保护区内，因农用地的特殊保护而得以持续存在的其他生态系统(如山体、水面等)的生态服务功能。隔离，是指使之分开不能相互影响。在景观生态学中，景观隔离带是指为维护良好的城市生态环境，防止城市建设用地无序蔓延，根据城市建设发展的特征，在建设组团之间设立的隔离用地。隔离带用地类型为非建设用地，主要包括各种保护区、林地、公园、基本农田等，通过在项目区建设用地组团(基础设施用地、城镇用地、工矿用地)周围划定基本农田保护区等，从而使基本农田等具有隔离和控制项目区建设用地无序蔓延的作用。

2)做好项目区绿化与生态景观设计

充分利用原始山地地貌，结合公共建筑布局，通过点状绿化、道路绿化与中心绿地等，形成点、线、面、体交织的网络状绿化体系。结合挡土墙、土坡、屋顶花园等，创造出生动的三维立体绿化空间。三维绿化空间的绿化总面积扩大了，可解决建筑用地与绿化用地之间的矛盾，从而营造更好的建筑小环境。路旁绿化处理手法上，应注意绿化与道路交通系统的联系，达到绿化系统与道路交通系统的完整统一；在宅旁绿化处理手法上，绿化配置应根据住宅建筑的造型以及立面造型作相应的改变，以保证绿化系统与住宅建筑系统的空间层次相互协调。

项目区住宅小区的生态景观设计应该做到景观先行、人工与自然和谐。将景观元素辐射到各个住宅组团中，让各家各户享受到最好的景观。景观组织方式与处理手法包括：

①结合建筑的布局组织景观，并可设置景观节点；②合理设置视觉通廊；③发展立体绿化，营造空中景观；④水体设计中要保护湿地，让居民容易近水亲水；⑤打造独特的宅旁景观、环境节点。

3) 打造生态型居住区

(1) 生态小区的绿化系统应符合下列要求：绿地率≥35%，绿地本身的绿化率≥70%；硬质景观中应使用绿色环保材料；种植保存率≥98%，优良率≥90%；雨水应储蓄并加以利用；提倡垂直绿化。住区的绿地率不低于40%，人均公共绿地面积不低于$1m^2$。

(2) 绿色生态住宅小区建筑密度，高层建筑应≤20%，多层建筑应≤25%。生态小区内 60%以上主要建筑物的主要开窗面宜采用南北向或接近南北向，宜使居室朝向南偏东15°至南偏西 15°范围，不宜超出南偏东 45°至南偏西 30°范围。

(3) 生态小区内垃圾储运站的设置应符合下列要求：储运站宜每 0.7～1km² 设置 1 座，与周围建筑物间隔不小于 5m；应有除臭和消毒设施；应有冲洗、排水设计，冲洗水应排入污水处理站。储运站内应有垃圾渗液排放和防止外溢的设施，渗液应排入污水处理站；储运站应有足够容量，以满足生活垃圾分类收集的需要；储运站宜设置在小区的下风向，位置隐蔽，便于垃圾转运；宜设置生活垃圾压缩装置。

(4) 生态小区内宜设置公共厕所，应符合二类公厕标准要求。

(5) 居住区的公共绿地宜采用开敞式，以绿篱或其他通透式院墙栏杆作分隔，便于居民休憩、散步和交往。公共绿地应与宅旁绿地、配套公建绿地、道路绿地有机结合。

(6) 透水地面包括自然裸露地面、公共绿地、绿化地面和镂空面积大于等于 40%的镂空铺地(如植草砖)。"透水地面面积比"指透水地面面积占室外地面总面积的比例，该比例不小于 45%。

(7) 绿化指标是衡量生态小区建设水平最重要的指标之一。绿地率(包括景区和水面)须达 50%以上，人均公共绿地应在 28m² 以上。

(8) 地面保水指标强调建筑基地渗水保水能力，尽量减少混凝土覆盖面积，采用自然排水系统，以利于雨水的渗透，理想指标是小区 80%的裸露地具有透水性能。

3. 低丘缓坡项目区绿化方法

根据徐思淑和徐坚(2012)的研究，低丘缓坡项目区中植物的种植，应与建(构)筑物、街路、水体、山石、小品等相配合，形成对比，互为衬托。当建筑为水平方向时，绿化常为垂直方向；当建筑为垂直方向时，绿化常为水平方向。

(1) 利用植物突出或遮蔽地形，或以树木的形态配合其地貌、地形，如用尖塔形的树形与岩石的轮廓线相协调，而用圆头形树形与土山轮廓线相协调。在绿化布局时还要考虑不同的种植会造成对地势的改变等。

(2) 利用植物的遮拦性，遮挡和围合空间，组织景色。①利用植物突出、强化地形，使高处更高；②利用植物突出、强化地形，使凹处更低；③利用植物遮蔽凹处，使地形显得平坦；④利用植物围合空间，组织景观；⑤利用植物显示韵律。

(3) 创造多种形式的立体庭院。由于地形的变化，建筑基底常位于不同标高，街路的环境也处于高低不等的层次中，因此利用高差建立多种立体庭院非常必要。立体庭院可以有以下几种形式。①利用街路的环境高低建立立体庭院；②利用高低差的建筑，围合成有不同标高的院落或花园；③利用建筑物与自然地形中的山、水等，围合成院落或花园；④利用有高低差的屋顶构成立体屋顶花园；⑤利用护坡、堡坎、梯道、斜坡等构成立体绿化；⑥利用建筑底层吊脚将室外庭院绿地范围延伸至建筑下面。

（4）组织不同地景。根据地形的高差变化，设计不同的地面形式，如自然的山体地形、台阶式草坡、几何形草坡等，以丰富地景，增加趣味性。

（5）最大限度地保护原生植被景貌和扩大开敞空间。对于必须动土的地面，用透水建材固土；筑缓坡并以蔓生植物覆盖，尽量少筑挡土墙；构筑掩土建筑，保护原生植被景貌，扩大开敞空间的覆土地面。

（6）滨水绿带的植被设计。①绿化植物的选择。以培育地方性的耐水性植物或水生植物为主，同时高度重视水滨的归化植被群。这对山地水际地带和堤内地带等生态交错带尤其重要。②城镇水滨的绿化应尽量采用自然化设计，如植物的搭配方面，地被、花草、低矮花丛、高大树木应充分考虑其层次和组合，尽量符合水滨自然植被群的结构。避免采用几何式的造园绿化方式。

在水滨生态敏感区引入天然植被要素。比如在合适地区植树造林，恢复自然林地；在河口和河流分合处创建湿地，转变养护方式培育自然草地，以及建立多种野生生物栖息地。这些自然群落具有较高的生存能力，能够自我维护，只需要适当的人工管理即可具有较高的环境效益和社会效益，同时在能源、资源和人力消耗上具有较高的经济性。

4. 依据不同生态功能采取不同的生态功能提升方式

以水源涵养生态功能为例，经过研究发现，土地利用类型对水源涵养功能的影响相对较大，项目区各地类中，林地、园地、草地的水源涵养功能较强，因此可以通过改善林地、园地、草地来提高水源涵养能力。综合考虑水循环过程和项目区现状，并参考有关研究和案例，从生态角度提出以下三种提高水源涵养功能的方式（图6-9）。

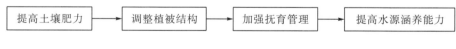

图 6-9 水源涵养功能提升过程图

（1）提高土壤肥力。影响项目区水源涵养功能的原因之一是土地利用类型改变，建设用地增加，生态用地减少，可以通过提升生态用地的土壤肥力来提高水源涵养能力，改善土壤肥力的方式有带状整地、块状整地、鱼鳞坑整地等。

（2）调整植被结构。根据本书对云南低丘缓坡项目区的实地调查，景洪市景大和光华两个项目区的水源涵养能力较好，主要原因是园地面积大，且群落结构复杂，其主要为复层林，植被结构丰富。因此，可在低丘缓坡项目区内对其植被类型进行适当填补，改善植被结构，从而增强植被的水源涵养功能。

（3）加强抚育管理。植被结构单一，生长力较弱，人为干扰明显，导致植被生长态势较差。应加快编制抚育规划，选择科学合理的抚育方式，改善生长条件，逐步形成完善的群落结构与多树种混交的复合林，以期提高水源涵养服务功能。

1）"工业建设"水源涵养功能提升方式

（1）土地开发方式。由于工业区通常需要集中连片且规模较大的土地，对土地平整的要求较高，因此通常选址在地势较平缓的低丘缓坡区域，采取台地式开发（图 6-10），必须结合项目区地貌，调整开发建设规模和布局。

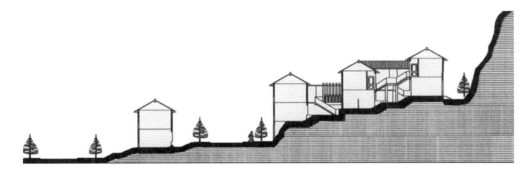

图 6-10　台地式开发示意图

（2）生态修复方式。项目区通常以山地区域的优势资源为依托，建立特色工业体系，因此，对项目类型应进行严格把关，设置较高的进入门槛。工业用地的布局要考虑区域的生态承载能力，不宜在某个项目区大规模集中地发展工业。推进清洁生产技术和成果的转化应用，并且种植能够净化水质、吸收污染的植被。进行土地复垦，增强土壤功能，恢复退化的生态系统。

2）"城镇建设"水源涵养功能提升方式

（1）土地开发方式。城镇建设区应保留区域独特的地形、地貌和自然资源，减少地质灾害，通常选择台地式与缓坡式相结合的方式开发区域资源。对于高差大而且连绵的地块，通常采用台地式开发，将土地平整成高低错位的立体台地；对坡度小且连续的地形，通常采用缓坡式与台地式相结合的方式进行开发。

（2）生态用地布局。依据景观生态学原理，对基质-斑块-廊道结构进行合理配置。其中，基质指项目区中的建筑群（居民点、小区）和大片的耕地、林地等，斑块指建筑群中的公园、林地、水塘等，廊道指绿化带、防护林、河流、道路等。在开发前先做好以项目区为单元的国土空间详细规划，搞好城镇建设，发展生态农业和观赏农业，适度发展工业与旅游业，提供休闲旅游等配套服务。形成以生态农业、绿色小区为基质，以公园、湖泊、绿地为镶嵌体，以绿化带、河流为廊道的景观生态格局（张健，2019）。

3）"工业建设"方式与"城镇建设"方式的差异

工业建设项目区主要依托当地优势资源进行开发，城镇建设项目区主要依托当地自然环境进行开发。在土地开发方式上，工业区多采用台地式开发，城镇建设区多采用台地式与缓坡式相结合的方式。工业区通常对生态环境的污染较大，在开发的前期、中期、后期需要采取不同的方式提升水源涵养功能，城镇建设区则可以通过合理布局，规划好农业、工业、居民点、绿地和生态廊道等提升水源涵养功能。

第7章　低丘缓坡山地开发生态功能提升管理机制与政策措施研究

云南省低丘缓坡山地开发的试点项目中，其开发后的功能定位包括：工业园区、生态休闲度假与旅游结合、生态旅游度假与居住区结合。其中，工业园区是最主要的用途，同时其对山地生态系统的损害也是最大的，其大量占用耕地和林地，导致该项目区生态系统服务功能中的水源涵养、土壤保持和固碳释氧等功能遭到削弱。这主要与低丘缓坡山地开发的特点和方式有关。其开发特点包括：①道路交通系统复杂。山地区域山水阻隔，地形起伏，增加了交通联系的复杂性和难度，其突出表现为受地形明显变化影响而呈现的多样性、立体性的特点。②场地平整的土石方、防护工程量大。③山洪问题突出。项目区雨水集中，由于地形高差大，山洪流速快，容易引发泥石流、滑坡等灾害。④开发后较易形成新的生态脆弱区。由于山地地形复杂，地质灾害频发，开发难度较大，投入成本增加，在开发时，对山地进行边坡的治理、护坡修建、绿化隔离、防洪泄洪处理、地质灾害防治是有必要的，但是由于资金不足，导致环保措施跟不上，使开发后的山地易成为生态脆弱区。

在开发过程中由于过于追求效益的最大化，导致山水环境弱化，逐步向山体扩张。同时，受高山等自然条件的影响，导致大多低丘缓坡山地城镇工业规模较小，空间分布不均，缺少联系，使得其过度依赖本地资源，其中矿产资源的挖掘是极为普遍的现象，这导致自然基质被破碎以及硬化、自然斑块萎缩、自然廊道断裂，使低丘缓坡山地城镇工业热岛效应严重，次生灾害频发。

从低丘缓坡山地开发面临的问题以及主要损失的生态系统服务功能入手，借鉴欧洲经验，主要从以下两方面采取措施。

7.1　低丘缓坡山地开发生态功能提升的管理机制

7.1.1　强化国土空间规划管控机制

低丘缓坡山地开发生态功能提升要以多规合一规划为龙头，科学划定各类功能区，保留足够的生态空间，切实发挥国土空间规划的宏观控制功能，优化建设功能布局，与自然山水格局融合，加强规划对低丘缓坡山地开发与生态环境保护的权衡，促进土地资源可持续利用。

1. 严格落实规划生态功能分区及管制规则

严格落实国土空间规划中对各类土地用途区土地利用活动提出的限制,结合山地生态功能分区,划定生态安全格局,落实区域土地利用生态安全管制规则。对低丘缓坡项目区所处区域进行生态功能评价与分区,发现生态功能分区和土地开发利用之间的内在联系,形成科学合理的、可操作性强的生态功能分区方案,严格落实相应的管制规则。

2. 规划引导低丘缓坡土地利用生态整合

遵循现代生态城市设计理念,运用生态整合方法优化土地利用格局及土地利用方式。以生态整合方法为指导,从宏观到微观,改善山地生态系统结构及功能,优化土地利用模式,激发项目区活力,改善社会、经济、环境的耦合度,实现低丘缓坡山地开发土地可持续利用的目标。宏观层面,利用国土空间规划引导结构、过程、功能等方面的生态整合,构建科学的土地利用格局及开发时序。同时进行区域生态整合规划,增强项目区生态系统与环境支持系统的反馈机制。微观层面,结合低丘缓坡山地特征和开发方向,注重土地资源自身内部特质的生态整合,选择适宜的土地利用方式、用地时序、用地规模、开发强度。同时应兼顾山地土地资源与外部环境的生态整合,对建设用地之间进行用地相容性分析,激发建设用地之间的边缘效应。还应对建设用地和开敞空间进行生态整合,两者的有机融合能为居民提供满意的公共开放空间。另外,国土空间规划与交通规划有着密不可分的关系,其相互之间存在紧密的反馈机制,两者相互影响,相互制约,因此国土空间规划应科学规划道路系统,重视公共交通及步行交通体系规划,以实现道路交通功能和地块开发建设的有机整合。

3. 加强低丘缓坡山地开发规划的环境影响评价

国土空间规划环境影响评价可弥补建设项目环评的局限性,从战略的角度考虑土地利用的整体变化对环境的影响,从源头上控制不合理开发土地资源可能导致的生态环境问题,同时对资源配置起到综合协调引导作用。目前国土空间规划环境影响评价还存在许多问题,有待进一步探讨及解决。为了使环评效果更佳,选取科学的理论模式,根据不同尺度的国土空间规划功能和问题,构建弹性灵活的规划环境影响评价体系,并选取合理科学、易获取的指标。同时加强政策衔接度,构建规划环境评价的基础数据库,建立规划环评信息共享平台,整合各部门的相关数据,收集全面且连续的数据,实现不同尺度、不同层次、不同区域的国土空间规划环境影响评价。

7.1.2 搭建生态状况动态监测评估机制

1. 生态环境、山地地质灾害指标监测及生态安全控制

完善低丘缓坡山地开发生态指标监测系统,对低丘缓坡项目区所在的完整小流域或完整地貌单元的地质灾害、景观连接度、生物多样性、土壤污染、水质污染、植被等要素进

行动态监测，及时、准确地掌握低丘缓坡项目区所处区域生态指标变化情况，建立山地生态安全评价指标体系，定期评价山地生态安全，对发现的问题及时进行控制和修复。云南省是我国山地地质灾害最严重的省份之一，地质灾害主要类型为滑坡、泥石流、坍塌、地裂缝。根据时间变化的频率，影响因素可划分为缓变因素、频变因素、不定因素三类。对频变因素和不定因素指标(包括降雨、地震、人类经济活动、水文地质条件、河流侵蚀、植被条件等指标)进行监测，发现可疑情况立即进行勘察和处理，最大化地减少地质灾害造成的损失，对地质灾害易发地区及时采取保护措施。同时构建多层次的生态网络体系，根据生态功能区划，建设生态涵养区，大力发展生态产业，加快风光带建设，构建并保护好绿色生态圈，加快山地生态脆弱地区森林隔离带建设，实施村庄绿化工程，建设一批镇村片林和集中绿地，以保障山地生态安全。

2. 形成多尺度的低丘缓坡山地开发土地可持续利用评价机制

我国虽然在不同的学科视角下构建了土地可持续利用的评价指标体系，但目前还缺少全国性的、系统完整的、既具有普适性又有区域性的指标体系和土地可持续利用评价的相关标准、监管指标及规范评价方法。各地区的自然条件和社会经济条件不同，面临的具体问题也有所差异，因此需要探索建立低丘缓坡项目区土地可持续利用评价体系，开展多尺度动态土地可持续利用评价。宏观层次，以低丘缓坡项目区所处位置的完整小流域或完整地貌单元为评价范围，其指标可以从地质学、景观生态学、气象学等方面选取，应着重反映自然条件对某种土地利用方式的适宜性及土地利用方式对生态环境造成的影响，如景观破碎度等。微观层次，以项目为评价范围，指标可以从生产生活方式对生态环境造成影响的具体指标进行选取，应易于获取，便于评价，灵活性、通用性较强，如各类污染物排放指标等。

3. 搭建低丘缓坡山地开发生态效应动态预警系统

充分利用"3S"技术，依托其现势性强、准确、直观等特点，推进土地利用生态效应动态预警系统平台建设。完善环境评审专家库建设，构建土地利用与水资源、土壤、森林等方面的相互关系模型，建立区域性水、土壤、森林等环境质量监测网络，进行多数据关联，建立数据库并实现信息共享。实行区域化个性评估，根据评估结果，掌握不同土地利用方式对水、土、森林造成的生态影响，设置评价预警系统。通过预警系统调整土地利用类型、方向、时序，及时对不当利用行为进行管制。

7.1.3　推动公众参与机制

应该学习欧洲的经验，推动公众参与低丘缓坡建设开发与生态环境保护的决策和监督，保护好自然生态环境。

1. 公众参与决策

通过社会公众的广泛参与，为地方政府的科学决策提供建议，针对低丘缓坡山地开发与生态环境保护的相关规划，公众参与决策和讨论，维护规划的合法性和公众认可度。公众参与主体包括所有的利益相关者，即低丘缓坡项目区自然资源管理部门、城乡建设部门、生态环境保护部门及其他政府部门、农民、城镇居民、土地开发商、科研机构和专家等。广泛征求各方面意见，形成共识，保证各种规划及各项政策的顺利执行。

2. 公众参与监督

发挥公众强大的监督力量，通过建立咨询与听证制度、信息公开制度，畅通群众反馈意见渠道，监督土地按照制度与规划要求加以开发利用，同时加强对地方政府及官员行为的监督，避免政府干预的偏差或引起外部不经济性；建立有偿举报制度，扩大监督渠道，将土地闲置浪费及流域污染、生态破坏降到最低程度；开展低丘缓坡项目区重大建设事项的公示和听证，确保公众的知情权、参与权和监督权，充分发挥网络监督和舆论的功能，使其成为维护低丘缓坡项目区土地可持续利用秩序及保护低丘缓坡山地生态环境的重要力量。

7.1.4 建立生态金融机制

1. 加大低丘缓坡山地开发生态建设的资金投入

应坚持"绿水青山就是金山银山"的理念，提高低丘缓坡项目区居民植树造林的积极性，加强生态保护。政府部门应加大对生态保护和修复的资金投入力度，同时设立"绿色发展基金"，鼓励公民和非政府组织提供资金，扩大生态建设的资金来源。政府应鼓励广泛的利益相关方以及公众参与地区绿化设施的设计，众筹生态与绿化建设资金，提高各方保护低丘缓坡生态的积极性。

2. 创新、丰富低丘缓坡山地生态金融产品

生态金融指金融活动中充分考虑对生态环境的潜在影响，把与生态环境相关的潜在成本、收益、风险、回报纳入投融资决策中，通过对经济资源的引导，促进经济、生态、社会可持续发展。在建立生态金融体系的过程中，需进一步创新、丰富山地生态金融产品和服务方式。加强生态金融衍生工具创新，把生态作为理财期权，创新各种金融衍生产品。积极发展碳基金、碳期货等金融创新。发行环保债券，支持一些环保效益好、资金规模需求大的生态环保项目。发行环保股票，股份制环保公司可以通过发行股票进行筹资。建立环保产业投资基金，专门投资与环保相关的企业，用基金对未上市的环保企业进行投融资支持。推出绿色保险产品，在环境事故发生之后，保险公司对事故受害者遭受的经济损失进行赔偿，同时可推出巨灾风险证券等金融衍生产品。

7.1.5 建立低丘缓坡项目区生态环境治理与保护协调管理机制

1. 划定基本生态控制线

以划定基本生态控制线的办法加强对低丘缓坡山地开发的建设用地扩张控制和山地生态保护。按照生态优先原则，优先划定低丘缓坡项目区所处区域的基本生态控制

线，并与建设用地的增长边界控制线无缝对接，便于缓解日后开发冲突。生态控制线内按主体和用地类型进一步划定基本农田控制线、林地控制线、水域控制线及风景名胜控制线等各类用地控制线，形成生态保护体系，并向社会公布。对生态控制线内的土地资源强制进行严格保护，接受全社会监督。严禁违规改变线内建设项目，对于可以在控制线内进行建设的项目，须严格执行生态环境影响评价、可行性分析评估等，并将评估结果公示。

2. 构建山地生态补偿市场

健全低丘缓坡山地开发的生态补偿制度框架，延伸补偿范围，引导生态保护补偿由单一要素向基于区域主体功能定位的综合性补偿转变，以生态补偿助推生态建设。同时加快建立市场化、多元化的生态补偿机制，补偿方式从资金补偿向多元化补偿转变。不仅增加对生态环境保护方面的转移支付力度并确保其用途，还加强市场作用，引入市场机制，通过市场作用填补空缺资金和协助政府管理。支持合法的非营利组织活动，进一步完善生态补偿机制。

3. 建立低丘缓坡山地开发生态保证金制度

建立低丘缓坡山地开发生态保证金制度，规定所有计划用地主体都必须缴纳一定金额的生态保证金。土地利用主体需签订生态环境相关的保护合同，对土地利用过程中的污染物质排放、生态影响控制做出保证，经过相应的评估和审批程序才能取得土地使用权。若用地主体按合同履行生态保护义务，通过验收，可退回土地利用生态保证金，反之，政府可动用保证金进行生态环境治理。

4. 实施生态环境损害赔偿

在低丘缓坡山地开发的用地管理中，实施生态环境损害赔偿制度。明确损害赔偿范围、责任主体、损害赔偿解决途径等，同时提供相应的技术资金支持及配套运行机制。生态环境损害赔偿范围包括清除污染、生态环境修复、生态环境损害赔偿调查、鉴定评估等多方面的合理费用，同时要进一步明确赔偿义务人和权利人。此外，完善赔偿诉讼规则，根据赔偿义务人的具体情况，探索多样化的责任承担方式。还需要加强判决结果和损害赔偿的执行与监督，可委托第三方支付损害赔偿金。

7.2　低丘缓坡山地开发生态功能提升的政策措施

7.2.1　生态建设的政策措施

1. 大力开展绿色基础设施建设

1) 建设雨水公园

虽然前文研究结果表明低丘缓坡建设开发区域水源涵养服务被大幅削减，但是对绿色基础设施进行选址过程中，应具有系统性和整体性思维，确定能最有效提高绿色基础设施的空间位置。低丘缓坡项目区属于山地城镇工业建设区，地形高低落差大、雨急坡陡径流快、土薄高湿且持水难，导致雨水流失非常快，因此雨水公园应该结合山地自然特征，在地表径流量最大区域或集水区的倾泻点区域进行布设，综合采用"净、蓄、滞、渗、用、排"等措施结合景观生态技术，将大部分降雨就地消纳和利用。建设浅口绿地，用于汇聚并吸收来自屋顶或地面的雨水，从而实现生态可持续的雨洪控制与雨水利用。由于雨水公园兼具下雨及非雨季的双重景观特征，通过合理的植物配置，为昆虫与鸟类提供良好的栖息环境，丰富生物多样性，并通过植物的蒸腾作用实现环境中空气的湿度与温度调节和小气候环境的改善。在此借鉴绿色基础设施空间规划(GISP)模型原理，将水源涵养服务作为优先事项，以海拔、坡度、流向和汇流量为评价指标，通过 ArcGIS 软件的分析和水文分析功能，实现雨水公园的选址，如图 7-1 所示。

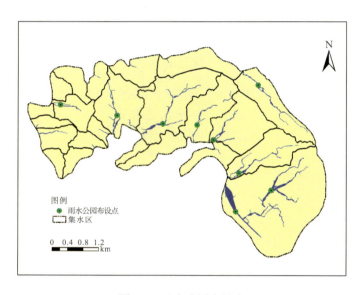

图 7-1　雨水公园布设点

2)加强边坡绿化工程

低丘缓坡山地开发建设将不可避免地进行土石方开挖，由此形成裸露边坡，破坏原有生态环境，导致水土流失，而且边坡的不稳定性留下安全隐患。因此，边坡的治理和绿化是低丘缓坡项目区建筑景观塑造的安全保障重点。边坡绿化的植被选择应在控制水土流失的基础上，选取适合当地气候条件、根系发达、分生能力强以及抗逆性强、耐贫瘠及轻管型植被等本土植被，注重乔、灌、草多重植物配置，提高植物群落稳定性。通过这一措施，不仅能有效缓解土壤侵蚀，也能提高水源涵养和植被固碳释氧的供给，有效实现各生态功能间的协同提升。

3) 注重地质灾害易发点的生态修复与治理

现状冲沟由于长年被雨水冲刷，水土流失严重，是地质灾害的频发点。在冲沟内加强绿化植被的恢复，形成固土含水的保护层。在提升低丘缓坡项目区建筑景观效果的同时，可优化廊道内物种生境，形成良性循环，促进生态平衡。结合生态服务功能统筹考虑各种影响因素，在提升低丘缓坡山地开发项目区生态服务功能的基础上，做到预防、监督、治理、保护和修复相结合，因地制宜、突出特色，优化低丘缓坡项目区的开发设计模式，提升生态基础设施建设水平，形成科学有效的综合防护体系，实现生态效益、经济效益和社会效益的协调发展。

4) 做好自然保留地植被群落构建

在项目区内的自然保留地中，大多为本土地带性植被，具有较强的适应能力，能有效地避免水土流失，但存在绿化单一和植被种类匮乏的缺点。因此，在自然保留地的绿化配准中，引入丰富的地方性植物种类，加大乔、灌木的栽植量，采用成片、成林的植物栽种方式，形成稳定的植被群落，注重种植的乔、灌、草的层次，加大带状绿化的宽度，使其真正成为联系各个绿地斑块的绿色廊道，有助于形成整个生态绿地系统的网络结构，维持生态系统的稳定。

5) 建设绿色走廊

绿色走廊的建立确保了具有高价值特性的区域之间的更大连接，防止开发过程中导致的绿色隔离，从而提升低丘缓坡开发区与周边景观和绿色植被的连通性。同时，这些走廊具有额外的好处，包括增加蒸散量、减少热应力、增加碳储存能力(碳封存)、增加降雨渗透、调节径流。在低丘缓坡项目区中建立绿色走廊也是当地生态恢复的一个方法。额外的绿地也可用于娱乐、体育和休闲活动，改善人们健康状况。

6) 雨水综合管理

云南大部分地区夏季降雨频繁，而低丘缓坡建设开发后，大量路面硬化，土壤减少，水源涵养能力下降，容易引发地质灾害。该措施实施的目的是将蒸散速率提高到与森林地区相似的水平。其以公共和私人开放空间为目标，包括屋顶、立面和庭院，利用雨水灌溉公共绿地，减少饮用水的使用；加强雨水储存和蒸发管理，减少污水溢出和废水处理费用。

7) 种植混交林

种植混交林，对于功能定位为生态旅游度假和居住区的低丘缓坡项目区可采取该措施。该措施的目的是通过保护和加强生物多样性，提高城镇森林对气候变化的适应能力。从针叶树种到原始树种的转变，将提高和保护森林的蓄水能力，补充用于项目区饮用水的地下水储备，在强降雨情况下降低洪峰水位。重新建立森林物种多样性的原始模式有助于防止虫害的蔓延，提高对森林火灾和干旱对气候不利影响的复原力。此外，森林是重要的碳汇，有利于该地区固碳释氧功能的提升。增加进入绿色开放空间的机会，加强生态连通性，有利于调节中观尺度或微观尺度的温度。如大理海东项目区采用乔灌混交林业工程造林、汇播植草、爬藤植物种植、挂网喷浆及鱼鳞坑客土种植等修复技术，对于坡度在 25°以上的区域采取相应的工程措施，比如水平阶整地、水平台和大鱼鳞坑整地方式，增强其水源涵养和水土保持功能。另外，在项目区保留部分耕地，主要是对坡耕地进行土地整治，根据不同的坡度采取不同的保土耕作措施，提高其耕地质量和土地利用率。

2. 加强生态工程措施

1) 修建排水系统

根据区域水系和相关规划，按照"高水高排、低水低排"的原则，采用分流制排水系统，科学处理好"雨水、污水、洪水"三者的关系。曹文娟 2019 年的研究针对山地城市的复杂地形，分析了"雨、污、洪"排水系统的设计思路，并提供了解决方法。以大理市下和-上登项目区为例，其采用的排水系统能够分流雨水、污水及洪水，用于灌溉、工业冷却等，还可以调节地表径流。

2) 建立人工-自然植被覆盖体系

在林地、园地上种植多种植被类型，提高生物多样性；在耕地上建立农林复合系统，根据不同的坡度采取不同的保土耕作措施，提高耕地质量以及地表形态的稳定性和生产潜力；控制开发建设规模，防止水土流失和地表形态结构发生重大变化。

3) 加大边坡治理和生态修复工程建设

针对项目区地质地貌、生态条件、路堑情况采取相应的边坡治理和生态修复措施。对于降水较少的区域，如下和-上登、塔宝山-大湖西项目区应采用人工植草、挂网喷浆、鱼鳞坑等修复技术；对于降水较多的区域，如景大、光华项目区，宜采用植被自然恢复的办法。对于坡度大于25°的区域要采取相应的工程措施，比如通过大鱼鳞坑整地或者水平阶整地等方式，提升水源涵养功能。

7.2.2　土地利用的政策措施

1. 合理规划设计项目区的用地类型和开发方式

低丘缓坡山地开发要以生态保护、生态修复为主，合理规划调整低丘缓坡项目区的土地利用类型，因地制宜、因势就势、宜农则农、宜林则林，加大对项目区的绿地嵌入，在规划过程中要重视对生态系统的构建，构建以森林植被自然景观为基质，以风景区、园林公园、雨水公园等绿色板块为重点，以农田林网绿化为依托，以主要河流、公路沿线绿色通道为脉络，以山体为屏障的"绿水青山"景观生态格局，达到可持续的生态效益。科学设计开发方式，减少对原有生态系统的破坏及次生影响，并结合开发后的实际情况采取相应的生态保护措施和防护工程，进一步提升生态服务功能。

2. 发挥规划的引导和调控作用

按照加强坝区优质耕地保护、节约集约用地和城乡建设向山地发展的要求，与国土空间规划、林地保护利用规划、产业规划等保持充分的衔接，科学合理地确定片区低丘缓坡土地综合开发利用规模，优化用地空间布局。

3. 加强土地供应政策支持

根据实施方案确定的土地利用布局和结构调整目标，将拟建山地、未利用地等优先纳入储备，进行统一的前期开发管理，积极引导各类城乡建设向适建山地发展，提高各类建设占用山地比例。对使用山地发展城镇和各类产业项目的，可适当降低建筑密度和建设用地基准地价。对使用未利用地发展工业项目的，土地出让金最低标准可按照《全国工业用地出让最低价标准》进行一定比例降低。实行差别化的耕地占补平衡政策，严格执行建设占用耕地补偿制度，杜绝占优补劣等降低耕地质量的不良现象。项目区内经批准的各类城镇、产业建设用地，对占用 25°以上劣质耕地的，不计入补充耕地范围。

7.2.3　建设开发的政策措施

1. 建设开发前

由于建设开发具有极强的不可逆性，项目区的选址应结合当地的自然资源条件、社会经济条件和政策建立评价指标体系，通过"双评价"进行确定。"双评价"包括建设适宜性评价和功能定位适宜性评价。通过对项目区的实地调研并查阅项目区开发文本后发现，项目区只进行建设开发适宜性评价，确定项目区内适宜开发的区域和等级，而缺乏项目区功能定位适宜性评价。而项目区的功能定位需要结合当地市场的需求和自然基础条件等要素共同决定，若项目区的功能定位存在问题，将会影响项目区后续的进度和发展。其中，以地形这一自然基础条件对功能定位的影响为例，不同的功能定位对地形的适应性程度存在明显差异。以观光旅游和房地产为主要功能定位的项目区，其对地形的适应性较强，而以工业为主的项目区由于生产工艺和机械精度的缘由，其对地形的要求较为苛刻。若在地形起伏大的低丘缓坡进行以工业为主导的项目区开发，除了会加大建设开发成本，也会加剧对原始地形的破坏，从而对生态系统的稳定产生扰动，这又会进一步加大生态保护措施的投入，形成恶性循环。因此，对待开发的项目区补充功能定位适宜性评价是非常必要的。

2. 建设开发中

这一阶段将不可避免地引起水土流失，若不采取切实可行的措施，将对项目区周边及取土区、弃土场附近的农田、果园、湖塘等造成严重影响。在考虑节省工程投资的同时，还应重视生态环境的保护以及修复，最大限度地减少因工程建设引起的水土流失对项目所在区域生态环境的影响。因此，所采取的生态系统保护措施应该以预防和可持续为重点。主要措施包括以下四个方面。

（1）表土收集与再利用。表层土的有机质含量较高，尤其对于地表植物生长和底层土的酸碱度都具有很好的适应性，注意将表土收集后回填，用于项目绿化。

（2）开挖坡面保护。土壤侵蚀主要发生在多雨季节，因而合理规划施工期很有必要。施工单位应和气象部门联系，事先掌握项目区降雨时间和特点，合理制定施工计划及时掌握暴雨等灾害性天气情况，以便在雨前及时将填铺的松土压实，用沙袋、废纸皮、稻草或草席等遮盖坡面进行临时应急防护，减缓暴雨对山坡面的剧烈冲刷，同时对临时排水沟进行必要的疏通、整修，减少水土流失。

（3）路面修建与排水工程并行。在进行土方工程的同时，对于路面的排水工程，尽量争取同步进行，预防雨季路面形成的径流直接冲刷坡面而引起水土流失。

（4）信息化管理、动态化监测。建立低丘缓坡土地综合开发利用实施方案的管理信息系统，对片区建设进行动态管理，实现数据共享和快速检索。及时准确地为相关管理部门提供多层次、高质量的成果。运用计算机和"3S"技术，建立实施方案的动态监测、分析、调控运行系统。通过运用"3S"技术，扩大遥感监测的覆盖面，实现对方案的实施情况进行快速监测和跟踪管理，有效解决管理信息不对称的问题，增强实施方案的可行性和可操作性，实现管理信息化，监测动态化。

7.2.4　经济措施

1. 加大资产投入，做好资金保障

各级各类基础设施、服务设施、有关产业建设资金要向低丘缓坡项目区山地城镇和产业项目建设倾斜，引导社会资金更多地投向低丘缓坡项目区建设。各级财政部门要将国土空间规划和林地保护利用规划的编制完善经费纳入预算，积极给予保障。除政府投入资金建设水土保持工程外，还可以发动社会资本投入水土保持工作当中，并给予相应的税收优惠。多渠道筹措资金，加强项目资金使用情况审计，确保资金专款专用；金融机构要研究多样化的金融服务方式，加大对低丘缓坡项目区建设项目的信贷支持。

2. 建立生态补偿机制，拓展投资渠道

针对开发建设过程中占用生态用地的企业，必须留出专项资金，投入植树造林植草当中。可以通过本地造林或者异地造林的方式，实现林地的占补平衡，对破坏生态的行为进行补偿。做好水源涵养补偿费等生态补偿类收费的征收与使用管理，培育和完善社会化服务体系。

7.2.5　社会、法律的政策措施

1. 加大低丘缓坡项目区生态建设的社会支持

（1）便利的交通是项目区建设规划中必不可少的一部分，在项目区内设立通达的交通

运输系统、步行和骑行步道,倡导项目区内绿色出行、减少碳排放量。另外,设立连通中心城区及繁华区域的公共交通线路,加强项目区与外部的联系。

(2)先进的社区建设离不开资金的投入和居民的支持,普及宣传生态建设的重要性,提高人们对于生态保护的积极性。鼓励项目区居民植树造林、节约资源、绿色出行。政府部门应加大对生态建设的资金投入力度,鼓励其他社会组织参与项目区的开发建设,推动生态发展进程。

2. 加快相关生态保护法律制定和实施

(1)制定出台低丘缓坡工业发展的政策,鼓励和扶持低丘缓坡工业建设。"占补平衡"只是补救措施,应做到尽量少占耕地,可通过转型、兼并与回购等多种方式,对低效用地进行二次开发,积极推进节约集约用地和产业转型升级。

(2)建立和完善节约集约用地标准与考评制度,依据国家出台的限制、禁止用地目录,提高企业准入门槛,有目的性地选择一些高新技术、绿色环保企业入驻低丘缓坡开发项目区。

(3)制定出台低丘缓坡山地开发生态建设的法律法规和技术标准,依法实施低丘缓坡山地开发的生态环境保护工作。

(4)建立低丘缓坡山地开发生态建设状况监测体系。对从业人员进行技术和知识更新培训,提高其服务水平,对低丘缓坡项目区植被进行详细调查统计并建立数据库,运用 GIS 技术矢量化成图。同时,运用 3S 技术、网络通信技术、数据库技术等信息化手段建立低丘缓坡山地开发生态状况信息平台,实现动态实时监控,不断提高生态建设效果。

参 考 文 献

包玉斌，李婷，柳辉，等，2016. 基于 InVEST 模型的陕北黄土高原水源涵养功能时空变化[J]. 地理研究，35(4)：664-676.

毕小刚，段淑怀，李永贵，等，2006. 北京山区土壤流失方程探讨[J]. 中国水土保持科学，4(4)：6-13.

蔡邦成，陆根法，宋莉娟，等，2006. 土地利用变化对昆山生态系统服务价值的影响[J]. 生态学报，26(9)：3005-3010.

蔡崇法，丁树文，史志华，等，2000. 应用 USLE 模型与地理信息系统 IDRISI 预测小流域土壤侵蚀量的研究[J]. 水土保持学报，14(2)：19-24.

曹春华，2003. 西部山地城市土地开发利用思考[J]. 规划师，19(7)：72-74.

陈丽，郝晋珉，陈爱琪，等，2017. 基于二元水循环的黄淮海平原耕地水源涵养功能研究[J]. 生态学报，37(17)：5871-5881.

陈姗姗，刘康，包玉斌，等，2016. 商洛市水源涵养服务功能空间格局与影响因素[J]. 地理科学，36(10)：1546-1554.

陈韦，黄焕，张翼峰，等，2017.. 一种基于 GIS 的土地全生命周期智慧监管方法[P]：CN201510599036. 0.

陈武强，罗鲜美，季金娥，等，2019. 昆明西华湿地公园生态系统服务价值评价研究[J]. 价值工程，38(10)：167-170.

陈奕竹，肖轶，孙思琦，2019. 基于地形梯度的湘西地区生态系统服务价值时空变化[J]. 中国生态农业学报(中英文)，27(4)：623-631.

陈彧，2015. 湖北省土地生态服务价值时空分异及驱动因素研究[D]. 武汉：中国地质大学.

陈云明，刘国彬，郑粉莉，等，2004. RUSLE 侵蚀模型的应用及进展[J]. 水土保持研究，11(4)：80-83.

陈仲新，张新时，2000. 中国生态系统效益的价值[J]. 科学通报，45(1)：17-22, 113.

程开明，姜山，2019. 城市化、城市集中度与人力资本积累：基于省级面板数据的实证研究[J]. 商业经济与管理，(9)：44-56, 78.

戴文远，江方奇，黄万里，等，2018. 基于"三生空间"的土地利用功能转型及生态服务价值研究：以福州新区为例[J]. 自然资源学报，33(12)：2098-2109.

丁雨眹，冯长春，王利伟，2016. 山地区域土地生态红线划定方法与实证研究：以重庆市涪陵区义和镇为例[J]. 地理科学进展，35(7)：851-859.

董磊，彭明春，王崇云，等，2012. 基于 USLE 和 GIS/RS 的滇池流域土壤侵蚀研究[J]. 水土保持研究，19(2)：11-14.

董晓峰，2017. 英国生态城镇规划研究[M]. 北京：中国建筑工业出版社.

窦苗，孙建国，陈海鹏，2017. 基于 InVEST 模型的横断山区产水量模拟[J]. 安徽农业科学，45(21)：54-58.

杜军凯，2019. 考虑垂直地带性的山区分布式水文模拟与应用[D]. 北京：中国水利水电科学研究院.

方广玲，香宝，赵卫，等，2015. 基于 GIS 和 RUSLE 的拉萨河流域土壤侵蚀研究[J]. 水土保持学报，29(3)：6-12.

傅斌，徐佩，王玉宽，等，2013. 都江堰市水源涵养功能空间格局[J]. 生态学报，33(3)：789-797.

傅伯杰，于丹丹，2016. 生态系统服务权衡与集成方法[J]. 资源科学，38(1)：1-9.

傅伯杰，田汉勤，陶福禄，等，2017. 全球变化对生态系统服务的影响[J]. 中国基础科学，19(6)：14-18.

高奇，师学义，黄勤，等，2013. 区域土地利用变化的生态系统服务价值响应[J]. 中国人口·资源与环境，23(S2)：308-312.

葛俊杰，2011. 利益均衡视角下的环境保护公众参与机制研究：以社区环境圆桌会议为例[D]. 南京：南京大学.

龚诗涵，肖洋，郑华，等，2017. 中国生态系统水源涵养空间特征及其影响因素[J]. 生态学报，37(7)：2455-2462.

郭丽洁，尹小君，苟贞珍，等，2020. 基于 InVEST 模型的阿克苏河流域产水量评估及环境因素影响研究[J]. 石河子大学学报（自然科学版），38(2)：216-224.

韩蕊，孙思琦，郭泺，等，2019. 川东地区生态系统服务价值时空演变及其驱动力分析[J]. 生态与农村环境学报，35(9)：1136-1143.

何玲，贾启建，郭云继，2015. 河北省黄骅市土地生态系统服务价值测算及动态变化研究[J]. 水土保持研究，22(3)：236-240.

何仁伟，谢磊，孙威，2016. 京津冀城市群城市化质量综合评价研究[J]. 地域研究与开发，35(6)：42-47.

胡其玉，陈松林，2019. 基于生态服务价值量的土地利用变化环境效应研究[J]. 生态科学，38(5)：58-67.

黄光宇，2002. 山地城市学[M]. 北京：中国建筑工业出版社.

黄杉，陈前虎，梁影君，等，2009. 浙江省开化县城关工业区低丘缓坡开发的评价方法与利用策略[J]. 中国土地科学，23(6)：31-38.

黄玥，2015. 完善自然资源产权和用途管制的制度研究[J]. 环境与可持续发展，40(3): 106-109.

贾芳芳，2014. 基于 InVEST 模型的赣江流域生态系统服务功能评估[D]. 北京：中国地质大学（北京）.

姜广辉，付晶，谭雪晶，等，2011. 北京国土空间结构与未来空间秩序研究：基于主体功能区划框架[J]. 中国人口·资源与环境，21(1)：20-27.

金贵，2014. 国土空间综合功能分区研究：以武汉城市圈为例[D]. 武汉：中国地质大学.

金贵，邓祥征，张倩，等，2017. 武汉城市圈国土空间综合功能分区[J]. 地理研究，36(3)：541-552.

金贵，王占岐，胡学东，等，2013a. 基于模糊证据权模型的青藏高原区土地适宜性评价[J]. 农业工程学报，29(18)：241-250.

金贵，王占岐，李伟松，等，2014. 模糊证据权法在西藏一江两河流域耕地适宜性评价中的应用[J]. 自然资源学报，29(7)：1246-1256.

金贵，王占岐，姚小薇，等，2013b. 国土空间分区的概念与方法探讨[J]. 中国土地科学，27(5)：48-53.

荆田芬，2016. 基于 InVest 模型的高原湖泊生态系统服务功能评估研究：以抚仙湖流域为例[D]. 昆明：云南师范大学.

荆田芬，余艳红，2016. 基于 InVest 模型的高原湖泊生态系统服务功能评估体系构建[J]. 生态经济，32(5)：180-185.

阚欣玥，2020. 基于 RS 和 GIS 的低丘缓坡开发建设土壤侵蚀研究：以滇中地区为例[D]. 昆明：云南财经大学.

孔雪松，刘耀林，邓宣凯，等，2012. 村镇农村居民点用地适宜性评价与整治分区规划[J]. 农业工程学报，28(18)：215-222.

李凤，吴长文，1997. RUSLE 侵蚀模型及其应用（综述）[J]. 水土保持研究，4(1)：109-112.

李和平，马宇钢，2013. 基于台地特殊性的生态型城市设计：以重庆忠县水坪组团城市设计为例[J]. 小城镇建设，31(11): 92-97.

李红波，张慧，赵俊三，等，2014. 基于元胞生态位适宜度模型的低丘缓坡土地开发建设适宜性评价[J]. 中国土地科学，28(6)：23-29，97.

李家志，2013. 以城市规划为导向的统筹低丘缓坡建设[J]. 城市发展研究，20(8)：60-63，76.

李靖，廖和平，蔡进，2018. 基于风险评价的低丘缓坡土地开发建设适宜性情景模拟：以重庆市巴南区为例[J]. 资源科学，40(5)：967-979.

李凯，侯鹰，Hans S P，等，2021. 景观规划导向的绿色基础设施研究进展：基于"格局—过程—服务—可持续性"研究范式[J]. 自然资源学报，36(2)：435-448.

李坤，岳建伟，2015. 我国建设用地适宜性评价研究综述[J]. 北京师范大学学报（自然科学版），51(S1): 107-113.

李双成，张才玉，刘金龙，等，2013. 生态系统服务权衡与协同研究进展及地理学研究议题[J]. 地理研究，32(8)：1379-1390.

李文华，张彪，谢高地，2009. 中国生态系统服务研究的回顾与展望[J]. 自然资源学报，24(1)：1-10.

李小康，王晓鸣，华虹，2018. 土地利用结构变化对碳排放的影响关系及机理研究[J]. 生态经济，34(1)：14-19.

李晓荣，高会，韩立朴，等，2017. 太行山区植被 NPP 时空变化特征及其驱动力分析[J]. 中国生态农业学报，25(4)：498-508.

李秀彬, 2009. 对加速城镇化时期土地利用变化核心学术问题的认识[J]. 中国人口·资源与环境, 19(5): 1-5.

李植斌, 1999. 一种山地可持续利用评价方法[J]. 山地学报, 17(1): 67-70.

李宗华, 罗长林, 童秋英, 2013. 基于高维属性智能融合的建设用地动态监管技术实现[J]. 国土资源科技管理, 30(5): 58-62.

刘斌涛, 宋春风, 史展, 等, 2015. 西南土石山区土壤流失方程坡度因子修正算法研究[J]. 中国水土保持, (8): 49-51, 77.

刘斌涛, 陶和平, 宋春风, 等, 2012. 我国西南山区降雨侵蚀力时空变化趋势研究[J]. 地球科学进展, 27(5): 499-509.

刘桂林, 张落成, 张倩, 2014. 长三角地区土地利用时空变化对生态系统服务价值的影响[J]. 生态学报, 34(12): 3311-3319.

刘新卫, 张定祥, 陈百明, 2008. 快速城镇化过程中的中国城镇土地利用特征[J]. 地理学报, 63(3): 301-310.

刘焱序, 彭建, 韩忆楠, 等, 2014. 基于OWA的低丘缓坡建设开发适宜性评价: 以云南大理白族自治州为例[J]. 生态学报, 34(12): 3188-3197.

刘玉, 郜允兵, 潘瑜春, 等, 2021. 基于多源数据的乡村功能空间特征及其权衡协同关系度量[J]. 地理研究, 40(7): 2036-2050.

刘致远, 2019. 基于遥感和GIS技术的滇中地区土壤侵蚀研究[D]. 昆明: 云南师范大学.

龙花楼, 戈大专, 王介勇, 2019. 土地利用转型与乡村转型发展耦合研究进展及展望[J]. 地理学报, 74(12): 2547-2559.

楼琦, 王建军, 2008. 浙江省低丘缓坡区水土流失及其对策[J]. 中国水土保持科学, 6(5): 95-99.

陆建忠, 陈晓玲, 李辉, 等, 2011. 基于GIS/RS和USLE鄱阳湖流域土壤侵蚀变化[J]. 农业工程学报, 27(2): 337-344, 397.

栾博, 柴民伟, 王鑫, 2017. 绿色基础设施研究进展[J]. 生态学报, 37(15): 5246-5261.

罗盛锋, 闫文德, 2018. 广西北部湾沿岸地区生态系统服务价值变化及其驱动力[J]. 生态学报, 38(9): 3248-3259.

吕杰, 袁希平, 甘淑, 2013. 低丘缓坡土地资源开发利用战略分析研究[J]. 中国农学通报, 29(35): 225-229.

马世骏, 王如松, 1984. 社会-经济-自然复合生态系统[J]. 生态学报, 4(1): 3-11.

茆长宝, 陈勇, 2010. 土地利用及其生态服务价值演变的驱动力与预测研究: 以江苏省为例[J]. 水土保持研究, 17(4): 269-275.

闵媛慧, 2017. 基于RS和GIS的瑞金市生态用地变化及生态服务价值研究[D]. 抚州: 东华理工大学.

宁亚洲, 张福平, 冯起, 等, 2020. 秦岭水源涵养功能时空变化及其影响因素[J]. 生态学杂志, 39(9): 3080-3091.

欧阳志云, 王如松, 2000. 生态系统服务功能、生态价值与可持续发展[J]. 世界科技研究与发展, 22(5): 45-50.

欧阳志云, 王如松, 赵景柱, 1999a. 生态系统服务功能及其生态经济价值评价[J]. 应用生态学报, 10(5): 635-640.

欧阳志云, 王效科, 苗鸿, 1999b. 中国陆地生态系统服务功能及其生态经济价值的初步研究[J]. 生态学报, 19(5): 607-613.

潘鹤思, 李英, 陈振环, 2018. 森林生态系统服务价值评估方法研究综述及展望[J]. 干旱区资源与环境, 32(6): 72-78.

潘萍桂, 2013. 潜江市土地利用与生态环境耦合关系研究[D]. 武汉: 华中师范大学.

彭建, 谢盼, 刘焱序, 等, 2015. 低丘缓坡建设开发综合生态风险评价及发展权衡: 以大理的白族自治州为例[J]. 地理学报, 70(11): 1747-1761.

彭文甫, 周介铭, 杨存建, 等, 2014. 基于土地利用变化的四川省生态系统服务价值研究[J]. 长江流域资源与环境, 23(7): 1053-1062.

尚二萍, 许尔琪, 2017. 黔桂喀斯特山地主要生态系统服务时空变化[J]. 资源科学, 39(10): 2000-2015.

邵方泽, 张慧, 缪旭波, 2017. 基于RUSLE模型的南京市2006—2014年水土侵蚀时空分布特征[J]. 江苏农业科学, 45(17): 264-269.

邵颂东, 王礼先, 周金星, 2000. 国外土壤侵蚀研究的新进展[J]. 水土保持科技情报, (1): 32-36.

宋梦意, 王盛毅, 卫乐乐, 2012. 浙江省低丘缓坡土地资源开发利用研究: 以工业建设用地为视角[J]. 河南教育学院学报(自然科学版), 21(3): 52-54.

宋迎新, 陈建杰, 钟和曦, 2013. 以土地管理制度改革推动新型城镇化健康发展[J]. 浙江国土资源, (10): 39-43.

孙慧兰, 李卫红, 陈亚鹏, 等, 2010. 新疆伊犁河流域生态服务价值对土地利用变化的响应[J]. 生态学报, 30(4): 887-894.

王慧，魏圣香，2009. 生态金融机制的类型及其法律问题研究[C]. 金融法律制度变革与金融法学科建设研讨会论文集，371.
王骄，2014. 生态视角下城镇上山实施回顾与规划对策[D]. 重庆：重庆大学.
王锦，2019. 基于土地利用变化的生态系统服务价值研究：以秦岭北麓(西安段)为例[D]. 西安：西安科技大学.
王劲峰，徐成东，2017. 地理探测器：原理与展望[J]. 地理学报，72(1)：116-134.
王克强，赵露，刘红梅，2010. 城乡一体化的土地市场运行特征及利益保障制度[J]. 中国土地科学，24(12)：52-57.
王宁，2020. 低丘缓坡山地开发生态服务功能价值变化研究：以云南省典型项目区为例[D]. 昆明：云南财经大学.
王如松，胡聃，李锋，等，2010. 区域城市发展的复合生态管理[M]. 北京：气象出版社.
王万忠，焦菊英，1996. 中国的土壤侵蚀因子定量评价研究[J]. 水土保持通报，16(5)：1-20.
王卫林，叶燎原，杨昆，等，2016. 山地城镇化建设背景下的土地利用生态风险分析[J]. 水土保持研究，22(6)：358-362.
王新华，张志强，2004. 黑河流域土地利用变化对生态系统服务价值的影响[J]. 生态环境学报，13(4)：608-611.
王旭熙，彭立，苏春江，等，2016. 基于景观生态安全格局的低丘缓坡土地资源开发利用：以四川省泸县为例[J]. 生态学报，36(12)：3646-3654.
王宗明，张柏，张树清，2004a. 吉林省生态系统服务价值变化研究[J]. 自然资源学报，19(1)：55-61.
王宗明，张树清，张柏，2004b. 土地利用变化对三江平原生态系统服务价值的影响[J]. 中国环境科学，24(1)：125-128.
威廉·M. 马什，2006. 景观规划的环境学途径[M]. 朱强，黄丽玲，俞孔坚，等译. 北京：中国建筑工业出版社.
温宥越，孙强，燕玉超，等，2020. 粤港澳大湾区陆地生态系统演变对固碳释氧服务的影响[J]. 生态学报，40(23)：8482-8493.
邬建国，2007. 景观生态学——格局、过程、尺度与等级(第二版)[M]. 北京：高等教育出版社.
吴丹，邵全琴，刘纪远，等，2016. 中国草地生态系统水源涵养服务时空变化[J]. 水土保持研究，23(5)：256-260.
吴后建，王学雷，宁龙梅，等，2006. 土地利用变化对生态系统服务价值的影响：以武汉市为例[J]. 长江流域资源与环境，15(2)：185-190.
吴凯，2016. 土壤污染治理的财政税收法律保障一体化原理[J]. 世界环境，(4)：85-85.
吴克宁，赵珂，赵举水，等，2008. 基于生态系统服务功能价值理论的土地利用规划环境影响评价：以安阳市为例[J]. 中国土地科学，22(2)：23-28.
吴玲玲，陆健健，童春富，等，2003. 长江口湿地生态系统服务功能价值的评估[J]. 长江流域资源与环境，12(5)：411-416.
吴珊珊，姚治君，姜丽光，等，2016. 基于MODIS的长江源植被NPP时空变化特征及其水文效应[J]. 自然资源学报，31(1)：39-51.
武国胜，林惠花，曾宏达，2017. 用RS和GIS技术评价福建省长汀县土壤保持功能对生态系统变化的响应[J]. 生态学报，37(1)：321-330.
谢高地，鲁春霞，成升魁，2001a. 全球生态系统服务价值评估研究进展[J]. 资源科学，23(6)：5-9.
谢高地，鲁春霞，冷允法，等，2003. 青藏高原生态资产的价值评估[J]. 自然资源学报，18(2)：189-196.
谢高地，张彩霞，张昌顺，等，2015. 中国生态系统服务的价值[J]. 资源科学，37(9)：1740-1746.
谢高地，张钇锂，鲁春霞，等，2001b. 中国自然草地生态系统服务价值[J]. 自然资源学报，16(1)：47-53.
谢启姣，刘进华，2020. 1987—2016年武汉城市湖泊时空演变及其生态系统服务价值响应[J]. 生态学报，40(21)：7840-7850.
辛琨，肖笃宁，2000. 生态系统服务功能研究简述[J]. 中国人口·资源与环境，10(S1)：21-23.
辛琨，肖笃宁，2002. 盘锦地区湿地生态系统服务功能价值估算[J]. 生态学报，22(8)：1345-1349.
熊桉，周元武，廖长林，等，2014. 耕地保护背景下破解建设用地瓶颈研究：基于湖北省土地三项试点的考察[J]. 农业经济问题，35(2)：59-64, 111.
徐德明，2012. 推进低丘缓坡土地开发利用支撑工业化城镇化健康发展：在低丘缓坡未利用地开发利用试点现场观摩会上的讲话[J]. 国土资源通讯, (6): 13-15.

徐坚, 2008. 山地城镇生态适应性城市设计[M]. 北京: 中国建筑工业出版社.

徐坚, 周鸿, 2005. 城市边缘区(带)生态规划建设[M]. 北京: 中国建筑工业出版社.

徐思淑, 徐坚, 2012. 山地城镇规划设计理论与实践[M]. 北京: 中国建筑工业出版社.

徐天蜀, 彭世揆, 岳彩荣, 2002. 基于 GIS 的小流域土壤侵蚀评价研究[J]. 南京林业大学学报(自然科学版), 26(4): 43-46.

徐中民, 张志强, 程国栋, 等, 2002. 张掖涛额济纳旗生态系统恢复的总经济价值评估[J]. 地理学报, 57(1): 107-116.

许尔琪, 张红旗, 董光龙, 2016. 伊犁河谷土壤水力侵蚀的时空变化研究[J]. 资源科学, 38(7): 1203-1211.

薛继斌, 徐保根, 李湛, 等, 2011. 村级土地利用规划中的建设用地适宜性评价研究[J]. 中国土地科学, 25(9): 16-21.

鄢大彬, 李惠敏, 陈芳, 等, 2018. 低丘缓坡土地开发影响下生态服务价值损益分析: 以重庆市江津区为例[J]. 水土保持研究, 25(6): 292-297.

闫照辉, 2004. 城市土地利用过程中的生态整合: 西南地区山地城镇生态化规划建设探索[D]. 重庆: 重庆大学.

杨波, 杨亚军, 2011. 土地可持续利用机制研究综述[J]. 湖南商学院学报, 18(2): 38-40.

杨光梅, 李文华, 闵庆文, 2006. 生态系统服务价值评估研究进展: 国外学者观点[J]. 生态学报, 26(1): 205-212.

杨勤科, 郭伟玲, 张宏鸣, 等, 2010. 基于 DEM 的流域坡度坡长因子计算方法研究初报[J]. 水土保持通报, 30(2): 203-206, 211.

杨冉冉, 徐涵秋, 林娜, 等, 2013. 基于 RUSLE 的福建省长汀县河田盆地地区土壤侵蚀定量研究[J]. 生态学报, 33(10): 2974-2982.

杨薇, 靳宇弯, 孙立鑫, 等, 2019. 基于生产可能性边界的黄河三角洲湿地生态系统服务权衡强度[J]. 自然资源学报, 34(12): 2516-2528.

杨喜光, 何梅, 2012. 我国构建生态金融体系探究[J]. 商业时代, (14): 66-67.

杨远琴, 任平, 洪步庭, 2019. 基于生态安全格局的三峡库区腹地低丘缓坡土地开发利用[J]. 水土保持研究, 26(3): 305-310, 317.

杨志成, 张卓栋, 张科利, 等, 2020. 基于普查样点的贵州省耕地土壤侵蚀空间分布[J]. 中国水土保持科学, 18(2): 62-68.

杨子睿, 2019. 流域水源涵养价值评估及分区研究: 以南四湖流域为例[D]. 徐州: 中国矿业大学.

姚远, 丁建丽, 张芳, 等, 2013. 土地利用变化的人文驱动因子对新疆生态系统服务价值的影响[J]. 水土保持通报, 33(5): 298-304.

尹云鹤, 吴绍洪, 赵东升, 等, 2016. 过去 30 年气候变化对黄河源区水源涵养量的影响[J], 地理研究, 35(1): 49-57.

尤艳馨, 2007. 我国国家生态补偿体系研究[D]. 天津: 河北工业大学.

游士兵, 严研, 2017. 逐步回归分析法及其应用[J], 统计与决策, 33(14): 31-35.

于德永, 潘耀忠, 龙中华, 等, 2006. 基于遥感技术的云南省生态系统水土保持价值测量[J]. 水土保持学报, 20(2): 174-178.

余新晓, 周彬, 吕锡芝, 等, 2012. 基于 InVEST 模型的北京山区森林水源涵养功能评估[J]. 林业科学, 48(10): 1-5.

喻忠磊, 张文新, 梁进社, 等, 2015. 国土空间开发建设适宜性评价研究进展[J]. 地理科学进展, 34(9): 1107-1122.

苑跃, 张亮, 崔林林, 2020. 若尔盖高原生态系统水源涵养功能时空变化特征[J]. 生态学杂志, 39(8): 2713-2723.

曾广权, 洪尚群, 张星梓, 等, 2006. 建立云南省生态补偿机制的研究[M]. 昆明: 云南科技出版社.

翟雅男, 海热提, 石红, 等, 2015. 空间多准则决策及其在资源环境领域中的应用[J]. 安全与环境工程, 22(3): 12-17.

张洪, 2018. 山地城镇土地可持续利用模式研究[M]. 北京: 科学出版社.

张洪, 石文华, 2016. 基于 GIS 的低丘缓坡建设对水土流失的影响:以昆明市西山区花红园区块为例[J]. 安徽农业科学, 44(16): 78-82.

张洪, 李连举, 雷朋才, 等, 2018a. 低丘缓坡山地开发土地规划与监管技术研究[M]. 北京: 科学出版社.

张洪, 李中元, 李彦, 2019. 基于生态安全的山地城镇土地可持续利用模式研究: 以云南大理市为例[J]. 地理研究, 38(11): 2681-2694.

张洪，束楠楠，董世杰，等，2018b. 云南省低丘缓坡开发建设占用村地生态效益评估[J]. 安徽农业科学，46(30)：122-128.

张换兆，郝寿义，2008. 城市空间扩张与土地集约利用[J]. 经济地理，28(3)：419-424.

张会茹，郑粉莉，2011. 不同降雨强度下地面坡度对红壤坡面土壤侵蚀过程的影响[J]. 水土保持学报，25(3)：40-43.

张健，2019. 以提升生态功能为导向的城市绿道系统规划方法研究：以成都天府绿道为例[J]. 西部人居环境学刊，34(6)：73-78.

张科利，彭文英，杨红丽，2007. 中国土壤可蚀性值及其估算[J]. 土壤学报，44(1)：7-13.

张明斗，曲峻熙，2019. 中国城市化的均衡性发展及政策调控[J]. 学习与实践，(9)：48-54.

张瑞明，伊爱金，2013. 环巢湖流域土地利用变化对生态系统服务价值的影响[J]. 生态经济，29(11)：173-176.

张孝成，郭欢欢，孙芬，2016. 中国产业用地标准管理困境及美国经验借鉴[J]. 国际城市规划，31(5)：76-79, 107.

张勇，王李鸿，2009. 山地生态安全及其评价方法[J]. 水科学与工程技术，(4)：1-4.

张玉，2014. 财税政策的环境治理效应研究[D]. 济南：山东大学.

张志强，徐中民，程国栋，2003. 条件价值评估法的发展与应用[J]. 地球科学进展，18(3)：454-463.

赵景柱，肖寒，吴刚，2000. 生态系统服务的物质量与价值量评价方法的比较分析[J]. 应用生态学报，11(2)：290-292.

赵景柱，徐亚骏，肖寒，等，2003. 基于可持续发展综合国力的生态系统服务评价研究：13 个国家生态系统服务价值的测算[J]. 系统工程理论与实践，23(1)：121-127.

赵军，杨凯，2007. 生态系统服务价值评估研究进展[J]. 生态学报，27(1)：346-356.

赵力强，2013. 科学开发低丘缓坡探解保发展保耕地两难：以浙江丽水市为例[J]. 中国国土资源经济，26(3)：9-13, 39.

赵万民，2008. 我国西南山地城市规划适应性理论研究的一些思考[J]. 南方建筑，(4)：34-37.

赵亚莉，刘友兆，龙开胜，2014. 城市土地开发强度变化的生态环境效应[J]. 中国人口·资源与环境，24(7)：23-29.

赵元藩，温庆忠，艾建林，2010. 云南森林生态系统服务功能价值评估[J]. 林业科学研究，23(2)：184-190.

赵元藩，宋东华，温庆忠，等，2011. 玉溪市森林生态系统服务功能价值评估[J]. 林业调查规划，36(1)：12-18, 25.

赵志刚，余德，韩成云，等，2017. 2008—2016 年鄱阳湖生态经济区生态系统服务价值的时空变化研究[J]. 长江流域资源与环境，26(2)：198-208.

郑楚亮，2012. 低丘缓坡开发利用问题及建议：以江西省共青城市为例[J]. 中国土地，(3)：28-29.

郑华，欧阳志云，赵同谦，等，2003. 人类活动对生态系统服务功能的影响[J]. 自然资源学报，18(1)：118-126.

钟媛，2014. 西安市土地生态系统服务价值研究[D]. 杨凌：西北农林科技大学.

周佳雯，高吉喜，高志球，等，2018. 森林生态系统水源涵养服务功能解析[J]. 生态学报，38(5)：1679-1686.

周骏，2011. 低丘缓坡开发的规划方法研究：以大田县冶铸机械加工城控制性详细规划为例[J]. 规划师，27(5)：41-45.

周文佐，2003. 基于 GIS 的我国主要土壤类型土壤有效含水量研究[D]. 南京：南京农业大学.

朱惇，王天巍，蔡崇法，2010. 基于模糊神经系统与 GIS 的区域土壤侵蚀快速评价[J]. 农业工程学报，26(1)：103-107.

朱虹，唐婷婷，蔡艳蓉，2015. 土壤侵蚀预报模型中的水土保持措施因子研究进展[J]. 科技展望，25(21)：222-224.

朱文泉，潘耀忠，张锦水，2007. 中国陆地植被净初级生产力遥感估算[J]. 植物生态学报，31(3)：413-424.

朱晓芸，2008. 低丘缓坡土地资源开发利用评价研究[D]. 杭州：浙江大学.

朱治州，钟业喜，2019. 长江三角洲城市群土地利用及其生态系统服务价值时空演变研究[J]. 长江流域资源与环境，28(7)：1520-1530.

庄大昌，2004. 洞庭湖湿地生态系统服务功能价值评估[J]. 经济地理，24(3)：391-394.

卓光俊，2012. 我国环境保护中的公众参与制度研究[D]. 重庆：重庆大学.

邹利林，王占岐，王建英，2012. 山区农村居民点空间布局与优化[J]. 中国土地科学，26(9)：71-77.

邹雅婧，闫庆武，谭学玲，等，2019. 渭北矿区土壤侵蚀评估及驱动因素分析[J]. 干旱区地理，42(6)：1387-1394.

Ahern J, 2011. From fail-safe to safe-to-fail: Sustainability and resilience in the new urban world[J]. Landscape and Urban Planning, 100(4): 341-343.

Aiken G, 2012. Community transitions to low carbon futures in the transition towns network (TTN)[J]. Geography Compass, 6(2): 89-99.

Ang Z S, 1999. Study on Soil Loss Equation of Cultivated Slopeland in Northeast Mountain Region of Yunnan Province[J]. Journal of Soil and Water Conservation, 19(1): 1-9.

Basse R M, Omrani H, Charif O, et al., 2014. Land use changes modelling using advanced methods: Cellular automata and artificial neural networks. The spatial and explicit representation of land cover dynamics at the cross-border region scale[J]. Applied Geography, 53: 160-171.

Bert F, North M, Rovere S, et al., 2015. Simulating agricultural land rental markets by combining agent-based models with traditional economics concepts: The case of the Argentine Pampas[J]. Environmental Modelling and Software, 71: 97-110.

Björklund J, Limburg K E, Rydberg T, 1999. Impact of production intensity on the ability of the agricultural landscape to generate ecosystem services: An example from Sweden[J]. Ecological Economics, 29(2): 269-291.

Bolund P, Hunhammar S, 1999. Ecosystem services in urban areas[J]. Ecological Economics, 29(2): 293-301.

Bradford J B, D'Amato A W, 2012. Recognizing trade-offs in multi-objective land management[J]. Frontiers in Ecology & the Environment, 10(4): 210-216.

Cai C F, Ding S W, Shi Z H, el at., 2000. Study of applying usle and geographical information system idrisi to predict soil erosion in small watershed[J]. Journal of Soil and Water Conservation, 14(2): 19-24.

Carpenter S R, Mooney H A, 2009. Science for managing ecosystem services: Beyond the millennium ecosystem assessment[J]. Proceedings of the National Academy of Sciences of the United States of America, 106(5): 1305-1312.

Chen J F, Chang K T, Karacsonyi D, et al., 2014. Comparing urban land expansion and its driving factors in Shenzhen and Dongguan, China[J]. Habitat International, 43: 61-71.

Chomitz K M, Gray D A, 1996. Roads, land use, and deforestation: A spatial model applied to Belize[J]. The World Bank Economic Review, 10(3): 487-512.

Cohen-Shacham E, Walters G, Janzen C, et al., 2016. Nature-based solutions to address global societal challenges[J]. IUCN, Gland, Switzerland, 97: 2016-2036.

Costanza R, d'Arge R, de Groot R, et al., 1997. The value of the world's ecosystem services and natural capital[J]. Nature, 387(6630): 253-260.

da Silva A M, 2004. Rainfall erosivity map for Brazil[J]. Catena, 57(3): 251-259.

Daily G C, 1997. Nature's service: Societal dependence on natural ecosystems[M]. Washington DC: Island Press.

Davis M, Societies A C O L, 2006. City of quartz: Excavating the future in Los Angeles[M]. 2nd Edition. Verso, London.

de Groot R S, Wilson M A, Boumans R M J, 2002. A typology for the classification, description and valuation of ecosystem functions, goods and services[J]. Ecological Economics, 41(3): 393-408.

Deng X Z, Su H B, Zhan J Y, 2008. Integration of multiple data sources to simulate the dynamics of land systems[J]. Sensors, 8(2): 620-634.

Ding Y C, Feng C C, Wang L W, 2016. Determination of ecological red line of mountainous areas: A case study of Yihe Town in Chongqing Municipality[J]. Progress In Geography, 35(7): 851-859.

Donohue R J, Roderick M L, McVicar T R, 2012. Roots, storms and soil pores: Incorporating key ecohydrological processes into

Budyko's hydrological model[J]. Journal of Hydrology，436：35-50.

Fan P L，Ouyang Z，Basnou C，et al.，2017. Nature-based solutions for urban landscapes under post-industrialization and globalization：Barcelona versus Shanghai[J]. Environmental Research，156：272-283.

Fang S F，Gertner G Z，Anderson A B，2007. Prediction of multinomial probability of land use change using a bisection decomposition and logistic regression[J]. Landscape Ecology，22(3)：419-430.

Farber S C，Costanza R，Wilson M A，2002. Economic and ecological concepts for valuing ecosystem services[J]. Ecological Economics，41(3)：375-392.

Farley J，2008. The role of prices in conserving critical natural capital[J]. Conservation Biology，22(6)：1399-1408.

Forman R T T，1995. Some general principles of landscape and regional ecology[J]. Landscape Ecology，10(3)：133-142.

Frantzeskaki N，McPhearson T，Collier M J，et al.，2019. Nature-based solutions for urban climate change adaptation: Linking science，policy，and practice communities for evidence-based decision-making[J]. BioScience，69(6)：455-466.

Gibreel T M，Herrmann S，Berkhoff K，et al.，2014. Farm types as an interface between an agroeconomical model and CLUE-Naban land change model：Application for scenario modelling[J]. Ecological Indicators，36：766-778.

Gill S E，Handley J F，Ennos A R，et al.，2007. Adapting cities for climate change：The role of the green infrastructure[J]. Built Environment,，33(1)：115-133.

Guan D J，Li H F，Inohae T，et al.，2011. Modeling urban land use change by the integration of cellular automaton and Markov model[J]. Ecological Modelling，222：3761-3772.

Guo Z W，Xiao X M，Gan Y L，et al.，2001. Ecosystem functions，services and their values-a case study in Xingshan County of China[J]. Ecological Economics，38(1)：141-154.

Halmy M W A，Gessler P E，Hicke J A，et al.，2015. Land use/land cover change detection and prediction in the north-western coastal desert of Egypt using Markov-CA[J]. Applied Geography，63：101-112.

Han H R，Yang C F，Song J P，2015. Scenario simulation and the prediction of land use and land cover change in Beijing，China[J]. Sustainability，7(4)：4260-4279.

Han S Y，Tan D L，Yan W D，et al.，2009. Evaluation of eco-service functions of major forest types in hunan province[J]. Journal of Central South University of Forestry & Technology，29(6)：6-13.

Hanley N D，Ruffell R J，1993. The contingent valuation of forest characteristics：Two experiments[J]. Journal of Agricultural Economics，44(2)：218-229.

He C Y，Li J G，Shi P J，et al.，2005. Modelling scenarios of land use change in northern China in the next 50 years[J]. Journal of Geographical Sciences，15(2)：177-186.

He R W，Liu S Q，Liu Y W，2011. Application of SD model in analyzing the cultivated land carrying capacity：A case study in Bijie Prefecture，Guizho Province，China[J]. Procedia Environmental Sciences，10：1985-1991.

Hester R E，Harrison R M，2002. Global Environmental Change[J]. Cambridge Royal Society of Chemistry,36:161-171.

Hu G Y，2009. Research on the model and method of distributed rainfall estimation[D]. Wuhan：Huazhong University of Science and Technology.

Hu X G，Tan S C，Jin Y Z，2012. Rainfall spatial interpolation methods based on terrain elevation model for yunnan province[J]. Tropical Geography，32(4)：370-377.

Hu Y C，Zheng Y M，Zheng X Q，2013. Simulation of land-use scenarios for Beijing using CLUE-S and Markov composite models[J]. Chinese Geographical Science，23(1)：92-100.

Irwin E G, Geoghegan J, 2001. Theory, data, methods: Developing spatially explicit economic models of land use change[J]. Agriculture, Ecosystems & Environment, 85(1-3): 7-24.

Jin G, Deng X Z, Yuan Y W, et al., 2017a. Scenario simulation of land exploitation and risk assessment of soil erosion in the low-slope hilly area of the Erhai basin[J]. Physics and Chemistry of the Earth, Parts A/B/C, 101: 78-85.

Jin G, Deng X Z, Chu X, et al., 2017b. Optimization of land-use management for ecosystem service improvement: A review[J]. Physics and Chemistry of the Earth, Parts A/B/C, 101: 70-77.

Jin G, Li Z H, Lin Q, et al., 2015a. Land use suitability assessment in low-slope hilly regions under the impact of urbanization in Yunnan, China[J]. Advances in Meteorology, 1: 133-136.

Jin G, Li Z H, Wang Z, et al., 2015b. Impact of land-use induced changes on agricultural productivity in the Huang-Huai-Hai River Basin[J]. Physics and Chemistry of the Earth, Parts A/B/C, 79: 86-92.

Julian J P, Gardner R H, 2014. Land cover effects on runoff patterns in eastern Piedmont (USA) watersheds[J]. Hydrological Processes, 28(3): 1525-1538.

Keesstra S, Nunes J, Novara A, et al., 2018. The superior effect of nature based solutions in land management for enhancing ecosystem services[J]. Science of the Total Environment, 610: 997-1009.

Lal P, 2003. Economic valuation of mangroves and decision-making in the Pacific[J]. Ocean&Coastal Management, 46(9): 823-844.

Lanzas M, Hermoso V, de-Miguel S, et al., 2019. Designing a network of green infrastructure to enhance the conservation value of protected areas and maintain ecosystem services[J]. Science of the Total Environment, 651: 541-550.

Latocha A, Szymanowski M, Jeziorska J, et al., 2016. Effects of land abandonment and climate change on soil erosion:An example from depopulated agricultural lands in the Sudetes Mts., SW Poland[J]. Catena, 145: 128-141.

Lee D, Oh K, 2019. The green infrastructure assessment system (GIAS) and its applications for urban development and management[J]. Sustainability, 11(14): 3798.

Lewis P H, 1964. Quality corridors for wisconsin[J]. Landscape Architecture, 54(2): 100-107.

Li J J, Wang A H, 2019. Comparison of spatial interpolation methods based on monthly precipitation obsevation data of station in Southwest China[J]. Climatic and Environmental Research, 24(1): 50-60.

Li P Y, Qian H, Wu J H, 2014. Environment: Accelerate research on land creation[J]. Nature, 510(7503): 29-31.

Li X, Yeh A G, 2002. Neural-network-based cellular automata for simulating multiple land use changes using GIS[J]. Int. J. Geogr. Inf., 16: 323-343.

Li Z W, Ning K, Chen J, et al., 2020. Soil and water conservation effects driven by the implementation of ecological restoration projects: Evidence from the red soil hilly region of China in the last three decades[J]. Journal of Cleaner Production, 260: 121109.

Li Z Y, Wu W Z, Liu X H, et al. 2017. Land use/cover change and regional climate change in an arid grassland ecosystem of Inner Mongolia, China[J]. Ecological Modelling, 353: 86-94.

Liang J, Zhong M Z, Zeng G M, et al., 2017. Risk management for optimal land use planning integrating ecosystem services values: A case study in Changsha, Middle China[J]. Science of the Total Environment, 579: 1675-1682.

Lin T, Xue X Z, Shi L Y, et al., 2013. Urban spatial expansion and its impacts on island ecosystem services and landscape pattern: A case study of the island city of Xiamen, Southeast China[J]. Ocean & Coastal Management, 81: 90-96.

Liquete C, Kleeschulte S, Dige G, et al., 2015. Mapping green infrastructure based on ecosystem services and ecological networks: A Pan-European case study[J]. Environmental Science & Policy, 54: 268-280.

Liu B T，Song C F，Shi Z，et al.，2015. Correction algorithm of slope factor in Universal Soil Loss Equation in earth-rocky mountain area of Southwest China[J]. Soil and Water Conservation in China，8：49-51，77.

Liu B T，Tao H P，Song C F，et al.，2012. Temporal and spatial variations of rainfall erosivity in southwest China from 1960 to 2009[J]. Advances in Earth Science，27(5)：499-509.

Liu B Y，Nearing M A，Risse L M，1994. Slope gradient effects on soil loss for steep slopes[J]. Transactions of the ASAE，37(6)：1835-1840.

Liu B，Tao H，Song C，et al.，2012. Temporal and spatial variations of rainfall erosivity in Southwest China from 1960 to 2009[J]. Advances in Earth Science，27(5)：499-509.

Liu D Y, Zheng X Q, Zhang C X,，2017a. A new temporal-spatial dynamics method of simulating land-use change[J]. Ecological Modelling，350：1-10.

Liu J Y, Li J, Qin K Y, et al.，2017b. Changes in land-uses and ecosystem services under multi-scenarios simulation[J]. Science of the Total Environment，586：522-526.

Liu Y S，Li Y H，2014. Environment：China's land creation project stands firm[J]. Nature，511(7510)：410.

Lourdes L，Karina Z，Pedro L，et al.，2011. A dynamic simulation model of land cover in the Dulce Creek Basin，Argentina[J]. Procedia Environmental Sciences，7：194-199.

Luo G P, Yin C Y，Chen X, et al.，2010. Combining system dynamic model and CLUE-S model to improve land use scenario analyses at regional scale：A case study of Sangong watershed in Xinjiang，China[J].Ecological Complexity，7(2)：198-207.

MacKinnon K，Dudley N，Sandwith T，2011. Natural solutions：Protected areas helping people to cope with climate change[J]. Oryx，45(4)：461-462.

MacKinnon K，Hickey V，2009. Nature-based solutions to climate change[J]. Oryx，43(1)：13-16.

Maes J，Jacobs S，2015. Nature-based solutions for Europe's sustainable development[J]. Conservation Letters，10(1)：121-124.

Meerow S，Newell J P，2017. Spatial planning for multifunctional green infrastructure：Growing resilience in Detroit[J]. Landscape and Urban Planning，159：62-75.

Mehdi B，Ludwig R，Lehner B，2015. Evaluating the impacts of climate change and crop land use change on streamflow，nitrates and phosphorus：A modeling study in Bavaria[J]. Journal of Hydrology: Regional Studies.，4：60-90.

Menard S，2004. Six approaches to calculating standardized logistic regression coefficients[J]. The American Statistician，58(3)：218-223.

Millennium Ecosystem Assessment M E，2005. Ecosystems and human well-being：Biodiversity synthesis[J]. World Resources Institute，42：77-101.

Millennium Ecosystem Assessment(MEA)，2005. Ecosystems and human well-being：Current state and trends[M]. Washington，DC：Island Press.

Moloney S，Horne R E，Fien J，2010. Transitioning to low carbon communities：From behaviour change to systemic change：Lessons from Australia[J]. Energy Policy，38(12)：7614-7623.

Mosavi A，Sajedi-Hosseini F，Choubin B, et al.，2020. Susceptibility mapping of soil water erosion using machine learning models[J]. Water，12(7). DOI：10. 3390/w12071995.

Mubareka S，Estreguil C，Baranzelli C，et al.，2013. A land-use-based modelling chain to assess the impacts of Natural Water Retention Measures on Europe's Green Infrastructure[J]. International Journal of Geographical Information Science，27(9)：1740-1763.

Nesshöver C，Assmuth T，Irvine K N，et al.，2017. The science，policy and practice of nature-based solutions：An interdisciplinary perspective[J]. Science of the Total Environment，579：1215-1227.

Noss R F，Harris L D，1986. Nodes，networks，and MUMs：Preserving diversity at all scales[J]. Environmental Management，10(3)：299-309.

Notte A L, D'Amato D, Mäkinen H, et al.，2017. Ecosystem services classification：A systems ecology perspective of the cascade framework[J]. Ecological Indicators，74：392-402.

Overmars K P，Verburg P H，Veldkamp T，2007. Comparison of a deductive and an inductive approach to specify land suitability in a spatially explicit land use model[J]. Land Use Policy，24(3)：584-599.

Pattanayak S K，2004. Valuing watershed services：Concepts and empirics from southeast Asia[J]. Agriculture, Ecosystems & Environment，104(1)：171-184.

Pelorosso R，Gobattoni F，Geri F，et al.，2017. PANDORA 3. 0 plugin：A new biodiversity ecosystem service assessment tool for urban green infrastructure connectivity planning[J]. Ecosystem Services，26：476-482.

Peng J，Xie P，Liu Y X，et al.，2015. Integrated ecological risk assessment and spatial development trade-offs in low-slope hilly land：A case study in Dali Bai Autonomous Prefecture，China[J]. Acta Geographica Sinica，70(11)：1747-1761.

Peterson M J，Hall D M，Feldpausch-Parker A M，et al.，2010. Obscuring ecosystem function with application of the ecosystem services concept[J]. Conservation Biology，24(1)：113-119.

Polasky S，Nelson E，Pennington D，et al.，2011. The impact of land-use change on ecosystem services，biodiversity and returns to landowners：A case study in the state of Minnesota[J]. Environmental and Resource Economics, 48(2)：219-242.

Pontius R G，Schneider L C，2001. Land-cover change model validation by an ROC method for the Ipswich watershed，Massachusetts，USA[J]. Agriculture, Ecosystems & Environment.，85(1-3)：239-248.

Qing W，Zhu Q K，Zhang Y，et al.，2010. Advance in researches on slop length factor in Universal Soil Loss Equation[J]. Science of Soil and Water Conservation，8(2)：117-124.

Rahman S，2016. Impacts of climate change，agroecology and socio-economic factors on agricultural land use diversity in Bangladesh (1948-2008)[J]. Land Use Policy，50：169-178.

Rai D C，Singhal V，Mondal G，et al.，2012. The M 6. 9 Sikkim (India–Nepal Border) earthquake of 18 September 2011[J]. Current Science，102(10)：1437-1446.

Redhead J W，Stratford C，Sharps K，et al.，2016. Empirical validation of the InVEST water yield ecosystem service model at a national scale[J]. Science of the Total Environment，569：1418-1426.

Renard K G，Foster G R，Weesies G A，et al.，1997. Predicting soil erosion by water：a guide to conservation planning with the Revised Universal Soil Loss Equation (RUSLE)[M]. Washington D C：Agriculture Handbook.

Renard K G，Foster G R，Yoder D C，et al.，1994. RUSLE revisited：Status，questions，answers，and the future[J]. Journal of Soil & Water Conservation，49(3)：213-220.

Richards K，1999. Nature's services：Societal dependence on natural ecosystems[J]. Natures Services Societal Dependence on Natural Ecosystems，6(2)：219.

Roe M，Mell I，2013. Negotiating value and priorities：Evaluating the demands of green infrastructure development[J]. Journal of Environmental Planning and Management，56(5)：650-673.

Schirpke U，Leitinger G，Tappeiner U，et al.，2012. SPA-LUCC：Developing land-use/cover scenarios in mountain landscapes[J]. Ecological Informatics，12：68-76.

Scordo F, Lavender T M, Seitz C, et al., 2018. Modeling water yield: Assessing the role of site and region-specific attributes in determining model performance of the InVEST seasonal water yield model[J]. Water, 10(11): 1496.

Scott M, Lennon M, Haase D, et al., 2016. Nature-based solutions for the contemporary city/Re-naturing the city/Reflections on urban landscapes, ecosystems services and nature-based solutions in cities/Multifunctional green infrastructure and climate change adaptation: Brownfield greening as an adaptation strategy for vulnerable communities?/Delivering green infrastructure through planning: Insights from practice in Fingal, Ireland/Planning for biophilic cities: From theory to practice[J]. Planning Theory & Practice, 17(2): 267-300.

Seastedt T R, Hobbs R J, Suding K N, 2008. Management of novel ecosystems: Are novel approaches required?[J]. Frontiers in Ecology and the Environment, 6(10): 547-553.

Serafy S E, 1998. Pricing the invaluable: The value of the world's ecosystem services and natural capital[J]. Ecol Econ, 25: 25-27.

Shang E P, Xu E Q, 2017. Temporal and spatial variation of main ecosystem services in Guizhou and Guangxi Karst Mountainous region[J]. Resources Science, 39(10): 2000-2015.

Shao Q X, Traylen A, Zhang L, 2012. Nonparametric method for estimating the effects of climatic and catchment characteristics on mean annual evapotranspiration[J]. Water Resources Research, 48(3): 1-13.

Shu B R, Zhang H H, Li Y L, et al., 2014. Spatiotemporal variation analysis of driving forces of urban land spatial expansion using logistic regression: A case study of port towns in Taicang City, China[J]. Habitat International, 43: 181-190.

Spearman C, 2010. The proof and measurement of association between two things[J]. International Journal of Epidemiology, 39(5): 1137-1150.

Suding K N, Gross K L, Houseman G R, 2004. Alternative states and positive feedbacks in restoration ecology[J]. Trends in Ecology & Evolution, 19(1): 46-53.

Sun P L, Xu Y Q, Yu Z L, et al., 2016. Scenario simulation and landscape pattern dynamic changes of land use in the Poverty Belt around Beijing and Tianjin: A case study of Zhangjiakou city, Hebei Province[J]. Journal of Geographical Sciences, 26(3): 272-296.

Sutton P C, Costanza R, 2002. Global estimates of market and non-market values derived from nighttime satellite imagery, land cover, and ecosystem service valuation[J]. Ecological Economics, 41: 509-527.

Swallow B M, Sang J K, Nyabenge M, et al., 2009. Tradeoffs, synergies and traps among ecosystem services in the Lake Victoria basin of East Africa[J]. Environmental Science & Policy, 12(4): 504-519.

Tallis H T, Ricketts T, Guerry A D, et al., 2003. InVEST 2.5.3 User's Guide[M]. Stanford: The Natural Capital Project.

Teng H F, Viscarra Rossel R A, Shi Z, et al., 2016. Assimilating satellite imagery and visible–near infrared spectroscopy to model and map soil loss by water erosion in Australia[J]. Environmental Modelling& Software, 77: 156-167.

TEP, 2005. Advancing the delivery of green infrastructure: Targeting issues in England's northwest[M]. The Environment Partnership.

Tolessa T, Senbeta F, Kidane M, 2017. The impact of land use/land cover change on ecosystem services in the central highlands of Ethiopia[J]. Ecosystem Services, 23: 47-54.

Turner A, 1992. Urban planning in the developing world: Lessons from experience[J]. Habitat International, 16(2): 113-126.

Turner R K, van den Bergh J C J M, Söderqvist T, et al., 2000. Ecological-economic analysis of wetlands: Scientific integration for management and policy[J]. Ecological Economics, 35(1): 7-23.

Van Bohemen H D, 1998. Habitat fragmentation, infrastructure and ecological engineering[J]. Ecological Engineering, 11(1-4):

199-207.

Van den Bosch M，Sang Å O，2017. Urban natural environments as nature-based solutions for improved public health–A systematic review of reviews[J]. Environmental Research，158：373-384.

Verburg P H，Schot P P，Dijst M J，et al.，2004. Land use change modelling：Current practice and research priorities[J]. GeoJournal，61(4)：309-324.

Voskamp I M，Van de Ven F H M，2015. Planning support system for climate adaptation：Composing effective sets of blue-green measures to reduce urban vulnerability to extreme weather events[J]. Building and Environment，83：159-167.

Wang B，Yang F W，Guo H，el at.，2008. Specifications for assessment of forest ecosystem services in China(LY/T1721-2008)[M]. Beijing：Standards Press of China.

Wang S D，Wang X C，Zhang H B，2015. Simulation on optimized allocation of land resource based on DE-CA model[J]. Ecological Modelling，314：135-144.

Wang S Q，Zheng X Q，Zhang X B，2012. Accuracy assessments of land use change simulation based on Markov-cellular automata model[J]. Procedia Environmental Sciences，13：1238-1245.

Weber T，Sloan A，Wolf J，2006. Maryland's green infrastructure assessment：Development of a comprehensive approach to land conservation[J]. Landscape and Urban Planning，77(1-2)：94-110.

Weichenthal S，Van Ryswyk K，Goldstein A，et al.，2016. A land use regression model for ambient ultrafine particles in Montreal，Canada：A comparison of linear regression and a machine learning approach[J]. Environmental Research，146：65-72.

Williams J R，Jones C A，Dyke P T，1984. A modeling approach to determining the relationship between erosion and soil productivity[J]. Transactions of the American Society of Agricultural Engineers，27(1)：129-144.

Wischmeier W H，Smith D D，1978. Predicting rainfall erosion losses：A guide to conservation planning[M]. Washington D C：USDA Agricultural Handbook.

Xie G D，Zhang C X，Zhang L M，et al.，2015. Improvement of the evaluation method for ecosystem service value based on per unit area[J]. Journal of Natural Resources，30(8)：1243-1254.

Xie G D，Zhen L，Lu C X，et al.，2008. Expert knowledge based valuation method of ecosystem services in China[J]. Journal of Natural Resources，23(5)：911-919.

Xie G，Lu C，Leng Y，et al.，2003. Ecological assets valuation of the Tibetan Plateau[J]. Journal of Natural Resources，18(2)：189-196.

Yager R R，1999. Nonmonotonic OWA operators[J]. Soft Computing，3(3)：187-196.

Yan D B，Li H M，Chen F，et al.，2018. Analysis of ecosystem service value under the influence of land development in low-slope hilly region：A case study of jiangjin district，Chongqing city[J]. Research of Soil and Water Conservation，25(6)：292-297.

Yang Q K，Guo W L，Zhang H M，et al.，2010. Method of extracting ls factor at watershed scale based on DEM[J]. Bulletin of Soil and Water Conservation，30(2)：203-206.

Ye H，Zhong X Z H，2015. Evaluation on ecosystem services in haze absorption by urban green land and its spatial pattern analysis in Xi'an[J]. Geographical Research，34(7)：1247-1258.

Yoder D，Lown J，1995. The future of RUSLE：Inside the new revised universal soil loss equation[J]. Journal of Soil and Water Conservation，50(5)：484-489.

Zarghami M，Szidarovszky F，2008. Fuzzy quantifiers in sensitivity analysis of OWA operator[J]. Computers and Industrial Engineering，54(4)：1006-1018

Zeng B，Meng W，Tong M Y，2016. A self-adaptive intelligence grey predictive model with alterable structure and its application［J］. Engineering Applications of Artificial Intelligence.，50：236-244.

Zhang C Q，Li W H，Zhang B，et al.，2012a. Water yield of Xitiaoxi River basin based on InVEST modeling［J］. Journal of Resources and Ecology，3（1）：50-54.

Zhang H M，Yang Q K，Li R，et al.，2012b. Estimation methods of slope gradient and slope length in watershed based on GIS and multiple flow direction algorithm［J］. Transactions of the Chinese Society of Agricultural Engineering，25（10）：159-164.

Zhang H M，Yang Q K，Liu Q R，et al.，2010. Regional slope length and slope steepness factor extraction algorithm based on GIS［J］. Computer Engineering，36（9）：246-248.

Zhang H，2018. Research on land planning and supervision technology for the development of low-lying hillside slopes［M］. Beijing：Science Press.

Zhang H，Li Z Y，Li Y，2019. Study on sustainable land use model in mountain towns based on ecological security：Taking Dali city of Yunnan province as an example［J］. Geographical Research，38（11）：2681-2694.

Zhang H，Shi W H，2016. Effects of hilly slope construction based on gis on soil erosion：A case study of huahongyuan block in xishan district in Kunming City［J］. Journal of Anhui Agricultural Sciences，44（16）：78-82.

Zhang H，Shu N N，Dong S J，et al.，2018. Ecological benefit evaluation of development and construction at low-hill slope in Yunnan［J］. Anhui Agricultural Science，46（30）：122-128.

Zhang K L，Peng W Y，Yang H L，2007. Soil erodibility and its estimation for agricultural soil in China［J］. Acta Pedologica Sinica，44（1）：7-13.

Zhang X L，Shen G Q P，Feng J，et al.，2013. Delivering a low-carbon community in China：Technology vs. strategy?［J］. Habitat International，37：130-137.

Zhang X M，Chen J，Yang S H，1998. Study on restoration of aquatic vegetation in Dianchi Lake［J］. Yunnan Environmental Science，（3）：39-41.

Zhao Z B，Li K G，Zeng G J，et al.，2012. Evaluation of forest ecosystem service values in Qin huangdao［J］. Journal of Arid Land Resources and Environment，26（2）：31-36.

Zhong H，2016. Ecological development study of low hills gentle slope mountain［M］. Beijing：Social Sciences Academic Press.

Zhou F J，Chen M H，Lin F X，et al.，1995. The rainfall erosivity index in Fujian province［J］. Journal of Soil and Water Conservation，9（1）：13-18.